校长职业生涯的"觉"与"知"

邓华香 ◎著

深圳出版社

图书在版编目（CIP）数据

校长职业生涯的"觉"与"知"/ 邓华香著 . -- 深
圳 : 深圳出版社 , 2023.1
（深思教育书系）
ISBN 978-7-5507-3703-7

Ⅰ.①校… Ⅱ.①邓… Ⅲ.①小学－校长－学校管理
Ⅳ.① G627.1

中国版本图书馆 CIP 数据核字 (2022) 第 211105 号

校长职业生涯的"觉"与"知"

XIAOZHANG ZHIYE SHENGYA DE "JUE" YU "ZHI"

出 品 人　聂雄前
策划创意　张晶莹
责任编辑　王　博　侯天伦
责任校对　熊　星
责任技编　陈洁霞
装帧设计　新触点

出版发行　深圳出版社
地　　址　深圳市彩田南路海天综合大厦（518033）
网　　址　www.htph.com.cn
订购电话　0755-83460239（邮购、团购）
排版制作　深圳市新触点文化传播有限公司
印　　刷　深圳市希望印务有限公司
开　　本　787mm×1092mm　1/16
印　　张　17.5
字　　数　299 千字
版　　次　2023 年 1 月第 1 版
印　　次　2023 年 1 月第 1 次
定　　价　66.00 元

序

觉察·觉知·觉解

有人开玩笑说我是光明教育的"活化石"，其实细想一下，这个说法也不为过。我是 1988 年 8 月从广东省梅州市蕉岭县调入今深圳市光明区任教的。第一站在凤凰小学，那年我 24 岁。那时的凤凰小学坐落在荒野的山脚下，教学楼是砖瓦房，学校四周全是黄泥地，学生基本没有上过幼儿园，听不懂普通话。单看这些现象的话，教学上全是困难，甚至有很多极难克服的困难。不过，我从小就不是一个受困于表面现象的人。从小到大，教过我的老师都知道：邓华香的特点是不怕困难、爱想办法。

没有住的地方，我就住在由空教室隔出的宿舍；烧饭没有煤球，我就自己上山砍柴；学校周边没有菜市场，我就自己开荒种菜；学生听不懂普通话，我就从拼音开始一点点教，让孩子们咿咿呀呀学说普通话。记得时任凤凰小学校长的叶峰这样说过："虽然凤凰小学的办学条件比较艰苦，但是邓华香老师的教学依然充满激情、有声有色！"让我特别开心的是，叶校长没有单单强调我能吃苦，而是赞赏了我的工作态度、工作质量。是的，对我来说，再大的困难也只是表象，有目标的人应该能够在困难中找到前行的动力和有价值的资源，并通过自己的力量整合这些资源，以达成教学目标。这个过程首先来自对关键问题的"觉察"，同时以创造性地解决问题为目标。

在今深圳市光明区东周小学任教的早期，我面临的两个最主要问题就是学生不良的学习习惯与错误的学习方法。这也极大地激发了我的教科研热情。我开始关注著名语文教育家李吉林老师的情境教学法，尝试以学生为主体，以情感为纽带，以思维为核心，以周围世界为源泉，开展自主学习，培养学生的学习能力。我提出："要想让学生成为学习的主人，就要教给学生怎样学习，把学习变成一种自觉与自能。"这一观点得到了很多同行的赞赏和响应。同时，我在教学中发现，要想促进学生自主学习，就必须调整师生之间的对话格局：教师应该主动适应学生，以学生为主体，而不是相反。于是，我又提出了"四要"课堂教学模型：一要营造良好的教学心理氛围；二要提高学生主动参与教学的热情；三要突出学法指导在课堂教学中的地位；四要为学生创设有利于展示成功的机会。我对工作的觉察有效地上升为一种认知判断，并且形成有效的解决方案。因此，我的课堂产生了显著的教学效益。在较短的时间内，学生的学习积极性明显增强，取得良好的学习效果。不少同行开始主动用我的教案参考教学。在我担任班主任的班级，学生自己管理自己，班风正、学风好，凝聚力强。我善于调动学生自主学习，这也让我在1996年9月获评"深圳市优秀班主任"光荣称号。

作为一名语文教师，在成长过程中，我形成了"观察现象—觉察问题—探索解决方案"的思维模式。在校长岗位上，我也延续了这样"由觉而知、由知而解"的思维习惯，同样取得了丰硕的办学成果。

多年的一线工作经验让我知道，学校发展的关键在于培养教师、成就教师。为此，我确立了"帮助人、成就人"的基本工作策略。在深圳市光明新区爱华小学任教时，我提出"让孩子从这里得到发展，让教师从这里走向成功"的"双主体"成功教育的办学理念。我认为，校长是制度的设计者和贯彻者，但不能是制度的迷信者。学校的制度应该为人的成长和发展服务，而不是为了限制人、监督人。我对制度的觉知让我不断探索能够激发教师自觉、自主、自律的有效管理策略。我运用民主集中的方法制定了多项人性化管理制度，既规范了教职工的工作行为，又调动了教职工的工作积极性，使老师们既能自觉遵守规则，又能舒心自在地工作。

我担任校长近二十年的时光中，教科研一直贯穿始终。无论我在哪一所学校工作，老师们经常可以看到我深入课堂听课，找教师谈课，为教师上示范课，深入教师办公室了解教情、学情。之所以这样，就是因为我很清楚："没有调查研究就没有发言权。"因此，我经常找学生谈心，做"学困生"的教育跟踪工作，亲自主持召开会议，与部门主任及班主任一起解决学生中较复杂棘手的问题。我也经常到教研组参加教研活动，指导年轻教师教学或参赛。我的建议常常让老师们感到有效、准确。大家不是因为我的职位而顺从、迁就我，而是因为我的想法符合实际而认同我。如果没有深入的"觉察"过程，我就很难对老师们进行有效的指导。

2014年，我到深圳市光明新区光明小学（以下简称"光明小学"）担任校长。我认为要办好光明小学，首先要变人、变文化，要让学校师生有作为、有成长。因此，我提出"培育生命自觉，养育幸福人生"的办学理念。光明新区教科研中心支持我们加入华东师范大学叶澜教授的"新基础教育"试验。2017 年 12 月，我们成功申报获批，成为"新基础教育"研究基地学校。光明小学和著名大学合作，立足日常研究实践，发现真问题，找到真办法，取得真效果。从叶澜教授所提出的"教天地人事，育生命自觉"中，我也感受到"主动觉察、深度觉知"对师生发展的重大意义。我们从课堂改革入手，开展了语文"1+N+1"读写一体化教学研究。华东师范大学李政涛教授高度评价道："光明小学的语文'1+N+1'读写一体化教学研究，其阅读教学和习作教学做到了结构关联地教，教出了新的思路和新的收获，课型研究越来越成熟。"为了全面挖掘综合活动的育人价值，我们又把语文"1+N+1"读写一体化教学研究的思路延伸到学生工作领域，组织相关行政人员讨论研究，开展"1+N+1"学生一日校园新生活研究（以学生一日校园生活为切入点，通过 N 个非教学时段内综合活动的开发，创造学生一日校园新生活）。叶澜教授在光明小学参加"新基础教育"试验活动后，开心地对我说："今天听了一节另类、率性的音乐课，很开心，我记住了孩子课后拥过来合影的一刻。只有孩子自发地学习，课堂上才会有欢乐与独特的'秩序'！"教育家在言语中流露出对光明小学阳光学子的赞美。

如今，我为自己的职业生涯作总结，试图为年轻的同行以及新任校长们提供一些可资借鉴的经验。冯友兰先生说："人做某事时，他了解他在做什么，并且自觉地在做。正是这种觉解，使他正在做的事对于他有了意义。他做各种事，有各种意义。各种意义合成一个整体，就构成他的人生境界。"他还说："宇宙间的事物，本是无意义的，但有了觉解，则有了意义。"我想，即使我有经验，那也都是过去三十多年里的职业背景下的往事，是自己从事教育工作中的一些"由觉而知、由知而解"的过程，也许值得年轻的同行们稍作品味。其实，写作本书这个想法也是受叶澜教授"育生命自觉"教育思想的启发。我的职业生涯有限，不敢说自己解决了多少问题，这本书从教育者的"觉"与"知"的角度梳理了我在深圳教育领域三十四年来的一些思考和实践。限于科研与写作水平，我只能尽量提炼出自己认为具有普适意义的经验，尽可能让这本书的内容对读者有所裨益。疏陋鄙狭、贻笑方家之处，还请读者海涵。此外，由于写作时间的原因，文章的相关表述或有不一，请读者注意。

是为序。

邓华香

2022 年 7 月

目　录

第一章　关于"觉"的教育思考 ···························· 1

　　第一节　"觉"的来源 ······························· 3

　　第二节　"觉"的范畴 ······························· 7

　　第三节　"觉"的路径 ······························ 16

第二章　教育生涯之"觉" ···························· 21

　　第一节　回顾教育生涯 ···························· 23

　　第二节　学科教学持续发展 ························ 25

　　第三节　办学成效持续优质 ························ 31

第三章　由"觉"入"知"的教育行思 ···················· 37

　　第一节　"知"的要义 ······························ 39

　　第二节　"知"的管理 ······························ 46

　　第三节　"知"的提取 ······························ 53

第四章　校长生涯之"知" ·· 75

第一节　校长应有的独特素养 ······························· 77

第二节　校长治校经验 ·· 83

第三节　引领教师成长 ·· 93

第四节　引领学生成长 ·· 112

第五节　领导课程教学 ·· 123

第五章　教育"觉知"的实践 ···································· 141

第一节　办学管理 ·· 143

第二节　学校建设 ·· 178

第三节　教育改革 ·· 205

第四节　素质教育 ·· 231

附　录　京苏粤校长跟岗学习反馈 ························· 256

|第一章|

关于"觉"的教育思考

第一节 "觉"的来源

古希腊人很早就发出了"人啊，认识你自己"这句箴言，的确，千百年来人类从未停止探索自我、发现自我的脚步。

每个人的自我觉知，从他产生自我意识的那天起就处在不断发展的过程中。只有拥有自我觉知，人们才可能达成对自己人生的自我理解、自我规划和自我成就。孔子曰："吾十有五而志于学，三十而立，四十而不惑，五十而知天命，六十而耳顺，七十而从心所欲，不逾矩。"这体现出中国古代先贤对自我的觉知，也体现出一个生命个体对自己人生历程的反思和审视。只有拥有自我觉知，人们才能逐步了解自己的力量和局限，才能逐渐明了自己的愿望、追求和梦想，发现自己的潜能。与孔子的思考相似，古希腊哲人苏格拉底也多次提出"认识自己"。

事实上，人生存的每一天都必然与自我觉知相伴。人们通过实践发现自己、确认自己、重塑自己、超越自己，甚至在人与人的传承、时代与时代的传递中一浪高过一浪地发展、打造自己。人类在自我觉知中获得持续的发展，并且获得个性与共性的反思，从而获得集体经验，实现个体的进步。从某种角度看，甚至大时代的发展也与个人的觉知不无关系。

就我个人而言，我似乎从小就是个不太安分的人，习惯于按照自己的理解做事，也因为有主见而容易成为团队中的领导者，并且在我的职业生涯中不断获得他人的信任与依赖。

实际上，一位教师的全部职业人生都在于"用自己的思考引发他人的思考，用自己的智慧激发他人的智慧"。因此，很难想象一个人没有自我觉知而能够扮演好教育者的角色。

一、源于传统文化中的"觉"

"觉"这个字，本身堪称中国文化的一个重要符号，在很大程度上代表了中华传统文化中极为重要的一种意蕴与精髓。"熏然耳目开，颇觉聪明入""未觉池塘春草梦，阶前梧叶已秋声"……中国古人有大量的诗词、言论指向"觉"。在与佛教结合后，更多与"觉"有关的话语进入人们的日常生活。"佛者名觉，既自觉悟，复能觉他。""慧生于觉，觉生于自在。"古印度哲学甚至认为人是一种觉的存在，同样强调"先了解你自己"，方可知万事万物。

儒家经典中虽没有"自觉"一词，但有大量"自反""自省""反求诸己"等与自我反思、自我总结相关的内容。这其实也是一种自我觉知。"觉"是人的生命的灵犀，它牵动着生命的整体。[1]儒家思想给中国人带来了注重反省、重视在自我总结中获得成长的思维习惯。

受到佛教部分影响的宋明理学提出了"所觉者，心之理也"的观点，并以此来补充儒家经典的缺失，要求人们在有限的人生中不断地反思觉悟，提升内在修养。

近代大儒冯友兰与梁漱溟先生都在不同程度上研究并阐释过"觉"的内涵。冯友兰先生明确提出了"觉解"的思想，他认为"了解""自觉"即"觉解"，"有觉解不仅是人生的最特出显著底性质，亦且是人生最重要底性质"，甚至认为"其需要觉解多者，其境界高；其需要觉解少者，其境界低"。[2]梁漱溟先生则提出，"人心基本特征即在其具有自觉，而不是其他"，"任何成就莫非人心自觉之力"。他还指出："人类之可贵在其清明自觉，人类之可怜在其不能清明自觉。"[3]

由此可见，中国传统文化思想体系对人的自我"觉知"有高度的关注和深度的思考，甚至将其视为人的生命质量、意义与人生境界的标尺。

二、心理与教育视角的"觉"

美国心理学家威廉·詹姆斯根据自我在精神生活中的表现和价值，区分了"经验自我"和"纯粹自我"。其中，经验自我指的是"被动的我"；而纯粹自我是一种"能动的我"或"主我"，是一种个体对自身完整的认识，也就是个体的"自觉"。威廉·詹姆斯高度重视这个"主我"，他认为个体如果缺乏对"主我"的认

1 刘铁芳.回到原点：时代冲突中的教育理念[M].上海：华东师范大学出版社，2006：168.
2 刘梦溪.中国现代学术经典 冯友兰卷：下[M].石家庄：河北教育出版社，1996.
3 宋恩荣.梁漱溟教育文集[M].南京：江苏教育出版社，1987.

识，那么就难以形成"统一"的自我，难以形成自我意义感，从而与个体存在的价值感形成疏离，即便个体长大、成熟却仍然不能带来生命视野的扩展与觉醒。

陶行知先生说过："千教万教教人求真，千学万学学做真人。"指向自我"觉知"的教育要求建立起学生与真实世界的联系，从而帮助学生从知识走向意义的建构。高质量的教育一定是指向与帮助学生认识自己、了解自己，并在独立的思考和判断中建构成长意义的教育。只有拥有自我觉知的人才有可能是一个完整和独立的人。

教育是一种复杂的智慧劳动，需要教育者在整个职业生涯中不断探索进步。这个过程是漫长且充满艰辛的，只有在教师本人拥有可持续的自我觉知与自我激励的前提下才能顺利发展。也正因如此，叶澜教授认为：生命自觉是人的精神世界能量可达到的一种高级水平，它不仅使人在与外部世界沟通、实践中具有主动性，而且对自我的发展具有主动性。只有教育者形成了"自我觉知"的力量，才能催生出教师最大的职业价值与教育智慧。

正如一句名言所说"教育是一棵树摇动一棵树，一朵云推动一朵云，一个灵魂唤醒另一个灵魂"一样，教育者的工作带有极强的主体性和示范性，教师本身就是教育的力量。教育的过程，就是教师用自身的觉知启发学生的觉知，用自己的生命热情点燃学生的生长激情的过程。只有拥有清醒的体验、感悟与深思的教师才可能真正启蒙学生的头脑。可见，"自我觉知"是教育者专业成长中必不可少的核心素养。

杜威认为，能够深思熟虑的人就是最有实践智慧的人。深思熟虑是一种沉思，也是一种反思，是个体将间接经验与直接经验整合后再生成的过程。深思的动力不会是来自外界犒赏，一定是来自内心深处的触发与感动。这种论断说的其实也正是教师的"自我觉知"。

从现实来看，教学中的反思从来都是教师不断成长的重要推动力。教师也是普通人，也可能被狭隘的世俗观念或者某些工具理性所蒙蔽，让自己的教育情感钝化。只有通过反思，教师才能在繁杂的世间万象和混沌中重新发现生命的价值和职业的意义所在，重拾初心，坚守情怀，不断出发，持续成长。

三、校长的职业生命之"觉"

一位教师通过多年努力发展起来成为校长，必然与其不懈的努力与付出相关。然而，仅仅依靠努力、付出，甚至透支自我，并不足以成为一位优秀的校长。

当前，囿于工具主义和技术理性，大量教师出现职业倦怠，不少教师将生活与工作截然划分，视工作为获取收入之道，而视业余生活为主要追求。这是对教育价值的巨大冲击，更是对教育者群体的极大考验。

在这样的时代背景下，校长作为学校的价值引领者，必须保持最大的定力和初心。而这就更加要求校长具备一种强大的自我觉知能力，能够保持反思、深思。

在我的校长职业生涯中，我一直要求自己从三个维度来反思自己的工作：

一是从师生个体的生命状态视角来反思自己的工作，或者说从师生的现实需求角度来认识与思考。马斯洛将人的需求分成五个层次，即生理需求、安全需求、社交需求、尊重需求、自我实现需求。前一阶段的需求达到 70% 左右就会产生下一阶段的需求，并且这些需求不是严格按照层次限制一层层上升的。可见，人类的生命中根植着自我实现的本能。校长只有充分了解师生的现实需求、生命关切，才能够务实地做好学校的设计与组织工作。

二是从校园群体生存的角度来思考自己的工作。学校是一个小型且复杂的社会系统。师生之间不仅存在以知识作为交互的利益依附关系，更蕴含着父母与孩子、长辈与晚辈等多重道德关系；教师之间不仅是职业场合的协作关系，更兼有职业素养传承互助的师徒关系以及智慧互动、共同创造的互助关系。可以说，教师不得不具备比其他职业多得多的综合素养，方能取得良好的育人效果。而这也意味着校长在处理学校事务、化解内部矛盾时必须从群体生存的角度来审视，才能正确理解和妥善应对。

三是从师生人生价值的角度进行思考。冯友兰先生将"我"分为自然境界、功利境界、道德境界、天地境界。师生的成长也应该包含从自我到他人，再到与大环境、大背景、大时代相统一的过程。校长的眼界与格局，或者说校长在处理不同的事情时所采用的价值选择和判断方式，无不决定着师生的认知境界与选择标准。可以说，校长考虑问题的综合性、全面性，价值立场的前瞻性、稳定性，决定了学校发展的高度与效率。

第二节 "觉"的范畴

杜威提出衡量学校教育价值的标准就是它在何种程度上制造了继续成长的欲望，又在何种程度上为在实际生活中满足这种欲望提供了行之有效的手段，即：教育要培养学生依靠自身的能力自主成长；教育不是为了塑造思想的奴隶，而是要创造扬弃自身的战士。[1]

对于杜威的见解，我的理解是：教育者的"觉知"应该同时覆盖"人"的维度和"事"的维度。叶澜教授提出"新基础教育"要达到"教天地人事，育生命自觉""在成事中成人，以成人促成事"。这就是对"人"与"事"两个维度的同时观照，在"事"中成全"人"。因此，我的职业之"觉"采用了"以事见人、以人理事"的思维策略。

从"事"的角度，我在职业活动中提取课堂、课程、文化、科研、管理五大板块进行深思；从"人"（或者说"主体"）的角度，我从学生、教师、校长、家长、学校五个视角进行总结。概括而言，可以理解为"办学十观"。

一、我的课堂观

"活力""效率""质量"，这些是我从教以来对课堂的基本关注点。自担任深圳市光明新区[2]爱华小学（以下简称"爱华小学"）校长起，我就提出"打造活力、有效课堂，提高教学质量"的口号，并且确定了打造活力、有效课堂的"六字"思路，即备实、朴实、教活。

1　杜威.杜威全集·中期著作·第9卷（1916）[M].俞吾金，孔慧，译.上海：华东师范大学出版社，2012.
2　光明区历史沿革较为复杂。2007年8月19日，光明新区成立，管辖公明、光明两个办事处。2016年8月31日，光明新区原公明办事处、光明办事处二分为六，新设光明、公明、新湖、凤凰、玉塘、马田六个办事处。2018年5月24日，国务院同意设立深圳市光明区，将深圳市宝安区的光明街道、公明街道、新湖街道、凤凰街道、玉塘街道、马田街道划归光明区管辖。2018年9月19日，深圳市光明区正式挂牌成立。本书根据写作时间与上下文语义，选择使用"光明区""光明新区"。

为达成"六字"思路目标，我采用了"过三关"的工作策略：抓"备实"——过好备课关，抓"朴实"——过好去繁关，抓"教活"——过好课堂关。同时，我还倡导教学中的"朴实、务实、落实"。

在课堂研究方面，我们开展了以课例为载体的"开放课堂、相约课堂、有效课堂"系列研究，开展"备—研—说—教—观—评"一体化集体教研，创造了"两师一课"（平行班教师同上一课书）、"一课两备"（同一教师同一节课两种备课方案）、"两上两反思"连环跟进式教研活动。在教学流程方面，我们探索了三阶段模型——"课前自主学习，课堂自主探究，课后总结反思"。这些举措点燃了学生自主学习的火苗，使其时时迸发出智慧的火花。我在光明小学开展基于"生命自觉成长"理念的"开放课堂"的探索，对教师备课环节要求做到"三有"——有序、有趣、有长；对教师的上课环节，要求做到"三实"——扎实、充实、真实。在开放的教学过程中，我们制定了"开放课堂五段式"的教学结构，即"预习质疑—开放导入—探究问题—拓展延伸—创新作业"。在课堂上，我们坚持问题导向，引导孩子学会探究、思考、质疑、创新，使其逐渐形成解决具体问题的知识储备与关键能力。

二、我的课程观

在爱华小学，我提出了"课程是学校教育的核心，课程改革是教育改革的前提"的课程观。爱华小学课程改革的指导思想是：全面推进素质教育，为学生的全面培养、发展特长创造条件。课程改革的原则是：不折不扣建设基础教育课程，增设校本拓展课程、学生选修课程，活用学科教材。

在光明小学，我结合"生命自觉成长"理念提出了"三个融通"的课程供给逻辑，即：（1）融通于人，融合于心；（2）融通学科，融合课程；（3）融通资源，融合社区。基于"三个融通"，我们建立了"八好"课程体系，开展了"1+N+1"学科育人文化研究；我们从综合活动入手，研究"四季活动"育人价值，并且建立了以"育主动发展的幸福少年"为目标、以学生主动健康发展指标为基本依据的学生综合素养评价体系。

多年来，我的课程发展理念取得了良好的实践效果，让各教研组教学研究有抓手、有焦点，更好地调动了学生的学习积极性，提高了学生的学习效率，充分挖掘了学科育人价值。

三、我的文化观

"做一个有根的中国人"，这句话代表了我对文化传承的态度。我在爱华小学提出要培养"有根、有魂、有思想、有特长"的学生；设计开展"根"文化教育活动，以"寻根—咏根—培根—扎根—春华秋实"为主线，开展中华优秀传统文化教育活动。

我一直倡导弘扬"吃苦耐劳、拼搏进取"的民族精神，强调培养学生强健的体魄，并通过积极打造体育特色品牌让体育精神成为学校文化的支点。

在校园人文环境建设方面，我提出以校园净化、美化、绿化、文化为主要内容的学校文化建设工作思路，抓校园文化建设、课程文化建设与校园书香文化建设。

在光明小学，我在光明区"科技·生态·幸福"教育理念的指导下，坚持生态教育理念，积极开展幸福学校建设；提出光明小学要以"培育生命自觉，养育幸福人生"为学校办学理念，带领行政团队和教师创造性地全面开展"生命自觉成长"育人文化的研究；以"生命自觉成长"理念，根据八大办学思路，实现办"校园美、特色精、质量高"的幸福学校的总目标。八大办学思路指的是高标准现代化的硬件建设、生命自觉的学校文化、自主运行的管理体系、自觉创生的教师培养机制、开放高效的课堂文化、生命自觉成长的育人环境、主动发展的多元课程、精品化的特色建设。我始终坚信，教育的意义在于促进师生生命自觉成长，让孩子们得到全面、主动、健康的发展，使教师走向职业成功、感到幸福。

四、我的科研观

我重视校本研修，将校本研修视为以学校为阵地、以教师为主体、以教育教学中的实际问题为基本问题的融教研、科研、培训和学习于一体的教育实践。

我提出，校长是校本研修的第一责任人，应该承担校本研修的领导责任，把改进教研工作、促进教师专业发展、提高教学质量作为学校的中心工作。校长应整合校内外教研资源，主动加强与校外专家、名师或专业支持机构的联系与合作；带头学习、完善研修制度，加强教研组建设与评估，为学校研修活动提供时间、条件保障，为研修文化创造环境和氛围。

我提出校本研修的三个切入口：

（1）加强理论学习，引导教师勤奋读书，将现代教育理念和教育教学理论作为校本研修制度建设的基础；

（2）以教学问题为出发点，开展问题研究，问题即课题；

（3）聚焦课堂教学，让教师在做中研究、做中成长，促进教师的专业发展，加强教师的新课程实施能力、课堂预设能力与解决课堂生成性问题能力。

我提出聚焦课堂的校本研修的四大要点：

（1）教研活动围绕课堂来展开；

（2）突出问题意识，强调课后反思；

（3）鼓励教师"激活课堂"，让课堂充满趣味和活力；

（4）实施研究课制度，围绕课堂开展说课、听课、评课、反思系列活动。

我在校本研修活动中提炼出了校本研修的路径，即：理念引领→专家指导→同伴互助→交流碰撞→意向整合→反思提升。

我倡导"科研兴校"思想，实行以"课题带动校本研修"，创建"求实、求活、求效"的校本研修操作模式，把课题实验与校本研修融为一体。在爱华小学，语文科组结合新课程标准开展"小学开放习作教学研究""师生互动式作文评改教学研究"和"行走日记作文教学模式探究"，数学科组开展"关注学困生学习研究"，英语科组开展"如何培养学生预习英语习惯"研究，班主任开展"成功教育个案研究"。我创建了一种将教学与课题融为一体的捆绑式研修活动，使教师真正成为教学的主人、学习的主人、研究的主人。

五、我的管理观

在光明小学，我提出建构以"自主运行"为标志的管理体系，强调细节管理，推行"赢在中层"策略，培养各层级责任人，形成自主发展机制，提高管理效能。同时，我着力建构"四大机制"，即：（1）校长负责与民主参与的治校机制；（2）分工负责与协作推进的实施机制；（3）评价反馈与激励完善的发展机制；（4）常规保证与研究创新的动力机制。在细节方面，我强调通过在做小事、做平凡事中体现教师的育人价值，体现学校的管理效益；做到学校管理无闲人，人人都育人，学校无小事，事事都育人。

六、我的学生观

我在爱华小学任校长时，提出"全面发展、突出特长、道德高尚"的育人目标。我认为，对学生的培养，不单是培养智育，更重要的是要让学生尽最大可能全面发展、充分发展。我们将"培养道德高尚的人"作为学校教育的基本出发点之一。2005年，我们便率先提出"让每个孩子都捧奖回家"的理念，鼓励学生全面发展、特色发展，力争使每个学生在不同程度上都获得进步，成为"有根、有魂、有思想、有特长"的全面发展的学生。

在德育工作中，我们提出"育智先育德，成人重于成才"的育人思路，始终把德育工作放在学校工作首位，从学生中存在的礼仪教育问题出发，有针对性地开展德育工作，并在学生的爱国教育、集体主义教育、爱心教育、孝心教育和心理素质教育等方面全面开花。我们认为，只要抓好学生礼仪教育，学生在校园的学习生活就能井然有序，就能让学生在和谐、文明、平安的校园里快乐学习、健康成长，为学生将来成为合格的公民，成为遵纪守法、有责任感的人奠定思想基础。

因此，我进一步提出"学生是活动的主人，学生是节日的主人"，"让学生自己管理自己的队伍，自己组织自己的活动"，培养学生的责任感和主人翁精神。

在光明小学任校长时，我提出"育主动发展的幸福少年"的育人目标，落实立德树人根本任务，建设德育、教学新常规，开展校园一日新生活研究，实施"八好"课程体系，开设校本课程和社团活动，为学生搭建丰富的舞台，五育并举，促进学生全面发展、心向光明生长。

七、我的教师观

多年来，我一直坚信：课程改革能否成功，改革目标能否实现，关键在教师。教师应保持教育初心，坚持学生立场，紧随时代要求，更新优化教育观念，提高专业水平。

我认为教师应从"师道尊严"的讲台上走下来，走到学生中，蹲下身子，做善于倾听、乐于沟通、敢于互动的"学生的学习伙伴"。因此，2005年，我在爱华小学反复思考，广泛征求各方意见，大胆拆掉了课室里的讲台。

我认为，只有教师发展了，学生才能有发展。为此，在爱华小学，我提出五种教师培养方式，即：（1）引"学"法。鼓励教师自学成才。（2）请"入"法。外请全国著名特级教师黄爱华、孙建锋、市、区教研员赵志祥等到学校做专题讲座，与教师面对面交流，现场剖析教学中的问题。（3）走"出"法。实行"三个一"制度（教师外出学习回来后做一场报告、写一篇体会、上一节汇报课）。近年来，学校分别派出100多人次到全国各地参加教学观摩活动。（4）融"训"法。实施"校外校本融合一体培训"，把学校当成教师继续教育、专业发展的阵地，努力打造优秀教师队伍。（5）促"赛"法。把"六优竞赛"（指优秀教学设计或教案、优质课、优秀论文、优秀课件、优秀教育案例、优秀教学后记）制度化，通过竞赛帮助教师成长，让教师享受因职业成功而带来的价值感、成功感和幸福感。

在光明小学，我提出把教师发展作为推动学校发展的根本动力，狠抓教师队伍建设工作。学校构建了"名师双向培养""师徒结对传帮带"和立足日常教研的"五位一体"校本研修等教师培养模式。学校依托华东师范大学"新基础教育"试验研究及全国知名数学特级教师"吴正宪工作室"专家团队，坚持分层次对中青年教师进行培养，促进教师的专业成长，培养出一大批自觉创生的幸福教师。

八、我的校长观

我一直认为：校长应成为一个真正的学者、一个有思想者；校长作为一名教育者，要能像老师一样去育人；校长要有服务意识，要能为教师排忧解难。

我认为：校长是学校的旗手，校长的办学思想就是一所学校的旗帜，这面旗帜是正确的还是错误的，是鲜明的还是模糊的，直接影响学校的办学质量和效益，影响学校的生存和发展；校长的办学思想定位直接影响学校的发展境界以及学校的文化品位，因此校长的办学思想应当具有前瞻性、人文性、智慧性的特点。

第一，从前瞻性角度，我认为校长应该从远处看，办面向未来的教育。

我在 2005 年就提出"让孩子从这里得到发展，让教师从这里走向成功"的"双主体"成功教育办学理念。正因为有这样的思想，才催生出爱华小学的办学奇迹。

2014 年，我在光明小学推广应用大数据技术，定制开发和使用移动办公、成绩分析、学生综合素质评价等应用系统，开创光明新区中小学信息化建设的先例。

2021 年，光明小学重点开展"智慧教研"项目，落实教师信息化教学能力提升培训工作，推动学校信息技术与学科融合教学。学校被评为广东省首批信息化中心学校、深圳市"智慧校园"示范学校、深圳市馆校结合科技教育基地学校、深圳市"基于教学改革、融合信息技术的新型教与学模式"实验校、深圳市中小学教师信息技术应用能力提升工程 2.0 试点校、光明区信息化和学科融合示范基地校。

第二，从人文性角度，我认为校长应从实处看，办可持续成长的教育。

华东师范大学的叶澜教授认为：教育要通过"教天地人事，育生命自觉"，实现人的生命质量的提升，体现教育中人文关怀的特征。可见，校长办学思想的定位应具有人文性，要促进师生的生命自觉成长。

第三，从智慧性角度，我认为校长应从细处看，办有内涵的教育。

2018 年，我在光明小学开展"生命自觉成长"育人文化研究，创新规划"生命自觉成长"育人文化研究发展体系，以"生命自觉成长"理念为学校文化特点，从八大办学思路推进，实现了办"校园美、特色精、质量高"的幸福学校的办学总目标。

我认为，面对新的机遇和挑战，校长也应该是新时代"四有"校长，即：

首先，眼中有标杆。校长的办学理念、办学目标定位应与区域教育的发展目标同步。办学目标要把国内外名校作为标杆，既要有向名校看齐的压力和动力，更要有与名校对标的胆气和底气。有标杆，就有动力；有标杆，才是奋斗者的姿态。

其次，心中有思想。校长应该不断思考现实问题，寻求解决方案。我在光明小学就提出"生命自觉成长"的育人文化，提出八大办学思路，实现"校园美、特色精、质量高"幸福学校总目标。

再次，手中有措施。具体包括：培养名优教师队伍，提高教师素质；培养优秀学生群体，提高学生素质；完善学校管理制度，形成自主管理的运行机制；等等。

最后，脚下有征程。校长应经常思考学校教育出现的主要问题，要面对压力，以拓荒牛的精神大力改革创新，培育一大批名师、名校长、名校，推动基础教育高端发展。

九、我的家长观

多年来，我一直相信，家长是学校的合作伙伴，也是推动学校发展不可忽视的重要群体。在学校管理、课程建设、学校重大活动策划等方面，我一直坚持邀请家长参与，做好家校协同工作，努力构建"家庭、学校、社会"三结合的办学模式。

我们坚持面向家长开放办学，在日常工作中加强与家长的沟通、合作，开展教学开放日、亲子运动会等活动，成立学校家委会和班级家委会，举办家长义工座谈会，充分发挥家委会、家长义工、家校警的积极作用，为学生健康成长提供丰富的教育资源。

十、我的学校观

陶行知先生说过："学校有死的有活的，那以学生全人、全校、全天的生活为中心的，才算是活学校。死学校只专在书本上做功夫。间于二者之间的，可算是不死不活的学校。"

我的学校观也倾向于办有活力、有内涵、有品位的幸福学校。

初到爱华小学时，我结合学校实际情况于 2005 年提出"让孩子从这里得到发展，让教师从这里走向成功"的"双主体"成功教育的办学理念，确立"文化立校、科研兴校、管理强校、多维育人"的办学思路。在爱华小学走出了一条独特、成功的办学新路后，我于 2010 年提出办"优质性、示范性"现代化学校的目标，始终坚持以德育为首、以知识与能力培养为主体、以兴趣特长培养为辅助，培养德智体美劳全面发展的学生。

在光明小学，我提出"生命自觉成长"的办学理念，认为学校应该建设成为充满生命成长气息的幸福学校。为此，要将"生命自觉成长"的理念融入每个人的生活方式、工作方式中，融入教师发展、学生发展与学校发展中，办一所"校园美、特色精、质量精"的幸福学校。

我经常在学校大会小会上说这样一句话：老师要有老师的样子，学生要有学生的样子，学校要有学校的样子。学校的样子是什么？我认为：人们走进学校，能看得见校园环境优美、干净整洁，发现校园文化氛围浓厚；不时听得到课堂上琅琅的读书声、优美的歌唱声、孩子们窃窃私语的交流声；能看得到课间活泼可爱的孩子们在校园里文明、有序地玩游戏，听到他们的欢声笑语；能感受到整个校园充满朝气蓬勃、积极向上的气息。这就是学校，这也是我一直追求打造的学校。

第三节 "觉"的路径

卢梭曾言,教育的根本使命在于促进人的自我思考,促进其独立地运用自己的理性。学校教育不能只聚焦于书本、教材,还应该致力于提高师生的思维品质,使师生形成良好的思维策略。

一、促进教师在教育反思中行走

作为教育者,教师首先应该是一个有思想的人。思想在场是教育生命自觉的第一依据。尽管思想被人们赋予各种神圣的意味,但思想不是思想家的专利,它属于所有为尊严而活的人。不同身份、不同层次的人,其演绎思想的方式各不相同。对教师而言,教育反思则是其思想最常态的寄寓方式。

一方面,深度的教育反思应该道术并举,由道而术,由术返道。停留于教学技巧一失一得的反思不能算是一种有深度的反思,教师也难以形成真正的教育思想。深度的教育反思应该直逼教育的生命内涵。只有靠近教育的本真内核,它才会从生命发展的长远性和完整性的宏阔视角观照具体教育行为和教育事件的内在意义,才会从社会文化生态视域审视教育面临的困境与出路,才会深入思考教育场域中的陈词滥调与机械庸鄙何以日复一日、年复一年地存在,并会努力寻求摆脱的途径。

另一方面,深度的教育反思会向教师的生命存在视域逼近,是教师生命自主构建的有机环节。通过反思,教师可以将具体的教育行为与整个教育生命大厦的构建联结起来,以广阔的思维视野和厚重的生命情怀向烦琐的日常教育事件注入丰富的蕴涵。而一旦烦琐的日常教育事件被注入了意味,它就不再让人觉得烦琐,反而会形成一种趣味。所以,在一些人眼中是那样枯燥乏味的从教生活,有些教师对此却能始终保持孜孜不倦、乐此不疲的持久热情。孔子的"诲人不倦"说的就是这种教育境界。由此可见,深度的教育反思可以让教师摆脱被描写、被规范、被异化的处境,戒除思想惰性,抵制因循守旧,突破封闭狭隘,不再对权威唯命是从，不再任习俗随意摆布。心的觉醒意味着大写的人的尊严的矗立。

最终，获得生命觉醒的教育者用自己强劲的思想之流冲击现实的一切伪饰，将自己的生命行走姿态演绎得真实而迷人。在思想的激流中，教育者找回了宝贵的教育个性与教育自由。而个性与自由是教育创造的生命元素。个性是品质，自由是状态。个性决定了自由，自由影响着个性，一个人自由的丧失往往从其个性的消亡开始。教师要培养学生的个性，使学生保持自己的个性。也就是说，做一个有个性的生命教育者，必须将自己从戕害个性的恶习中解脱出来，坚守人道立场，保持人性本真。教育者一定要警惕奴性思想的滋生。奴性思想会将生命空间压窄，将生命热情销蚀，将生命能量驱向单维的听命模式，从而使教育者失去了批判与超越的能力，进而丧失了追求教育本真的激情与动力。深度的教育反思是教育者戒除奴性、保持创造激情与灵感的良药。真教育要求教育者在思想与自由的荒漠中做一棵孤独而挺拔的树，以倔强的姿态、不屈的信念去播撒自由的种子，守护个性的泉源，直到沙漠变成绿洲，直到涸河荡漾碧波。

二、在理论自觉与实践自主中走向教育生命的觉醒

教育者在深度的教育反思中摆脱了经验主义的盲目、教条主义的浅陋，获得了实践的自主与理论的自觉。理论在觉醒了的教育者那里不仅是行动的指南，而且是激活思想的利器；经验在觉醒了的教育者那里不是用来复制的模板，而是鲜活理论创生的温床。这种有机的理论与经验充满生命的温润，富有无限的吸引力和感召力。

真正的教育者不排斥功利性，但也绝不会把功利作为教育的唯一价值追求。在他们的目光深处，永远有理想主义的火炬在闪耀。因为他们懂得，若连教育也丢失了理想与情怀，那么世界便会陷入无边孤独的绝境中。真正的教育者坚信教育对人性的感化与归纯作用，这种坚信促使他们在人性荒芜的旷野中首先将求助的目光投向教育。

真正的教育者执守教育理想，从而保持着年轻的心态，而年轻的心态使有效的生命教育成为可能。真正的教育者站在大地上仰望星空，一边直面现实，一边憧憬未来。对于现实的痼弊与陋习，他们会痛心疾首，但他们的心不会因此而变

得冷漠坚硬；他们会从荆棘遍布的大地上寻找前行的信心与勇气，寻找创新的动力与灵感。因此，伟大的教育创举往往从教育困境中产生。

真正的教育者始终牢记自己肩负的使命，而这使命来自学生的渴望、家长的期待，来自民族、国家乃至人类的嘱托。但他们不会让沉重的使命扭曲自己的心灵，让自己的心灵沾染上伪圣化的腐朽。真正的教育者善于变苦教为乐教，变苦学为乐学。身扛使命、负重而行，自然是苦的，但若能化重负为动力，那么一定会将为他者而存在的教育行为内化成自身的自觉生命追求。也就是说，教育的行走亦即自身生命的行走，教育层次的提高亦即自身生命境界的升华，而教育者也能真正体悟到实践自主的妙趣。

当教育者在理论自觉与实践自主中获得了教育生命的觉醒，再反过来回味其教育行为时，就不再有艰辛沉重的叹息，不再有英雄屈身的叹惋，不再有自我牺牲的悲慨。"己欲立而立人，己欲达而达人"是生命意识觉醒了的教育者的立身准则。换句话说，他们照亮别人的心灵，成就自己的生命；唤醒别人的灵魂，铸就自己的人格。有什么比这种生命间相互交融、相互激活、相互促进的境界更美妙的呢？从伪教育到真教育，教育者完成了优雅的转身。这种生命蜕变的背后或许是思想的煎熬、灵魂的阵痛，或许是现实与理想、物性与神性的金戈交鸣。也只有这样，教育者才能获得深度的生命自觉和永不衰竭的创造热情，才能有教育尊严的重塑和教育幸福的回归。

三、转变思维方式

无论是传统的"先教后学"，还是现在倡导的"先学后教"，抑或是"教师中心""学生中心"等教育学观点，往往存在非此即彼、二元对立的状态，即我们称之为点状思维的状态。与这些典型的点状思维状态不同，"生命·实践"教育学派推崇相互关联、整体融通和综合渗透的思维方式，强调理论与实践的双向滋养、双向建构和转化。

生活中从来不缺批评家，面对社会事件，如何做到不趋同、不盲从，转变思维方式是关键。做一个对思维方式敏感的人，是个体成长为"生命自觉"生命体的起点。看过了太多"正确的废话"后却无力指出矛盾所在，这是我们思维方式简单化的直接表现。基于成事成人关系下的"生命自觉"需要更多思想的力量，它需要有反思、有批判，更要有吸收和建构，它要求我们既要对教育充满情怀，也要有求真、求实和不随波逐流的勇气。

四、建构属于自己的知识网

在信息爆炸的时代，我们每天接收如潮水般的信息，而人的大脑容量是有限的，很多我们曾经很熟悉的知识都会随着时间的流逝而渐渐遗忘。但如果我们搭建起属于自己的知识网，将接收到的新知识或者新信息纳入自己的知识网中，那么我们的知识结构就会变得稳定而又充满活力。

人与人的差距就在于每个人拥有的知识量是不同的。人成为人理应是一个主动的自觉的过程。"生命自觉"在一定程度上是不可教的，它强调内在修为，而个体要实现真实成长就需要不断内修。人的确定性永远无法单纯归于天资和环境影响，而应归于个人实践，换句话说，每个人的路只能靠自己走。教育者想要成为具备"生命自觉"特征的个体，就要做到建构属于自己的知识网，做到"明自我""明他人""明环境"，因为只有真正有"生命自觉"的人才能很好地迎接时代挑战，才能主动寻求和创造发展自我的机会。

|第二章|

教育生涯之"觉"

第一节　回顾教育生涯

扎根深圳光明教育 34 年、履职正校长职务 18 年的我，迈出了一头深圳教育拓荒牛的坚实足迹。从凤凰小学[1]、深圳市光明区东周小学[2]（以下简称"东周小学"）、爱华小学到光明小学的工作期间，我始终心中有师生，眼里有视野，脚下有实干，凭借自身独特的品格与素养，在深圳光明教育这片热土上绽放着属于光明教育人的独特光芒。

1988 年 9 月，怀揣教育梦想的我来到深圳市的凤凰小学任教，开启了扎根光明教育的新征程。执教一年级才一个多月的我凭借公开课"上中下"的出色表现，受到语文教研员曾老师和七所小学不少语文教师的关注。

1989 年 2 月至 2001 年 8 月，我在东周小学任教。成长为语文科组长的我尝试开展自主学习研究，主讲的公开课"穷人"受到深圳市语文教研员肖老师的高度肯定。1999 年 9 月，我因教育教学成绩突出，通过选拔参加宝安区教育局组织的脱产半年的首届后备校长培训班。在培训结束后，我被提拔为东周小学教学处副主任、德育主任。

2001 年 9 月至 2004 年 7 月 15 日，我从东周小学调入光明小学，先后任教学处主任、科研室主任、主管教学副校长。三年时间里，我协助校长让学校上了两个等级——深圳市一级学校、广东省一级学校，实现了光明小学办学史上的飞速发展。

2004 年 7 月 23 日至 2014 年 7 月，我担任爱华小学校长、党支部书记。通过十年的艰苦奋斗、追求卓越、改革创新，我把一所薄弱学校打造成广东省校长培训基地，连续四年迎来了 60 多名京、苏、粤优秀校长来校跟岗培训。学校先后获得广东省优秀校本培训示范学校、广东省体育特色学校、广东省德育课题实验学校、广东省少先队红旗大队、深圳市体育特色学校、深圳市办学效益奖等 27 项市级以上集体荣誉，成为市民身边的好学校。

1　现为深圳市光明区凤凰学校。2018 年由光明区政府投资，原址拆除重建为九年一贯制学校。
2　深圳市光明区东周小学建校于 1985 年 8 月，1999 年 9 月前为光明农场企业办学校，1999 年 9 月学校由宝安区政府接管，2007 年 9 月光明新区成立后，学校成为光明新区文体教育局辖下的一所公立小学。

2014年8月，因工作需要，我回到了光明小学担任校长。面对已有50多年办学历史的学校，我不断思索学校的未来，思考光明小学应如何在处理好传承与发展的基础上使师生成长得更好，把学校推上新的发展高度，成为深受家长称赞、学生喜欢、教师认可的学校。因此，学校在光明新区教科研中心的组织下，与华东师范大学联合开展"新基础教育"试验研究；与全国数学特级教师"吴正宪工作室"团队合作，加入"吴正宪小学数学教师工作站"，使学校发展获得了新的机遇和平台，激发了师生发展的动力。我深度思考学校的办学思想后，提出要办一所生命自觉成长的幸福学校，激发师生生命活力，实现人的生命质量提升，为师生未来的幸福人生奠基。

自光明小学1958年建校以来，历任校长带领光小人艰苦创业，开拓创新，秉承立德树人的使命，担当培育栋梁、振兴中华的历史重任，共同创造了学校的辉煌。为传承光明小学的精神和血脉，激励光小后人生命自觉、奋勇拼搏、再创辉煌，从2019年1月9日起，我带领邬荣平书记和董波、罗炳尧、徐毅、黄光勇四位老师陆续开展老校长、老教师的采访及史料搜集工作。我们坚定初心，不惧艰辛，不怕麻烦，挨家挨户采访老校长、老教师，利用课余时间，加班加点整理校史资料，力争将光明小学64年的发展历史清晰、完整地呈现出来。经过两年多的努力，2021年12月，校史册编印及校史馆建设工作全部完成。校史馆让我们铭记先辈们筚路蓝缕、艰苦奋斗的办学历程，传承发扬光明小学的拓荒牛精神，激发每一位光小人的生命自觉，在光明区建设世界一流科学城和深圳北部中心的伟大机遇和改革大潮中，励志奋进前行，心向光明生长，走向更光明的未来！

34年来，无论在教学岗位还是在学校管理岗位，我一直要求自己沉下心来，不忘初心，面向未来，踏踏实实在深圳经济特区教育园地里辛勤耕耘，为深圳光明教育贡献青春和智慧。在任校长的18年间，我先后培养出蔡晓珊、何维泉、林水三名校长，向兄弟学校输送了10名中层干部。周烨老师获评广东省南粤优秀教师，朱晓玲、温国刚两名老师荣获深圳市"十佳青年教师"称号，林小燕老师被评为光明区"年度教师"。

第二节　学科教学持续发展

一、凤凰小学的情境创新课堂崭露头角

1988 年 9 月，24 岁的我从广东省蕉岭华侨农场中心小学来到今凤凰小学任教。

一开始，我面对的是工作和生活条件艰苦的困难。校舍是砖瓦房，没有饭堂，自己要上山砍柴或买煤球做饭；没有专门的宿舍，就睡在由教室改成的临时宿舍；校园四周全是黄泥巴路。

更想不到的是，当年任教的一年级的孩子都是没有上过幼儿园的学生。这些孩子大多是凤凰牛场职工及外来劳务工的子女，基本上听不懂普通话。我就从最基本的拼音教起，一个月下来，这些质朴的孩子慢慢听懂了普通话，并爱上了学习。

一开始步入光明讲坛的我在低年级教学中探索着新路。记得在上一年级"上中下"这一节公开课时，为了让低年级的孩子能记住并理解"上中下"三个字，我借助滑梯创设情境，让孩子们生动形象地认识"上中下"，结果这节课上得非常成功，受到了语文教研员曾老师及同行的充分肯定。

凤凰小学校长叶峰这样评价："当时凤凰小学的办学条件比较艰苦，邓华香老师上课很有激情，善于创新，情境教学有声有色，关注学生，面向全体，在教育教学中崭露头角。"

提起情境教学法，便要提到全国著名语文教育家李吉林。她执着于小学语文教育的改革和研究，从中学英语教学的情境教学法中得到启发，将英语教学中的情境教学法移植到小学语文教学中。她创办的情境教育理论的核心元素包括真、美、情、思；核心理念是将情感活动与认知活动相结合；课堂操作包括"五要义"，即以美为境界、以思维为核心、以情为纽带、以儿童活动为途径、以周围世界为源泉。历经 40 年的探索与实践，李吉林老师创立了独树一帜的情境教育理论与操作体系，其成果荣膺首届基础教育国家级教学成果特等奖第一名。"情境教育"以学生为本，为儿童发展拓展了思维空间、想象空间、活动空间，在发展儿童的创新精神、实践能力方面独具特色，受到广大一线老师的欢迎。

早在 1988 年，我就以学生学习为中心，大胆运用情境教学的方法，让学生在情境中品词句、学语言，调动学生学习语文的积极性，提升学生的语文综合素养。

二、东周小学的语文自主学习研究

1989 年 2 月，我因工作需要调入东周小学任教。

刚开始的半年，有一位调入东周小学任教、过去曾执教中学数学的李老师，学校安排他教一年级的数学课，但他认为自己并不适应教一年级数学。因此，学校领导就安排我教一年级数学，我便从原来的语文老师转为数学老师。面对这次跨界挑战，我成功应对，并在校级数学公开课上受到好评。来听课的老师们说我不像是语文老师，倒像是数学老师，言语中流露出对我跨界教学成功的认可。

担任了一年数学教师后，我又回归语文课堂，十多年来一直教五、六年级语文，并兼任班主任。

我担任班主任期间，一个最大的亮点就是推行班级学生自主管理，让学生自己管理自己。我带的班级，班级凝聚力增强，班风、学风好，科任老师都喜欢到我担任班主任的班级上课。1996 年，我凭借出色的班主任管理艺术，获评"深圳市优秀班主任"光荣称号。

1999 年，担任教学副主任的我思考得更多的是如何改变课堂、落实素质教育。经过深思熟虑，我大胆推行语文自主学习研究，引领学生尝试自主学习，让课堂焕发出生命的活力。一开始，这种打破传统教学模式的新改革受到校内个别教师的质疑——自主学习、自主发问、自主解决问题、互相评价，难道不怕学生素质跟不上？

此时我意识到，推行一项新的打破陈规的改革受到阻力实属正常。如何破局？关键要让改革有效果。因此，我带头为教师上语文自主学习研究示范课，总结出培养学生自主学习的方法和路径，并在学校语文科组推广。

2002 年，我在《现代中小学教育》杂志发表的《浅谈学生自主学习能力的培养》中写道："培养学生自主学习语文的能力，让学生成为学习的主人，是当前语文教学中应重视的问题。"

如何开展自主学习？我认为，首先要明确课堂教学的任务。要教给学生学习的方法，培养学生自主学习的能力，以便其将来更好地发展自己。还要培养学生良好的自主学习习惯，把学习变成学生的一种自觉行为，逐渐培养学生自主学习的能力。

其次，要以学生为主体开展教学。在教学中，要变学生适应老师为老师适应学生。只有以学生为主体进行课堂教学，才能有利于培养学生的自主学习能力。以学生为主体的教学可以从以下几方面入手：一要营造良好的教学心理氛围。如教学《月光曲》，教师以描述带入情境，启发学生想象画面：那是一个秋天的夜晚，月光分外明亮；月光下，莱茵河水静静地流淌。然后，带着激情讲授，并以插图形式把学生带入课文描绘的情境，激起学生自主学习和自主探索知识的兴趣。二要提高学生主动参与课堂学习的程度。三要突出学法指导在课堂教学中的地位。四要为学生创设有利于展示成功的机会。课堂上，教师要为学生搭建舞台，创造展示成功的机会，让学生感到"我行""我能""我是成功者"，这样才能培养学生的自信心，发展其多种潜能。

教育的任务就是把学生的潜能变成发展的现实。我的自主教学实践做到了这一点。语文课堂上，学生的积极性明显增强，过去质疑自主教学的老师——观念也开始转变，有些老师争着来拿我的教案并模仿着一步步地学，为自己尝试自主教学提供参考。

2000 年 10 月，深圳市教研员肖老师要来学校听课。我自告奋勇找到校长说："我来上吧！"

在这节语文课上，我上的"穷人"一课，将自主教学完美展现。评课时，深圳市教研员肖老师时不时用我的教学案例来印证自主教学的理念，并夸奖道："没有想到光明这么偏远的地方，语文教学改革走在全国前列！"

的确，现在还很时尚的自主教学，早在 20 多年前我就已经开始尝试，效果可喜。由此可以看出一名普通一线教师的独特眼光和执着于教育改革的情怀。

后来，教育教学成绩突出的我被提拔为学校教学副主任、德育主任，逐步走上了学校管理岗位。

在语文课改路上，我交出的优秀答卷离不开自己敢为人先、不断超越的优秀品质。我认为，在自己的教育人生中，1999 年 9 月至 2000 年 1 月参加的宝安区首届后备校长培训班对自己从教之路的影响很大，对自己从事校长工作、办好教育起到了重要的作用。

三、光明小学的语文"1+N+1"读写一体化教学研究

语文教学的核心任务就是要通过大量读写提升中小学生的语文学科素养。阅读教学和写作教学是培养学生语文学科素养的必经之路。那么，学生到底在阅读和写作方面是一个什么状况呢？总体而言，低年级学生对识字阅读的兴趣不浓，识字量小，坚持阅读的意志不强，教师指导方法不多；中年级学生对自觉阅读的兴趣不浓，学生的阅读习惯、态度、方法不容乐观，读的书不多；高年级学生对写作的兴趣不浓，觉得无话可写、无从表达。比如，2014 年我们开展问卷调查，统计了当时本校五、六年级的 800 多名学生，76.49% 的学生表示害怕写作文。原因有很多，有 12% 的学生是因为语文基础薄弱、阅读量太少，而绝大多数学生害怕写作文是因为不知道怎么写才能将一件很小的事情写具体、写真实、写得有意思。

可见，学生在语文学习方面存在两个严重的问题：一是阅读量不足，阅读能力偏弱；二是不愿写，写不好，怕写作文。

为了解决学生阅读量小和怕写作文的难题，同时为了使语文教研组的教学研究更聚焦问题，从 2014 年开始，我提出开展语文"1+N+1"读写一体化教学研究。经过八年多的深入探索和广泛实践，研究取得了初步成效。

语文"1+N+1"读写一体化教学研究就是研究"1+N+1"的教学结构，推动阅读和写作一体化的教学，提高阅读和写作教学的质量。简单地说，就是在课堂教学中，以 1 篇精读课文教学带 N 篇类课文阅读或综合性学习实践，拓展 1 篇习作教学。具体来说就是：精读课文是"1+2"，教 1 篇精读课文，带 2 篇课外阅读文本；略读课文是"1+N"，教 1 篇（或多篇）略读课文，带多篇课外阅读文本；阅读教学是"1+N"，拓展 N 个阅读或综合性学习，再"+1"，即加上一节写作教学。

语文"1+N+1"读写一体化教学研究契合当前语文教学新常态，实现了课内与课外的融通、单篇阅读与多篇串读的融通以及读与写的融通。不同于国内盛行的"群文阅读教学""1+X 阅读课程""1+X 单元授课法""1+N 快乐阅读"等

研究，我校开展的"1+N+1"读写一体化教学研究不是简单地做加法，该项研究的独特之处在于"聚焦读写，融通教学，提升素养"。这样的教学改革有助于增强学生的阅读能力和写作能力，整体提升学生的语文学科素养。

我校语文教研组立足日常教学实践和校本研修活动，开展了一系列阅读教学与写作教学相结合的课堂教学研究；围绕"1+N+1"读写一体化教学，使阅读教学指向表达与写法、习作教学基于阅读展开，体现层次性，增强关联性，开发新课型。我们在"1+N+1"读写一体化的新课型逐渐成熟的基础上进一步思考，深入开展"1+N+1"读写一体化教学研究，不断挖掘新教材、新课型的育人价值，提升学生的语文学科素养。

我们邀请华东师范大学"新基础教育"专家团队来校指导教学研究。语文教研组实行"五位一体"和备课组领衔教研制度，大胆尝试单元重组教学，深入推动"1+N+1"读写一体化研究。经过八年多的实践探索，我们积累了一些研究成果。"1+N+1"读写一体化新课型研究成效突出，华东师范大学李政涛教授在其每一次视导评课中都予以充分肯定。他说,光明小学的"1+N+1"读写一体化教学研究，课型越来越成熟、不断突破、不断提升。

语文"1+N+1"读写一体化教学研究在专家指导下一共上了42节研究课，语文科组将这些课例结集成册，编印了《光明小学"1+N+1"读写一体化的课例集》，其中收录了教学设计、教学反思和专家评课纪要。这些课例涉及不同文体，覆盖所有年级，供老师们持续深入学习研究。光明小学把"1+N+1"读写一体化的新课型落实到日常教学教研活动中，"阅读教学指向表达与写法，习作教学基于阅读展开"的教学结构深入到每一位教师心中，落实到每一节语文课堂教学中。

光明小学"1+N+1"读写一体化教学研究经过多年的研究实践和实施推广，取得了丰硕的成果。近年来，语文科组教师辅导学生参加区级以上作文比赛获奖51人次，在正式报刊上发表优秀作文35篇。语文教师在正式刊物发表教学论文23篇，参加教学论文评比获区级以上奖项35人次，参加教学比赛获区级以上奖项61人次。语文教师立项市级课题3个、区级课题3个。其中，由我主持的《小学语文"1+N+1"读写一体化的教学研究》被立项为2018年光明区重点课题及广东省教育科学规划2021年度中小学教师教育科研能力提升计划（强师工程）项目，获2021年深圳市第四届教育教学科研优秀成果奖二等奖。《小学语文教学》2021年4月专刊发表了我校18位语文教师的29篇文章。

2022 年 6 月 19 日，在深派教育高质量发展展示交流活动中，我以《基于生命自觉成长理念下的"开放课堂"的探索》为题，全方位展示了光明小学八年来开展课堂教学改革的成果。光明小学在"生命自觉成长"办学理念的指引下，从开放教学的目标、内容、过程、环境、手段、评价六大方面介绍了光明小学"开放课堂"的内容。光明小学构建"预习质疑——生成学习任务，开放导入——创设问题情境，探究问题——动态生成教学，拓展延伸——整合学习资源，创新作业——个性化提升"的"开放课堂"五段式的教学结构，形成"开放课堂"新样态，达到减负提质、全面提升教育教学质量的目标，最终成就了一大批优秀教师，成就了一大批主动发展的幸福少年，实现了学校高质量发展目标。董波主任以《小学语文"1+N+1"读写一体化的教学探索》为题，分享了学校语文科组"1+N+1"读写一体化研究与实践的成果。

第三节 办学成效持续优质

一、爱华小学从村小到优质校的华丽转身

2004 年 7 月，我被任命为爱华小学校长。7 月 23 日，我第一次来到条件艰苦的爱华小学工作。当时，爱华小学仅有两栋旧教学楼，教学设施设备简陋，教育教学质量较低。初来乍到，在 9 月份开学时我这位在爱华小学办学史上的首任女校长应该给老师和学生留下怎样的印象呢？

通过实地调研，我觉得改变学校现状应先从改变育人环境入手。暑假期间，我拿着教育主管部门支持的 5 万元资金，请来工人给两栋教学楼的墙壁、楼梯、走廊进行全面翻新，让校园在新学期有新面貌。

不仅如此，面对校门口只能勉强通过一部车辆的校道，我到处奔走，争取石介头村的支持，终于将校道由单行车道拓宽为双行车道。道路宽了，学生上下学更方便了。接着，我又通过多方努力，争取到深圳市光明集团有限公司的支持，将校门口烂尾多年的仓库改造成学校停车场，改善了过去车辆乱摆放的状况，优化了育人环境。

到爱华小学才三个月，我就因为改造学校的育人环境付出了许多心血，足足瘦下四斤。学校环境改变后，我开始思考如何让家长对学校发展充满信心。于是，在一个晚上，我首次在操场上召开全校学生家长大会，与全体家长畅谈办学目标。面对这位年轻、有朝气的女校长，家长们开始对爱华小学刮目相看，对学校未来发展充满期待。

改变薄弱学校从改变育人环境开始，从重塑家长的信心开始，敢于挑战的我稳稳地走好了第一步。

我认为，学校文化是学校的灵魂。面对着一所薄弱校，校长应克服重重困难，结合校情，以校园文化建设为抓手，促进学校办学内涵的提升，培植爱华精神。因此，爱华小学重视打造"理念文化、环境文化、制度文化、研修文化、课程文化、课堂文化、活动文化、书香文化、品牌文化"九大战略，实现"以文化立校，办特色学校"的目标。

在办学思路上，我始终以德育工作为首、以安全工作为重点、以教学工作为中心，全面提高教学质量，全面实施素质教育，全面提高育人水平，以质量求生存，以创新谋发展，以务实出成果。

我和学校领导班子成员一起确立了"让孩子从这里得到发展，让教师从这里走向成功"的"双主体"成功教育办学理念，这种办学理念在爱华小学各项工作中都得到充分落实。

2004年10月8日，学校召开全体中层干部会议，全面规划学校的发展大计。我以《关于爱华小学面向21世纪教育改革与发展的初步设想》为题做了主题报告，提出学校办学目标是：夯实小学基础，创办优质学校。学校全面实施素质教育工程，并且具体落实到"学校发展规划工程、校园环境建设工程、教师队伍培养工程、优良校风打造工程、教学质量提升工程、多元化教育评价工程、全面全员育人工程"七项子工程中。

为规范学校管理，推动学校发展，引领教师勤奋工作、积极进取，学校开始了全方位的学校管理工作改革。学校通过民主集中的方法制定了多项管理制度，如考勤制度、奖教制度、教学常规管理制度、质量监控制度、教师培训制度、后勤财务管理制度，以及退休教师、生病教师慰问制度等等，既规范了教职工的工作行为，又调动了教职工的工作积极性。有人说，校长要严格地执行制度，但又不能迷信制度。因为制度是方的，人情是圆的；制度是刚性的，人情是柔性的。学校在执行制度中还兼容人性管理，使老师们更舒心地工作。这些制度改革为爱华小学的腾飞奠定了很好的基础。

学校的发展首先是教师的发展。为了实现让教师走上成长快车道，学校采用多样化的培养方式，如引"学"法、请"人"法、融"训"法等。学校倡导"科研兴校"的思想，以课题带动校本研修，提高教师的教学研究能力，促进教师专业发展。学校抓住课题研究的核心，创建"求实、求活、求效"的校本研修操作模式，把课题研究与校本研修融为一体。比如，语文科组结合新课程标准开展了"小学开放习作教学研究""师生互动式作文评改教学研究"和"行走日记作文教学模式探究"，数学科组开展了"关注学困生学习研究"，英语科组开展了"如何培养学生英语预习习惯"的研究。具体的研修流程是：发现问题—确立主题—学习理论—研究课例—专题研讨—产生新问题，进行新一轮研究。2007年6月，学校在校本研修成果展示会上得到宝安区教科培中心领导的高度评价："爱华小学校本研修工作做得扎实，经验值得推广。"2007 年 11 月 28 日，在爱华小学"有效课堂"研究交流会上，全国数学特级教师黄爱华说："爱华小学对'有效课堂'的研究抓住了课程改革的根本。"

针对教学中存在的问题，学校提出"打造活力、有效课堂，提高教学质量"的口号，坚持不折不扣地实施基础教育国家课程，增设校本拓展课程、学生选修课程，活用学科教材，从备课、课堂、课例和教学流程等角度进行层层改革。

有人说，校长是"领导"，是"官"；教师是"下级"，是"兵"。可是，我认为自己不是"官"，只是一位普通的人民教师。因此，大家可以经常看到我深入课堂听课，找教师聊课，为教师上示范课，深入教师办公室了解教情、学情。我与德育、安全部门主任及班主任一起解决学生遇到的较复杂棘手的问题，经常找学生谈心，经常组织调皮学生、学困生召开会议。我亲自到教研组参加教研活动，指导年轻教师教学或参赛，让教师感到校长不仅是一名普通老师，还是教师专业成长的引领者。我尽最大可能为教师服务，为教师排忧解难，营造了师生共同发展的良好的学习、工作、生活环境。

有人说，做一名称职的校长，既要业务过硬、管理有方，更要知法守法、依法治教、民主治校。我带领学校教师全面贯彻党的教育方针，自觉遵守各项教育法规，推行层级管理、民主决策。

几年下来，我带领着爱华团队，通过"抓队伍、重课堂、强特色"，实行一个又一个创新举措，开启了强校之路，实现了一所村小的华丽转身。学校获得广东省中小学校长培训实践基地、广东省中小学校本研修示范学校、广东省体育特色学校、深圳市市民身边的好学校等 27 项市级以上荣誉，爱华小学从一所薄弱学校发展为在区、市、省乃至全国有影响力的现代化学校。

二、光明小学从老校到现代化示范校的蜕变

我曾两度履职光明小学。第一次调入光明小学是在 2001 年 9 月。在光明小学的 3 年时间里，我从教学主任、教研室主任做到主管教学的副校长。

时任光明小学的校长叶峰谈到，光明办事处教育办公室廖主任出面协调我到光明小学充实领导班子，是为了全力以赴创建市级、省级学校。当时，学校工作

千头万绪，我主要负责抓学校教学工作，协助校长创建等级学校，是校长的得力助手。总的来说，我当时重点抓了三项工作：第一，深入每个教室听课，把好教师优质课关；第二，与教学副主任一起加班加点收集、整理各类档案资料，迎接评估专家的检查；第三，抓实教学常规管理工作，提高教学质量。

作为副校长的我执教六年级语文，继续开展"自主学习"教学改革研究，带头落实新理念，实践新课标，在实践中既带了团队又锻炼了自己。

这三年也是光明小学建校史上发展最快的三年，学校从市一级学校飞升至省一级学校。我协助校长带领学校上了两个等级。这也是我成长历练、发展最快的三年，是向叶峰校长学习治校经验收获最大的三年。

第二次调入光明小学是在 2014 年，我在爱华小学任校长、有了 10 年校长管理经验后，再次回到曾经工作过的光明小学。此时，我意识到肩上更大的责任。我和学校领导班子一起通过调研广泛征求意见，多次邀请专家进行论证，组织全体教师反复讨论，集思广益，最终确立了以"培育生命自觉，养育幸福人生"为办学理念，以"做自觉创生的幸福教师"为教师发展目标，以"育主动发展的幸福少年"为育人目标，以办"校园美、特色精、质量高"的幸福学校为办学目标。

在办学理念的引领下，学校创新管理体制，引导师生自主管理、主动发展，开展"五位一体"校本教研，促进教师专业成长，落实课程改革，帮助学生多元发展，使其享受成长的快乐和幸福。

2014 年 9 月，学校在光明新区教科研中心的指导与支持下，加入华东师范大学"新基础教育"试验研究。2017 年 12 月，学校获批成为"新基础教育"研究基地学校，引进全国数学特级教师"吴正宪工作室"团队，加入"吴正宪小学数学教师工作站"，与著名大学、名师名家合作，引领光明小学高质量发展，引领学生幸福快乐成长。从此，光明小学呈现出新的教育生态。

光明小学全体师生立足日常实践研究，筑牢"新基础教育"的底色，落实立德树人，为幸福人生奠基，在"全、实、深"的教研实践中创建学校精品特色品牌。

著名教育家、华东师范大学教授叶澜在光明小学参加"新基础教育"中期评估活动后，开心地对我说："今天听了一节另类、率性的音乐课，很开心，我记住了孩子课后拥过来合影的一刻。只有孩子自发地学习，课堂上才会有欢乐与独特的'秩序'！"教育家在言语中流露出对光明小学阳光学子的赞美。

从课程改革入手，提出"八好"课程目标。

光明小学积极推进素质教育，深入开展课程改革，以培养学生的"人文素养、科学素养、艺术素养、健康素养"四大素养为抓手，提出培养学生"好品格、好习惯、好体魄、好心态、好思维、好创意、好文章、好才艺"的"八好"课程目标。学校围绕"八好"课程目标，制定了课程培养目标、课程安排、课程评价体系，保障"八好"课程目标的实施。

从课堂改革入手，开展"1+N+1"课堂育人文化研究。

一开始，学校"新基础教育"研究的困惑是：课堂教学研究还缺少"融通"与"聚焦"，缺少充分挖掘学科育人价值的教学特色。

于是，我经过不断学习，反复琢磨，在语文科组率先开展"1+N+1"读写一体化的教学研究。在董波主任和付娟、陈英如科组长的带领和组织下，语文科组全员参与"1+N+1"读写一体化教学研究。这也得到华东师范大学李政涛教授的高度评价："光明小学的语文'1+N+1'读写一体化教学研究，其阅读教学和习作教学做到了结构关联地教，教出了新的思路和新的收获，课型研究越来越成熟。"目前，这项研究已经于2021年获得深圳市第四届教育教学科研优秀成果奖二等奖，获批广东省教育科学规划2021年度中小学教师教育科研能力提升计划（强师工程）项目。

从学生的校园生活入手，充分挖掘活动的育人价值。

为了全面挖掘综合活动的育人价值，我把语文"1+N+1"的研究思路延伸到学生工作领域，组织相关讨论研究，开展"1+N+1"学生一日校园新生活研究。

这个专题研究以学生一日校园生活为切入点，通过N个非教学时段内综合活动的开发，创造学生一日校园新生活。这项研究得到光明新区教科研中心领导谢德华主任、学校学生发展部张红副主任和班队教师的大力支持和积极参与，林小燕、曾旭红、欧恋佳、田宇燕、黄蕾、李淑妮等老师上的专题研讨课还得到了华东师范大学李家成教授的高度评价。

从综合活动入手，研究"四季活动"育人价值。

我的教育思想和追求就是让更多的学生得到最主动健康的发展，成为德智体美劳全面发展的人。为此，我带领行政班子加强学生行为规范养成教育，开展丰富的校本课程和主题教育活动，促进学生主动发展、健康成长。在叶澜教授的理论启发下，我提出了整体设计"四季活动"的思路，以"寻春—嬉夏—品秋—赏冬"为主线开展四季活动，做到学科教学、主题活动、节庆活动相结合，达成活动育人的目的。

从打造学校文化品牌入手，推进"生命自觉成长"的育人文化研究。

我一直把办学思想放在最重要的位置，以先进的办学思想引领学校内涵式发展。学校的文化建设是学校发展的灵魂，是凝聚人心、展示学校形象、提升学校办学品位的重要体现。在办学过程中，我明确提出要把学校的办学思想和办学目标转化为师生的共同追求，学校要以育人文化研究为抓手，让学校的办学理念真正在日常教育教学活动中得以落实，让办学目标得以实现。

2021 年，学校《小学"生命自觉成长"育人文化研究与实践》的课题研究被立项为深圳市教育科学规划课题。本课题围绕小学"生命自觉成长"育人文化的核心概念，实施"1+8+1"建构策略，形成学校育人文化建构体系。在"生命自觉成长"的理念引领下，学校实施八大思路建构（高标准现代化的硬件建设、生命自觉的学校文化、自主运行的管理体系、自觉创生的教师培养机制、开放高效的课堂文化、生命自觉成长的育人环境、主动发展的多元课程、精品化的特色建设），实现办"校园美、特色精、质量高"的美好愿景，为实现师生幸福的人生奠定良好的基础，为助力学校高质量发展打下了坚实的基础。

第三章

由"觉"入"知"的教育行思

第一节 "知"的要义

一、"知"的来源

（一）知而后行

明代思想家王守仁曾提出"知行合一"的哲学理论。这里的"知"指内心的觉知，即对事物的认识或人的道德意识和思想意念；"行"指人的道德践履或实际行为。中国古代哲学家认为，人的外在行为是受内在意识支配的，有内心的"知"，才会有外在的"行"。"知"与"行"的关系，既包括道德意识和道德践履的关系，也包括思想意念和实际行动的关系。在王守仁看来，"知"必然要表现为"行"，不"行"不能算真"知"，而自觉的"行"，其实也就是"知"。"知是行之始，行是知之成"的意思是说，"知"是"行"的开端，"行"则为"知"的完成，二者互为始末。因此，"行"一件事之前，必先有"知"，"行"必以"知"为前提。

（二）行而后知

杜威认为，"认知本身就是实践动作的一种方式，而且是使得其他自然间的交互作用从属于我们指导之下的唯一交互作用的方式"，"行动处于观念的核心。当我们把认识活动的实验实践当作哲学上关于心灵及其器官的主张的一种模式时，便避免了长期以来理论与实践分割的现象。它揭示出认知本身就是一种行动，它是不断前进和稳妥可靠地使自然存在具有明白意义的唯一的行动"。[1] 这一观点是从实用主义角度将实践作为认识过程的内在环节。

---

1 约翰·杜威. 确定性的寻求：关于知行关系的研究[M]. 傅统先，译. 上海：上海人民出版社，2004.

（三）知行互生

人民教育家陶行知先生，原名陶文濬，由于在大学期间接触到了阳明心学，受"知行合一"之说的激励，对"知是行的主意，行是知的功夫。知是行之始，行是知之成"深信不疑，便改名为陶知行。他通过在国内外的学习与工作，特别是成为美国教育巨擘杜威的学生后，深受杜威实用主义思想的影响，认为只要将生活融入教育本身，调动和改造每个人的经验，则每个人必能从中找到属于自己的成长之道。中国的教育问题，绝不是照搬阳明心学或杜威思想就能解决的。在他快四十三岁时，又公开改名为陶行知，他认识到从"行"到"知"只是认识的第一阶段，再由"知"到"行"又是更高的阶段。"行动—知识—再行动"不断循环更迭，人的成长才有不竭的潜力，而教育亦有无穷的妙趣可言。陶行知的"行—知—行"理论，超越了王阳明和杜威的"行知二元论"，而与马克思主义"实践—理论—再实践"的实践观保持一致。

二、"知"的范畴

《现代汉语词典》对"知"的解释有知道、使知道、知识、知己、主管等。假使人类没有感觉器官，那就无法感（感应）、无从知（认知）、无生觉（觉悟）。生命之道是以觉知为前提的，觉知是践行的第一步。

在《论语》中，我们也可以看见孔子对于"知"的理解。孔子认为"生而知之者，上也；学而知之者，次也"，把"知"的来源归于天赋和后天勤奋的学习。

不仅知行与人的身体有关，人的经验、情感、意志对认识结果也产生重要影响。对历史的回顾、对未来的展望、对现实的观照、对梦想的期盼都不同程度地影响和干预着认识过程和认识结果。[1]

校长的"知"包括哪些内容呢？ 1996 年，经济合作与发展组织（OECD）在《以知识为基础的经济》的报告中把知识分为四种类型，即知道是什么的知识、知道

---

1 吕国忱，石佩芝.论心物、知行关系的现实转换[J].江苏大学学报（社会科学版），2017，19（5）：54-59.

为什么的知识、知道如何做的知识、知道谁能做的知识。1958年，英国物理化学家和思想家波兰尼在《人的研究》一书中提出人类有两种知识，即因性知识与显性知识。国内有学者将校长的"知"分为实践性知识与学术性知识，强调知识是实践者个人的主观建构，专业知识的获得是基于对自身职业实践的反思、探究以及与同行的交流，要让校长由知识的消费者变为知识的创造者、生产者。[1] 无独有偶，有学者也提出，校长应该在基本理论的框架之上有自己独到的知识生长点，有所专攻，形成理论特色，升华自己的实践经验。[2]

以上观点侧重于从知识的角度来谈校长的"知"。综合来看，校长的"知"所包含的内容更加广泛，如《义务教育学校校长专业标准》中规定了义务教育学校合格校长专业素质的基本要求，其基本理念涵盖以德为先、育人为本、引领发展、能力为重、终身学习，基本内容涵盖规划学校发展、营造育人文化、领导课程教学、引领教师成长、优化内部管理、调适外部环境等六大块内容。（见表1）

表1 《义务教育学校校长专业标准》基本内容 [3]

专业职责		专业要求
规划学校发展	专业理解与认识	1. 明确学校办学定位，履行实施义务教育的工作使命，保障适龄儿童、少年平等接受有质量的义务教育，着力保障农民工子女、残疾儿童少年、家庭经济困难学生的受教育权利 2. 注重学校发展的战略规划，凝聚师生智慧，建立学校发展共同目标，形成学校发展合力 3. 尊重学校传统和学校实际，提炼学校办学理念，办出学校特色
	专业知识与方法	4. 熟悉国家的法律法规、教育方针政策和学校管理的规章制度 5. 把握国内外学校改革和发展的基本趋势，学习借鉴优秀校长办学的成功经验 6. 掌握学校发展规划制订、实施与测评的理论、方法与技术

1 褚宏启.校长专业化的知识基础[J].教育理论与实践，2003（23）：27-32.
2 卢元锴.校长学：献给21世纪的中小学校长[M].北京：华文出版社，1999：119.
3 中华人民共和国教育部.教育部关于印发《义务教育学校校长专业标准》的通知[A/OL].（2013-02-16）[2022-02-12].http://www.moe.gov.cn/srcsite/A10/s7151/201302/t20130216_147899.html.

专业 职责		专业要求
	专业能力 与行为	7. 诊断学校发展现状，及时发现和研究分析学校发展面临的主要问题 8. 组织社区、家长、教师、学生多方参与制订学校发展规划，确立学校中长期发展目标 9. 落实学校发展规划，制订学年、学期工作计划，指导教职工制订具体行动方案，并提供人、财、物等条件支持 10. 监测学校发展规划的实施，根据实施情况修正学校发展规划，调整工作计划，完善行动方案
营造 育人 文化	专业理解 与认识	11. 把德育工作摆在素质教育的首要位置，全面加强学校德育体系建设 12. 将学校文化建设作为学校德育工作的重要方面，重视学校文化潜移默化的教育功能，把文化育人作为办学治校的重要内容与途径 13. 热爱祖国优秀传统文化，充分发挥优秀传统文化的时代意义与教育价值，重视地域文化的重要作用
	专业知识 与方法	14. 广泛涉猎自然科学与人文社会科学知识，具有良好的艺术修养和相应的艺术欣赏与表现的知识 15. 了解校园文化建设的基本理论，掌握促进优秀文化融入学校教育的方法和途径 16. 掌握不同年龄阶段学生思想品德形成和健康心理发展的特点与规律，了解学生思想与品行养成过程及其教育方法
	专业能力 与行为	17. 绿化、美化校园环境，精心营造人文氛围，建设优良的校风、教风、学风，设计体现学校特点和教育理念的校训、校歌、校徽、校标 18. 精心设计和组织艺术节、科技节等校园文化活动，充分利用好重大节庆日、传统节日等有特殊意义的日子以及学校组织特有的仪式，开展主题教育活动 19. 建设绿色健康的校园信息网络，向师生推荐优秀的精神文化作品和先进模范人物，努力防范不良的流行文化、网络文化和学校周边环境对学生的负面影响

专业职责		专业要求
		20. 凝聚学校文化建设力量，发挥教师、学生及社团的主体作用，为共青团、少先队、学生社团、班集体活动开展提供必要条件，保证活动时间
领导课程教学	专业理解与认识	21. 坚持面向全体学生，因材施教，全面提高教育教学质量 22. 尊重教育教学规律，注重培养学生的责任意识、创新精神和实践能力 23. 尊重教师的教学经验和智慧，积极推进教学改革与创新
	专业知识与方法	24. 掌握学生不同发展阶段的培养目标和课程标准 25. 了解课程编制、课程开发与实施、课程评价的相关知识和教材、教辅使用的政策以及国内外课程教学改革的经验 26. 掌握课堂教学以及教育信息技术应用的一般原理与方法
	专业能力与行为	27. 有效统筹国家、地方、学校三级课程，确保国家课程、地方课程的落实，推动校本课程的开发与实施，为学生提供丰富多样的课程教学资源 28. 认真落实义务教育课程标准，切实减轻学生过重课业负担，不得随意提高课程难度，不得挤占体育、音乐、美术及少先队活动等课程的课时，确保学生每天一小时校园体育活动 29. 建立听课与评课制度，深入课堂听课并对课堂教学进行指导，每学期听课不少于地方教育行政部门规定的课时数量 30. 积极组织开展教研活动和教学改革，建立完善促进学生全面发展的教育教学评价制度，不片面追求学生考试成绩和升学率
引领教师成长	专业理解与认识	31. 教师是学校改革发展最宝贵的人力资源，尊重、信任、团结和赏识每一位教师 32. 校长是教师专业发展的第一责任人，将学校作为教师实现专业发展的主阵地 33. 尊重教师专业发展的规律，激发教师发展的内在动力

专业职责		专业要求
	专业知识与方法	34. 把握教师职业素养要求，明确教师的权利与义务 35. 掌握教师专业发展的理论以及指导教师开展教育教学实践与研究的方法 36. 掌握学习型组织建设的方法以及激励教师主动发展的策略
	专业能力与行为	37. 建立健全教师专业发展的制度，推行校本教研，完善教研训一体的机制，落实每位教师五年一周期不少于360学时的培训要求 38. 关注每一位教师的发展，指导教师根据自身发展特点制订专业发展计划，加强青年教师培养，支持教师轮岗交流，推进信息技术在教师专业发展中的应用 39. 扎实开展师德师风教育，落实教师职业道德规范要求，严禁教师体罚或变相体罚学生，严禁教师从事有偿补课 40. 维护和保障教师合法权益和待遇，关爱教师身心健康，建立优教优酬的激励制度
优化内部管理	专业理解与认识	41. 坚持依法治校，自觉接受师生员工和社会的监督 42. 崇尚以德立校，处事公正、严格律己、廉洁奉献 43. 倡导民主管理和科学管理，坚持教书育人、管理育人、服务育人
	专业知识与方法	44. 把握国家相关政策对校长的职责定位和工作要求 45. 掌握学校管理的基本理论与方法，了解国内外学校管理的变化趋势 46. 熟悉学校人事财务、资产后勤、校园网络、安全保卫与卫生健康等管理实务
	专业能力与行为	47. 形成学校领导班子的凝聚力，认真听取党组织对学校重大决策的意见，充分发挥党组织的政治核心作用 48. 尊重和支持教职工代表大会参与学校管理的民主权利，定期向教职工代表大会报告工作，实行校务会议等管理制度 49. 建立健全学校人事、财务、资产管理等规章制度，提高学校管理规范化水平，不得违反国家规定收取费用，不得以向学

专业职责		专业要求
		生推销或者变相推销商品、服务等方式谋取利益 50.努力打造平安校园，建立和完善学校各种应急管理机制，定期实施安全演练，正确应对和妥善处置学校突发事件
调适外部环境	专业理解与认识	51.坚持把服务社会（社区）作为学校的重要功能，勇于承担社会责任 52.坚持把合作共赢作为学校对外关系准则，积极开展校内外合作与交流 53.坚信学校与家庭、社会（社区）的良性互动是办学水平的重要体现
	专业知识与方法	54.掌握学校公共关系及家校合作的理论与方法 55.了解所在社区、学生家庭的基本情况，积极获取与学生成长、学校发展相关的信息 56.熟悉各级各类社会公共服务机构的教育功能
	专业能力与行为	57.优化外部育人环境，努力争取社会（社区）的教育资源对学校教育的支持 58.充分发挥家长委员会支持学校工作的积极作用，引导社区和有关专业人士参与学校管理和监督，接受改进学校工作的合理建议 59.建立健全家校合作育人机制，建立教师家访制度，通过家长学校、家长会、家长开放日等形式，指导和帮助家长了解学校工作情况和学生身心发展特点，掌握科学育人方法 60.积极发挥学校在社区建设中的作用，鼓励并组织学校师生参与服务社会（社区）的有益活动

第二节 "知"的管理

一、校长需要办学经验

（一）名校长来自经验的积累

"支持教师和校长大胆探索，创新教育思想、教育模式、教育方法，形成教学特色和办学风格，营造教育家脱颖而出的制度环境。"这是 2018 年 1 月印发的《中共中央 国务院关于全面深化新时代教师队伍建设改革的意见》中提出的要求。这是党中央出台的第一个专门面向教师队伍建设的里程碑式政策文件，也是我国教师和校长队伍建设的纲领性文件。文件中明确提出，中小学校长还必须政治过硬、品德高尚、业务精湛、治校有方，提升办学治校能力，打造高品质学校。

"政治过硬、品德高尚、业务精湛、治校有方"都是优秀校长经验体系中不可或缺的组成部分。2018 年 3 月，教育部等五部委印发《教师教育振兴行动计划（2018—2022 年）》，提出："实施中小学名师名校长领航工程，培养造就一批具有较大社会影响力、能够在基础教育领域发挥示范引领作用的领军人才。"教育部印发了《关于组织实施"国培计划"——中小学名师名校长领航工程的通知》，正式启动名师名校长领航工程即"双名工程"，旨在完善国家与地方基础教育高端人才培养体系，培养示范引领基础教育改革发展的名校长队伍，充分发挥带动辐射作用，提升中小学校长队伍整体素质。这些文件都表明，校长办学治校经验的总结、传播是教育事业发展的重要保障。[1]

（二）校长经验即"完整的能力结构"

随着校长负责制的确立和不断完善，以及学校办学自主权的扩大，我国在教

1　满建宇.校长专业标准视野下校长领导角色研究——以K校长为例[D].南京：南京师范大学，2017.

育管理体制上确立了"地方负责、分级管理"的制度。校长需要承担更多的职责，同时又要充当学校的教育者、管理者、领导者、服务者、协调者等多重角色。如何承担这些职责，成为校长面临的重要难题。提升校长领导力，发挥校长的引领和导向作用成为确保学校变革和发展的重要举措。学校需要一种循序渐进、稳步推进和主动自发的变革。实际上，学校在改革中的主体性不断增强、自主性不断提高。

因此，作为学校改革落地的实践者和执行者，校长应做到以下几点：

第一，校长应具有全面引领教育变革的能力，与时俱进，在教育理念和教育实践上不断创新和实践，满足教育变革的需求。校长需要具有强大的人格魅力和高尚的道德品格，需要具有强烈的责任感和崇高的使命感，需要具有专业的教育理论基础和丰富的教育实际经验，需要具有广为人知的教育思想和敏锐进取的创新精神。

第二，校长必须是勇于创新、敢担责任的变革者。面对未来社会、教育和学校的变革，校长要积极顺应时代趋势，投身于变革的洪流，从更加系统化、发展性的视角开展教育领导工作，具有科学实践的精神和方法。校长在办学过程中要自觉顺应教育规律，同时更注重工作方法，追求教育教学工作的合规律性；要具备大胆变革的勇气和热情，也要具有不怕失败的乐观和坚忍，从而有效应对学校工作中的各种难题；要能够处理好学生发展和学校发展、自我发展和整体发展、教育发展和国家发展的关系，真正履行国家赋予校长的使命和责任，把立德树人育人目标和素质教育理念落到实处。

第三，校长必须具备合作意识和统整能力。当前教育工作中存在各种综合性、复杂性的问题，解决这些问题需要教育领导者具有合作意识和统整能力。校长对内应赋予教师教学工作更大的自主权，鼓励教师间的合作，采用民主方式进行学校事务的管理，广泛听取学生和教师对学校管理和发展提出的意见和问题。对外，领跑型校长应鼓励家庭和社区关注学校事务，为教育目标的实现争取人才、资金、设备、政策等多方面的资源，并与这些社群进行积极互动，建立长期、健康的合作关系，为学校发展创造更加有利的条件。

第四，校长应该是全体教职员工和学生学习成长的支持者和陪伴者，要具备仁爱之心，热爱教育事业，秉持教育理想与教育家情怀，有志于立德树人，坚持适应儿童身心成长规律的办学方向，积极贯彻国家教育方针和政策。

二、校长经验体系的来源

（一）规划学校发展

1.规划学校发展愿景。校长要将个人愿景与学校发展以及教师发展与学生成长相结合，为广大师生描绘出一幅美好的学校发展愿景，并对学校愿景进行综合、强化、提炼、提升，让共同愿景成为教师和学生发自内心的意愿。

2.确立学校办学目标。目标是愿景的形象化设计和实施过程，应通过办学目标的设定来阐释、理解并执行学校愿景。目标既包含办学目标、教育目标，也包括教的目标、学的目标以及教师专业发展目标和学生成长目标等。它既是遵循，也是方向；既基于现实，又着眼于未来。

3.规划实施方案。作为学校发展引领者，在学校目标科学设计的基础上，校长还要将学校目标分解为学校具体的目标体系，包括学校中长期发展目标（规划）和近期发展目标。在制订学校发展规划过程中，应充分吸收教师、学生、家长、社区、教育主管部门的建议，尊重学校发展的历史和现状，经过充分论证。学校一旦制订规划，就必须依照规划方案实施。[1]

4.建设良好的学校文化。在引领学校发展过程中，校长要不断加强学校文化建设，强化文化的传承、发扬，使学校随着时代发展不断进步，获得可持续发展的生命力。

（二）引领办学质量提升

1.引领教与学，打造高效课堂。校长要组织实施国家课程、地方课程，做好校本课程的规划设计和开发运用工作，促使教师对"教"开展深入研究，并使其在研究"教"的过程中了解"学"的规律，促进"教"与"学"的有效结合，为高效课堂打下基础。

2.更新教学与课程理念。校长不仅要身体力行地践行新的教学理念和课程理

1　满建宇，程晋宽.现代学校治理结构中校长的引领者角色——基于《义务教育学校校长专业标准》的分析[J].现代教育管理，2017（6）：19-23.

念，而且要从专业的视角对教师的教学进行指导、评价和修正，以保证素质教育的有效实施。同时，还要掌握课堂教学以及教育信息技术应用的一般原理与方法。

3.引领教学变革，规划课程方案。校长首先要全面了解课程标准要求，明确课程的教学目标和任务，引领教师不断更新教育教学理念。其次，要熟悉并掌握学生的成长和发展规律，引导教师按照规律施教。再次，要经常性地深入课堂听课、评课，对教师的教和学生的学进行有计划、有目的的指导，提高课堂教学效率。最后，要通过听课和评课等方式积极推进课堂教学改革，提高教的有效性、学的有效性和课堂管理的有效性。

（三）促进立德育人

校长要树立社会主义核心价值观和立德树人教育观，让受教育者形成良好的个人素养，具备基本的合作意识、团队精神以及良好的行为习惯和学习习惯等，做合格的社会公民。

校长的道德引领必须以教师良好师德的培育为抓手，让教师树立正确的人才观、价值观、教育观，遵守职业道德，平等对待每一个孩子，为学生的健康成长不懈努力，将学校办成培育合格公民的地方以及帮助学生养成良好习惯的地方。

校长的道德引领还表现在对教师和学生的充分尊重上。要引领教师专业成长，形成个人教学风格；引导教师树立"有教无类""分层施教""分类推进"的教育观，让每一个受教育者都能在学校学习生活中获得发展的机会。

（四）担当变革创新

1.促进学校变革。校长要促进学校变革发展，激活学校内部活力，抓住政策优势，顺势而为，进行科学规划和设计，大至管理体制改革、教育方式改革等，小至作业评价改革、课堂教学改革等方面；要通过改革不断激活学校的内部活力，从而引领教师不断完善教育教学行为，提高教育教学效率。

2.促进教师成长。校长要更新教育理念，提高教育水平，同时促进教师更新教育理念、提升教育水平；要为教师提供继续教育和发展的平台，促进教师的专业发展和专业成长；要跟上时代发展的脚步，不断更新观念和教育手段，不断满足学生个性化学习的需求。

3. 促进学生发展。校长要为学生搭建多种适合他们发展的平台，为他们提供各种参与的机会，让他们主动参与其中，开展丰富多彩的活动，在活动中得到多元化发展。[1]

（五）构建和谐环境

1. 协调与教师的关系。校长要关注教师的专业发展需求，促进教师专业发展，不断提升教师的教育教学水平，让教师因专业得到发展而实现自我成长和发展，鼓励优秀教师不断学习、总结与反思，形成自己的教育教学风格，成长为教育教学专家；要解教师之难，帮教师之困，如教师子女入学、困难家庭的帮扶等，要让教师在集体中感受到温暖与力量，减少后顾之忧，全身心地投入教育教学工作中；要建立教职工代表大会制度，鼓励教师献计献策，共同改善并提高学校治理水平。

2. 协调与家长的关系。校长要引导家长树立正确的成才观，尊重成长规律，进行有效引导并实施科学的家庭教育；要不断提升家庭教育水平，通过多种方式对家长的教育观念、教育方式方法进行指导，协助家长做好家庭教育工作；要建立家委会，促进家庭和学校的合作，发挥家长在学校治理和学生教育中的合力；要建立完善的制度，明确家委会在学校治理结构中的地位，保证家委会在学校治理结构中的话语权，让不同阶层的家长广泛参与。

3. 协调与社区的关系。校长要与社区建立起合作共赢的互动关系，加强学校与社区的互动交流，充分利用社区的环境和资源，实现学校和社区的教育互动。例如：学校应充分发挥社区志愿者的作用，开设丰富多彩的校本课程或特色课程；同时，学校可组织学生参与社区调查、社区服务等实践活动，让学生走进社区、走进生活；社区也可借助学校资源，如图书馆、运动场地等，让社区居民享受学校资源，参与学校举行的亲子互动、读书节、艺术节等活动；学校还可以借助社区资源做好校园安保、法律服务；等等。

---

1 鲍传友，毛亚庆.中小学优秀校长素养构建及其培养[J].中国教育学刊，2019（5）：80-85.

4.协调与媒体的关系。校长要借助媒体平台来报道学校的教育教学活动，做好教育宣传工作，从而提升学校形象，使学校获得更好的发展空间，增强教师和学生对学校发展的自信，形成学校内部良好的认同感和凝聚力。同时，学校文化教育不断见诸媒体也为学校的发展提供了良好的外部环境。

三、校长经验的总结

（一）与学者同行

要与在教育理论研究上卓有建树的专家教授合作，邀请学者专家指导校长理论建构，并担任实践导师，推动学校办学实践，实现以"任务驱动"校长成长，推进学者导师和校长的有效沟通，进而及时总结提炼办学经验。

（二）研讨热点问题

应围绕教育教学改革中的热点和难点问题，形成研讨主题，主动召开多层次、多主体的交流对话，包括管理层项目论证会、学科组创新研讨会、课题组科研讨论会、备课组方案探讨会、家委会事务共商会、校企联动协商会等，在实际问题的研讨解决中全面提升校长的批判反思能力。

（三）凝练思想成果

校长应具有提炼思想成果的自觉意识、主动行为，将不同学习阶段理论学习和实践研修的感悟、思考转化为叙事、论文、报告、著作等有形成果。校长应做好日常工作中每一次报告的准备，将报告内容做成自己阶段性成果总结，一篇报告就是一个成果，以成果凝练带动校长理性思考和理论产出能力的不断提升。

（四）推动团队思考

校长要在自身思考的同时带领团队成员以及联动学校的各层决策者共同思考，围绕国家和区域教育改革的热点和难点问题，积极组建工作室、学习和研究型团队、协同发展联盟，通过思维的碰撞和智慧的相互激发，促进思想成果的形成。

（五）及时评估反馈

校长要主动在工作中建立长期、及时的跟踪反馈机制，避免中长期回溯型的总结，而尽量开展短期即时反馈，通过短期即时反馈积累素材，凝练经验，激发新想法、新思路，并及时对大量的实践案例进行采集、分析，及时对工作细节进行记录、提取，以确保将抽象的理论还原到具体实践中，同时促进自己在实践中生成理论化的思考，实现理论与实践的融合与转化。[1]

1　李学良.中小学校长教学领导机制研究——复杂性理论的视角[D].上海：华东师范大学，2018.

第三节 "知"的提取

第一部分 爱华小学的"双主体"成功教育

一、爱华小学概况

爱华小学创建于 1982 年，是一所以越南归侨和外来务工人员子女为主要生源的义务教育公办学校。学校占地面积 22 098 平方米，建筑面积 8029 平方米。爱华小学地处偏远的光明区新湖街道圳美社区，生源以越南归侨子弟和外来务工人员子弟为主。为了教育归侨子弟热爱中华、学习本领、建设家园，学校取名为"爱华小学"，寓意热爱中华、振兴中华。

2004 年 8 月，我到爱华小学任校长时，对这所学校的初步认知是：全校 400多名学生，10 个教学班；70% 以上的学生是越南归侨子弟；全校教师 24 人，正编教师仅有 17 人，7 人是招聘教师；正编教师平均年龄 46 岁；师资素质参差不齐；教学硬件设施薄弱，软件不强。总体而言，就是办学规模小、生源特殊、教师数量少、教师年龄结构严重老化、办学起点低。

从 2004 年起，学校从煤渣跑道起步，结合"立足学校、立足教师、立足学生"的发展思想，提出了"让孩子从这里得到发展，让教师从这里走向成功"的"双主体"成功教育办学理念，着力于体育特色学校的探索与实践，重视课堂教学改革和教师专业能力成长等。经过多年的辛勤耕耘，2011 年，爱华小学被广东省教育厅授予"广东省中小学校长培训实践基地"，先后有 9 批来自江苏、北京、广东等地 60 多名校长来校跟岗学习。学校的办学经验与成就受到高度赞扬，他们认为爱华小学"理念新、特色明、效果好"，是真正落实素质教育，面向全体学生，让所有学生的个性、潜力得到最大限度发展的一流学校，是能为全国教育改革提供宝贵经验的品牌学校。

到 2013 年时，爱华小学开设了 20 个教学班，有各类功能室 12 间，925 名学生就读，55 名在岗教师。在教师中，本科学历 45 人、中学高级教师 1 名、小学高级教师 17 名，有广东省小学语文骨干教师、广东省优秀辅导员、深圳市十佳青年教师、深圳市优秀共青团标兵、区学科带头人、教坛新秀、名班主任共 13 人。

二、爱华小学办学经验梳理

（一）先进的办学理念指引

办学理念是一种观念，是教育者对教育的理性认识和对理想的追求，它决定着教育者的教育行为，指导我们明确学校的办学方向，统一思想，规范教育行为，定位学校品牌形象。基础教育工作者只有牢记办学理念，履行教育承诺，努力打造教育品牌，才能实现学校的健康持续发展。

爱华小学的办学理念是"让孩子从这里得到发展，让教师从这里走向成功"，即被概括为"双主体"成功教育的办学理念。对教育而言，任何一个教育活动都要为学生服务，以学生为主体，着眼于学生一生的可持续发展，为学生打下美好人生的基石。"让孩子从这里得到发展"，既是党和国家教育方针在爱华小学的具体体现，也是学校每一个教育工作者义不容辞的责任。学校因材施教，关心每一个孩子的成长，让每个孩子都能张扬个性，使学生得到全面发展，为孩子的终身成长奠定基础。

对教师而言，教师不应当只是蜡烛、春蚕一类的角色，不应只照亮别人、燃烧自己，也应该在照亮别人的同时照亮自己。"让教师从这里走向成功"，就是要让教师在培养学生成长的同时也成就自我，享受自己从事教育的幸福，享受自己专业成长的快乐，并获得工作上的成就感、价值感。因此，学校要从多渠道为教师提供施展才华的空间和舞台，促进教师可持续发展，使学校成为教师成长的摇篮。

"让孩子从这里得到发展，让教师从这里走向成功"，关注学生与教师共同发展的"双主体"成功教育的办学理念，就是要让爱华小学成为师生共同成才的基石，使人人都能在爱华校园中成人、成才、成功，享受到发展和成功的喜悦，从而为自己是爱华人感到无上的光荣和自豪！我认为，这是一个富有前瞻性的办学思想。正因为有这样的思想，才催生出爱华小学的办学奇迹。

（二）重视教学管理

教学是实现学校教育目的与任务的基本途径，在整个教育体系中居于中心地位，发挥核心作用。学校教育工作必须坚持以教学为主。教学工作的基本环节是备课、上课、课外辅导、作业的布置与批改、学业成绩的考评。

爱华小学创新教学管理，围绕"一二三四五"工作思路，即围绕一个中心、两个重点、三大建设、四项工作、五项服务机制规范教学行为。"一二三四五"工作思路就是对教学工作基本环节的全面把控。

"一个中心"即提高教学质量这个中心。"两个重点"：一是"教"的重点，以提高教学效率为主导，全面构建高效课堂；二是"学"的重点，抓好对学生学习习惯、学习兴趣和学习能力的培养。"三大建设"：一是课程建设，开齐上足上好国家课程，开发多样化的校本课程，完善课程评价体系；二是学科教研组建设，落实集体备课和个人备课要求，提高教研的实效性；三是教学品牌建设。"四项工作"即备课、上课、质量监控、作业检查工作。"五项服务机制"：一是为教研组提供导向性服务机制；二是为各科教学提供保障性服务机制；三是为教师发展提供平台性服务机制；四是为学生成长提供评价性服务机制；五是为家长提供满意性服务机制。

（三）时时刻刻把教师的发展放在心中

作为"双主体"成功教育重要主体之一，教师在学校的地位举足轻重。如果把学校看作一艘船，把校长看作船长的话，那么教师就是桨手。没有桨手的配合与助力，再好的船长也不能一个人把船开到胜利的彼岸。诚然，桨手天生不与船长为敌，而是希望与船长一起努力，实现自身的价值。我相信每位教师都想把工作做好，都想做出成绩，得到他人的认可；相信每位教师都有成功的愿望。只是成功有大有小，大到在平凡的工作岗位上成名成家，小到上好一节课、批改好一本作业、教好一个学生。

我积极为教师搭建展示平台，为他们提供成长的舞台。学校设立"名班主任工作室"，建立个人专业成长档案制度，建立"星级教师"培养评定制度，开展生态课堂"五环节、五问题、五步骤"研究，开展"571"校本研修、师徒结对、课题研究、爱华讲坛等活动。

学校建立七项评价激励机制，包括教师绩效工资分配制度、教师月考核制度、教学常规管理制度、校本研修管理制度、师徒结对制度、教师专业发展考核细则、星级教师申报评定制度等。在各种激励机制的作用下，教师自觉参与"教师专业发展"系列活动，在活动中成长，在成长中感受成功、快乐、幸福。

三、"双主体"成功教育的探索与实践

2004年，我在全校教职工大会上提出"夯实基础、不断创新、追求卓越"的办学思路；在2005年结合"立足学校、立足教师、立足学生"的发展思想，提出"让孩子从这里得到发展，让教师从这里走向成功"的"双主体"成功教育的办学理念，制定了"夯实小学基础，创办优质学校"的办学总目标。学校全面实施素质教育工程，并具体落实七项子工程——学校发展规划工程、校园环境建设工程、教师队伍培养工程、优良校风打造工程、教学质量提升工程、多元化教育评价工程、全面全员育人工程。

2010年，爱华小学的办学水平上了一个台阶，因此我们又修改了学校办学目标，提出要办"优质性、示范性"现代化的学校，确立"文化立校、科研兴校、管理强校、多维育人"的办学思路，旨在把学校办成"培养学生聪明才智的学园、发展兴趣爱好的乐园、陶冶学生美的情趣的花园、温馨的家园"。

（一）文化立校

校园文化建设既可以美化校园，又可以激励师生积极进取；既是学校办学理念和综合办学水平的重要体现，也是学校个性魅力与办学特色的体现。2005年，我们从简陋的校园环境入手，一点一滴地构思规划校园文化，扎扎实实地打造学校文化，确立"文化立校、特色强校"的办学思路，制定"理念文化、环境文化、制度文化、研修文化、课程文化、课堂文化、活动文化、书香文化、品牌文化"战略，加强学校精神文化建设，实现"以文化立校，办特色学校"的目标。在物质文化方面，爱华小学的校园文化建设主题是围绕学校的办学理念"让孩子从这里得到发展,让教师从这里走向成功"来确立的。学校精心设计建设了办学理念、文明礼仪、励志、书香、体艺、环境、安全、班级等主题文化,心语园、英语角、文化长廊、成长林、励志园、行健园、体育长廊、功能室、课室、食堂等文化,让学校处处呈现浓厚的文化氛围。校园文化力争做到"四化、二特色、一品位"("四化"即净化、绿化、美化、文化,"二特色"指个性特色、教育特色,"一品位"是文化品位)。此外,还有2012年3月创作的爱华小学校歌。我以学校文化建设的校园文化景点为主线,撰写校歌的歌词,音乐教师林水作曲。校歌取名为《爱华园》(见图1),深受全校师生喜爱,让师生永远记住了美丽而又有活力和内涵的爱华小学。

爱 华 园

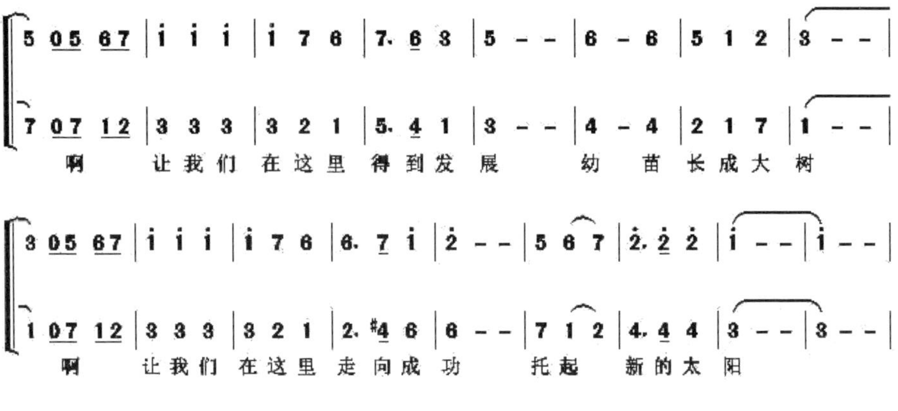

图 1 爱华小学校歌《爱华园》

（二）科研兴校

我们抓住课题研究的核心，创建"求实、求活、求效"校本研修操作模式，以构建"571"[1]校本研修为主题，实现教师专业发展，培养特优教师。

学校让科研走进每一位教师，形成老教师带头搞科研、新教师虚心向有经验的老教师学习的浓厚的研究交流氛围；以科研为纽带，实施"科研—教学—学习"的整合，提高科研的实效性和针对性；加强课题研究的过程调控，落实教科研工作的全程管理，着力在过程管理中求质量、求效益。爱华小学十年间累积承担了广东省教育厅立项课题《班主任成功个案研究》和深圳市教科院立项课题《行走日记作文教学研究》《小学英语口语能力实践研究》等三十多个区级以上立项课题，开展多层次、多渠道、全方位的研究和实践，取得了良好的研究效果。

（三）管理强校

我坚持"先理后管，以情感人，刚柔并济，民主集中，和谐发展"的管理理

---

1 "5"指学校在校本研修中按层次培养分别具有"一、二、三、四、五"5个级别的教师团队。"7"指教师在参与校本研修实践中做到"七个一"——精心制订一份个人专业成长规划，高水平撰写一份教学设计、一份教学反思、一份说课稿、一份评课稿，精彩地开展一个专题讲座，成功举办一场个人专业发展成果汇报会。"1"指提出一个具有创新特色的校本研修理论主张或构建具有示范辐射性的校本研修模式。

念，落实"一服务、三为本、四个高"的管理策略。具体而言，"一服务"的含义是：管理即服务，管理零缺陷，管理零距离。学生到学校是来接受为其一生事业成功和生活幸福奠基的教育服务。学校为每一名学生提供适合其身心发展的教育服务，为全体学生提供平等优质的教育服务，最大限度地满足学生和家长的需求。"三为本"即学校的各项工作都以学生为本，以教师为本，以家长为本。"四个高"指教师的高能力、学生的高素质、教学的高质量、学校的高声誉。这是学校赖以生存和发展的四大基石，是学校形成品牌的基本标志。

清华大学国家金融安全专家委主任、教育部学位中心评委、中国博士后基金评委、深圳博纳国际学校董事、学术委员会主任房四海教授表示，教育最终会回归到"以人为本"的本质上去，回归到发散性、思想性的教育之中。爱华小学坚持以"一服务、三为本、四个高"为管理策略，落实学校管理细节，总体上是符合教育发展趋势的。

（四）多维育人

学校以"五个一"校本拓展课程（写一手漂亮字，培养一身儒雅气质，掌握一项运动技能，培养一门兴趣爱好，发展一种兴趣特长）、体育"553工程"（五操运动，即广播操、武术操、大自然快乐操、绳操、爱眼操；五队训练，即跳绳、足球、篮球、软式棒垒球、田径；三节，即跳绳节、体育节、亲子趣味运动节）与"周末快乐作业五个一"为契机，培养"有根、有魂、有思想、有特长"的学生。

从2005年开始，学校提出"让每个孩子都捧奖回家"的理念，以"多一把尺子评价班级，就多一个优秀班级；多一把尺子评价学生，就多一位成功的学生"这一思想，尽量挖掘班级及学生更多的闪光点，让学生获得自信、拥有成功、享受上学的快乐。我认为，对学生的培养，不单是对智育的培养，更重要的是要让学生尽最大可能全面发展、充分发展，使其在全面发展的基础上突出特长。

学校除了在办学思路上有独特的举措和思想之外，在德育、体育方面的发展也独具特色。

在"双主体"成功教育的办学理念引领下，学校的育人目标是"全面发展、突出特长、道德高尚"，并且明确了学校德育目标是"思想品德高尚、良好习惯养成、兴趣特长培养"，构建了"立德育人、和谐发展"的德育工作思路。

爱华小学构建了"三四"德育管理模式。"三"指培养的学生要达到"三文"目标——文明有礼的语言、文雅大方的行为举止、文化素质的现代公民。"四"指德育工作应用"四化"手段——活动化、人文化、课程化、社会化。德育工作月月有主题，月月有亮点。学校以少先队为阵地，围绕"自己的事情自己做、自己的班级自己管、自己的活动自己搞、自己的阵地自己建"的"四自"做法，让学生做自己的主人，增强学生的参与感与责任感，培养学生自主管理、自我约束、自我进取、自主成长的意识，对学校德育工作起到了极大的促进作用。

　　在学校体育特色创建上，我总结出一套"领导重视抓落实—体育课程抓普及—师资队伍强素质—训练条件有保障—训练管理有规范"的工作模式，提出"炼我强健体魄，赢我成功人生"的体育特色教育理念。学校以"全员普及，强身健体"为创建宗旨，以优势特色项目带动特色学校建设，实现特色兴校为创建思路，大力培育田径、举重、校园舞、篮球、足球、花样跳绳六个特色项目。学校确保课堂上每一个学生有一个球、一根绳，会打球，会踢球，会跳绳；确保每一个学生在小学毕业时都掌握两三项运动技能。体育特色学校的创建工作全力推进四个"结合"——与课堂教学相结合、与大课间阳光体育活动相结合、与全体教职工参与相结合、与社区参与相结合。学校被评为广东省体育特色学校、深圳市体育特色学校。

　　学校重视体育特色建设，既贯彻落实《关于进一步加强学校体育工作的若干意见》《学生体质健康监测评价办法》《关于进一步提升中小学生综合素养的指导意见》等文件要求，又满足了学生健康成长的内在需求。

第二部分　光明小学的"生命自觉成长"教育

一、光明小学概况

　　1958 年，光明小学起步于广东省国营光明农场的"场部小学"。建校之初，时任校长黄告平带领教师搭建了两排茅草棚，以此作为课室和办公室，从此开启了光明小学的办学历程。

1979 年，光明农场领导决定在农场东区新建学校，并将校名改为"光明中心小学"，于 1982 年 9 月启用。当时新建了三栋两层教学楼，共 32 间教室，还建设了一个足球场和篮球场，基本满足了教育教学的需求。1992 年，学校搬到现址（河心南路 4 号），兴建了一栋四层教学楼，更名为"光明小学"。当时学校有学生千余人，专任教师 60 多人。1999 年，光明农场实行政企分开，光明小学归属宝安区人民政府管理，从此纳入政府办学体制。

进入 21 世纪，在叶峰校长的带领下，光明小学全面实施素质教育，推动创新发展，三年迈上三个台阶，实现了跨越式发展。2001 年 6 月，学校被评定为宝安区一级学校，同年获"深圳市办学效益奖"；2002 年 6 月被评定为深圳市一级学校，同年被评为"宝安区教育系统先进单位"；2003 年 4 月顺利通过了广东省一级学校的评估，学校少先队被授予"全国红领巾手拉手助残先进集体"荣誉称号；在毕立刚校长的带领下，2007 年被评为"广东省文明单位"，这是光明新区成立以来辖区单位首次获得省级文明单位称号。

2014 年，我担任光明小学校长，明确提出"培育生命自觉，养育幸福人生"的办学理念，践行"做自觉创生的幸福教师"的教师发展目标和"育主动发展的幸福少年"的育人目标，以加入华东师范大学"新基础教育"研究为抓手，推动学校管理、课程教学、教师发展、学生工作、学校文化等方面的深入改革、优化与提升，促成学校的整体转型性变革。

现在的光明小学已发展建设为占地 35 704 平方米的现代化校园，建有校舍 22 816 平方米、运动场地 21 000 平方米。现有教学班 48 个，学生 2518 人；专任教师 160 人。

二、光明小学办学经验梳理

（一）创设凝心聚力的管理环境

著名教育家苏霍姆林斯基说过："校长必须具备教师所具备的一切素质，一校之长应是师者之师。"所以，在 18 年的校长生涯中，我一直努力使自己具备优秀教师的特质，引领教师团队专业发展；使自己具备教育家办学的特质，引领学校有内涵、有品质地发展。为了创设凝心聚力的管理环境，我在工作中做到了以下四点：

第一，做好自己的本职工作，为教师树榜样。我时常提醒自己：老师们心中都有杆秤，他们也会掂量校长的分量；威信是做出来的，不是说出来的。因此，我在工作中亲力亲为，勤奋踏实。

第二，培养好学校行政团队，让他们为教师做表率，使学校行政班子团结合作，工作中不斤斤计较，人人都积极为学校发展出谋献策、做出努力，成为推动学校发展的骨干力量。

第三，欣赏教师的进步，激励教师成长。对教师的优点充分肯定，对教师的不足直言提醒。不拉帮结派，不搞小圈子，公平公正对待每一位教师，尽最大努力为教师的教育教学和生活提供服务。

第四，执行民主决策制度。对关系到教师切身利益的绩效分配、奖教奖学、考勤等制度，经行政会议和教师代表大会讨论后，挂在校园网上供全体教师阅读并提意见。校长应努力做到民主管理、校务公开，让老师们有归属感、认同感，使其愿意在光明小学工作，自觉为光明小学的可持续发展不懈努力。

（二）培养自觉创生的幸福教师

到 2014 年时，光明小学已是一所有着 50 多年办学历史的学校，积淀了深厚的文化底蕴。但是，面对正编教师平均年龄 46 岁、专业发展动力不足，学校激发教师专业发展内动力的制度不健全等问题，激发教师工作的内驱力，强化其工作的责任感，全面提升教师的专业水平，让教师享受专业成长带来的职业幸福，增强教师从事教书育人的幸福感，帮助教师克服职业倦怠等就成了学校的努力方向。因此，学校领导通过问卷调查和召开座谈会，确定要打造一支师德高尚、业务过硬、团结向上、大气智慧、追求卓越的教师队伍，并以"育自觉创生的幸福教师"为教师发展目标。

学校坚持以"育自觉创生的幸福教师"为教师发展目标，培养教师队伍，通过开展高频次、常态化的学习培训与扎根于日常的教学研究与实践，提升教师的整体素质水平。学校通过以下五条路径促进教师做自觉创生的幸福教师。

第一，引领专业规划，扎实做好校本培训工作。

学校以习近平总书记提出的好教师要具有"四有""四个引路人"和"四个相统一"的标准为基本指导思想，全面落实立德树人任务，深化育人方式改革，增强教师履行教学职责的能力，引导教师制订、实施专业发展规划，增强教师的专业能力和综合素质，促进每一位教师的专业成长，大力培养名师、优秀教师，打造一支师德高尚、业务精湛、善教乐教的高素质师资队伍。

学校指导青年教师制订专业成长计划、明确发展目标，使其积极组织参加教研活动；实行"导师制"，加大师徒结对帮教工作力度，并通过日常教研活动，加强师徒结对教师的听课、评课、研讨等日常化培养工作。

为了切实促进青年教师的专业成长，学校的校本培训工作围绕提高教师的综合素养，在理论学习和通识培训的基础上重点开展学科教学技能、信息技术和书法艺术等技能型培训。

学校定期开展校本培训工作。学校研究决定，每学期每逢单周的周一下午安排校本培训。培训项目主要有学科教学技能、信息技术应用、心理健康教育、书法、综合素养、"朝阳论坛"暨读书分享会等。

为提高教师的教学技能水平，各学科在教研时间开展科任教师的教学技能训练，并积极组织教师参加各级教学技能比赛。学科教学技能培训项目（见表2）。

表2　学科教学技能培训项目表

学科	教学技能培训项目	负责人
语文	解读教材教学设计、现场教学、反思演讲	学科行政科组长
数学	教学设计、课件制作、现场教学、解题能力与方法	
英语	单元整体教学设计、现场教学、口语、演讲	
音乐	乐器表演、声乐即兴伴奏、舞蹈自由发挥	
体育	个人专业技能、广播操、跳绳、队列训练	
美术	即兴主题绘画制作、立体纸艺	
科学	常规实验操作技能、创新实验器材开发	

第二，锤炼教师的"新基本功"。

为了使教师的专业发展目标更加清晰、指导教师做好专业发展规划，学校制定了"光明小学教师发展标准"（见表3）。学校从师德修养、综合素养、教学基本功、信息技术应用等方面制定了17条合格教师标准和优秀教师标准，促进教师在专业道路上站稳讲台、迈上台阶、走向名优。

表3　光明小学教师发展标准

项目		合格教师标准	优秀教师标准
师德修养		爱岗敬业，热爱学生	教书育人，乐在其中
综合素养		做学生学习和行动的榜样	终身学习的态度与习惯
		坚持学习、勤于反思，不断更新教学观念	宽厚的文化底蕴和先进的教育理念
		扎实掌握学科知识和基本教学方法	娴熟掌握学科知识和科学的教学方法
		熟练掌握本学科教学专业技能	专业技能突出，在区内有影响力
教学基本功	书写	规范书写粉笔字、硬笔字	硬笔字、软笔字书写美观漂亮，有一定的书写速度
	朗读	普通话标准，能恰当地表情达意	朗读有特色，富有表现力和感染力
	演讲	脱稿演讲，精神饱满，表达流利准确	构思巧妙，情感交融，有号召力
	写作	掌握教研文章和应用文的写作技能	写作有文采，经常发表文章
	备课	具备解读教材和分析学情的能力，独立撰写教案	动态预设教案，融会贯通教学
	上课	落实课堂规范，教学效果良好	双基训练扎实，课堂开放高效
	说课	独立撰写说课稿，脱稿说课	主题研究性说课，有示范价值
	评课	能抓住要点，开展有针对性的评课	课堂诊断发现问题，提出改进建议
	反思	坚持写教学反思，不断改进教学方法	在实践反思中提炼教改经验成果
	科研	积极参加教研活动和课题研究	主持课题研究，每年发表论文
	质量	教学质量达到年级平均水平	教学质量超过区检测平均水平以上，在年级名列前茅
信息技术应用		能够制作教学课件，熟练使用网络资源和多媒体进行教学	创新应用信息技术，整合学科教学，推动融合教学改革

学校教师发展办公室组织各学科教师深入开展教学基本功训练、中青年教师教学技能培训和比赛活动，促使全员开展教学基本功能力测评，实现教师教学基本功 100% 达标。

第三，扎实开展日常研究，催生教师发展动力。

光明小学青年教师专业提升工作对照"光明小学教师发展标准"，全面开展校本研修、校本培训和教学基本功训练，提升教师的专业能力和综合素质，做到学习培训日常化、教学研究日常化、教师梯队培养日常化。三个日常化的研究与实践为教师的专业成长搭建了舞台，催生了教师发展动力。

学校采取"大教研"与"小教研"相结合的形式，建立"五位一体"（集体备课—教师上课—评课交流—反思重建—撰写文章）的校本研修体系。各学科教研组开展校本研修活动，认真落实"五位一体"校本研修制度、外出学习培训的"三个一"制度、教师"一对一"带教制度、教师研讨课申报制度等。学校根据点面结合、分布推进的思路，把各学科骨干教师分到各个年级，带动年级组开展"同上研究课"的研讨活动；通过年级、校级、区级三级联动研究，聚集教师的集体智慧，让更多的教师试水，最终使教师抱团成长。学校强化校本研修活动，提升了教师的教研能力，促进了学校校本教研水平整体提升。

第四，扎实开展专题研究，让研究更有成效。

各学科教研组立足课型，扎实研究，使教师在教研活动上有了课型的意识。通过课型研究，各学科教师找到了学科教学研究的抓手，初步形成了有层次、有结构的课堂教学。

语文打造"1+N+1"读写一体化的特色品牌。"1+N+1"读写一体化指的是：1 篇精读课文教学，带 N 篇类课文阅读或综合性学习实践，拓展 1 篇习作教学。该课型的特点是"阅读教学指向表达与写法，习作教学基于阅读展开"。"1+N+1"读写一体化的课堂教学改革有效整合了阅读教学和习作教学，教出了新的思路和新的收获，提高了学生的阅读和写作水平，整体提升了学生的语文学科素养。

数学开展单元整体教学研究。新课标强调，课程目标应立足学生核心素养的发展，集中体现数学课程的育人价值。我们注重把握核心素养的整体性、一致性和阶段性，细致分析单元整体设计目标，再围绕目标细化课时目标，实现从"一节课研究"到"一类课研究"转变，按数学学科教学内容的分类开展单元前后相关联课型的专题研究。

英语开展单元读写结合教学研究。英语学科针对教学中的实际问题，例如高年级学生英语写作水平受到阅读量的限制，很多孩子的写作句型只能围绕课本展开，学生词汇量单薄、写作内容单调，故需要开展英语单元读写结合教学研究。英语单元读写结合的课型突破了小学阶段英语写作更多地停留于仿写的瓶颈，突出了学生的自主写作能力和语言思维能力的培养。英语教研组在日常教研中经历了"支架式教学"课型研究、"话题式写作"课型研究和"单元读写结合"课型研究的发展阶段，其课型越来越成熟，并普及到各年级的课堂教学之中。

第五，建立考评制度，优化激励机制。

学校制定的教师考评制度重在激励向上，体现以人为本的精神，创设凝心聚力、心情舒畅、积极向上的激励文化。同时，评价机制重在发展。在执行制度中，学校以人为本，并以多元评价激励制度为手段，营造教职工干事创业的良好氛围。学校着力构建、全面实施与教育教学改革相适应的教师评价体系，建立、推行科学的教师发展性评价机制。

为了给青年教师搭建专业成长的阶梯，在全校形成以校名师、区名师、市名师为主体，具有一定数量，各学科布局比较合理的名师梯队，学校决定实施名师培养工程，制订并落实《学校名师评选工作方案》。

校级名师的评选程序：

（1）教师根据评选方案自愿申报，填写申报表。

（2）成立名师评审组。评审组对照评比条件审核、查证。

（3）开展考核评分。根据考核方案对申报教师考核评分，根据考核成绩按比例评出各级名师。

（4）成立名师工作室。本学年评选的名师在下一个学年开始享受各级别奖励，并履行名师工作职责。

校级名师的激励机制：

（1）颁发光明小学名师荣誉证书。

（2）学校给予奖励，用于订阅报刊、购买专业书籍、开展教研活动等。

（3）在评优、评先、职称聘任等方面，原则上在同等条件下优先评选。

（4）优先安排外出考察学习。

（5）学校名师作为推荐区以上名师的参评资格。

校级名师的考核制度：

（1）光明小学名师对各级名师的管理考核由教师发展办公室负责组织实施。

（2）名师考核结果分为优秀、合格、不合格三个等次。名师考核分年度考核和周期考核，结合学校教师学年度考核进行。年度考核结果作为周期考核的依据。年度考核为"不合格"者，给予三个月整改期，整改后考核仍不合格的，撤销该名师称号，其相关名师待遇自动取消；考核为"合格"以上，给予年度考核奖励；考核"优秀"的，予以通报表彰和奖励。周期考核为"合格"以上的，可优先申报下一届同类别名师评选或更高一级类别名师评选。

学校如果要使教师生命自觉成长，那么就需要有健全的制度保障，为教师搭建生命自觉成长的舞台，立足教研，聚焦课堂，依托课题研究，建立评价体系，助推教师发展，促使教师做自觉创生的幸福教师。

（三）培育主动发展的幸福少年

为使每一个学生主动健康地发展、快乐地成长，光明小学坚持全面贯彻党的教育方针，落实立德树人的根本任务。为促使全体师生践行"生命自觉成长"的办学理念，落实"育主动发展的幸福少年"的育人目标，学校从五大方面为学生构建主动学习的乐园、健康成长的家园。

一是为学生精心创造优美的学习环境。学校积极争取政府的大力支持，改善办学条件，提升学校环境及文化建设品位，让校园的每一个角落都成为亮丽的风景，让每一面墙都会"说话"，让每一间课室都充满温馨，让每一间功能室设施设备齐全。学校营造了一个文明、和谐、幸福的校园，让孩子们在这样的环境中受到真善美的熏陶，主动、健康、快乐地成长。

二是培养学生的良好习惯。教育家叶圣陶说教育就是养成习惯。好习惯会影响孩子的一生。为此，学校大力培养学生的良好习惯，先后出台了《学生学习常规十规范》《一周一规范》《学生一日常规》《学生文明礼仪教育常规》《优秀学风班》《行为模范班》等规范，促进学生良好习惯的养成，使学校形成良好的班风、校风、学风。

三是践行"八好"课程目标，搭建多元发展平台。为了全面落实素质教育，提高学生综合素养，把学生培养成德智体美劳全面发展的社会主义建设者和接班人，学校提出"好品格、好习惯、好体魄、好心态、好思维、好创意、好文章、好才艺"的"八好"课程目标，开发了校本课程，在课后服务时间开设了 100 个社团活动课程，满足了学生多样化成长的需求，使其享受成长的快乐与幸福。

四是开展项目研究，让学生在实践中增长才干。学校通过开展校园一日新生活的研究，以一日校园生活为节点，体现 N 个非教学时段的活动，重建学生的一日校园新生活。为了让学生在寒暑假度过有意义的假期、丰富孩子的假期生活，学生发展部组织师生与家长一起策划学生假期作业。作业以社会体验活动为主，旨在让学生度过真生活、真体验、真参与的假期生活，从而加强学生的综合能力和实践能力。

五是从主题活动入手，充分挖掘活动的育人价值。学校每学年定期举行爱心节、体育节、艺术节、科技节、英语节、书香节六大节日主题活动，充分挖掘活动育人的价值，为学生张扬个性、发挥特长搭建舞台，展示光明小学学生主动发展的特色。学校整体设计"四季活动"，以"寻春—嬉夏—品秋—赏冬"为主线，开展四季活动，全面、深度挖掘综合活动的育人价值，实现活动育人目标。

三、"生命自觉成长"教育的探索与实践

2014 年 9 月起，光明小学新领导班子成立。面对已有五十多年办学历史的光明小学，学校领导班子思考应如何在传承的基础上发展学校，使学校有更美好的未来。为此，学校领导班子通过开展教师问卷调查征集教师对学校发展的优势分析与建议；深入教师中开展调研，了解学校过去的办学亮点与不足。学校在总结过去办学情况的基础上提出了"生命自觉成长"的办学理念，供教师学习讨论。

学校领导班子在征集教师意见的基础上初步确定了学校办学理念、办学目标、三风一训及育人目标，最后请华东师范大学李政涛教授做指导，在讨论后最终确定了办学理念、目标等。

我们确定的办学理念和育人目标关注人的发展，关注人的生存方式和生命质量，旨在实现生命价值的提升，促进师生主动健康发展，为师生成为幸福的现代公民奠定基础。

"生命自觉成长"教育是一种思想，怎样把这种思想最终落实到培养人和发展人的目标上？学校领导班子认为：最有效的方式就是通过制订学校发展规划，在实施学校发展规划中促进"生命自觉成长"教育思想的学习、贯彻和执行。因此，学校制订了《光明小学"三个六"办学体系发展"十三五"规划（2016—2020）》，提出了具有鲜明的光明小学特色的"生命自觉成长"教育的办学主张和办学总目标。学校五年发展规划为学校的改革指明了方向，为学校改革与发展描绘了清晰的蓝图，更为师生共度生命美好时光、提升生命质量、享受幸福人生设定了理想的发展路径。

（一）实施"三个六"办学体系

构建"三个六"办学体系，指的是确立了以引领六个目标、构建六大思路、推进六大措施为核心的办学策略。

一是引领六大目标。指的是学校确定一个办学总目标——办"校园美、特色精、质量高"的幸福校园。在这个办学总目标下，设五个分目标，分别是：（1）让课堂焕发生命活力；（2）让班级充满成长气息；（3）让学生主动健康发展；（4）让教师拥有生命自觉；（5）让校园充满幸福阳光。学校借此实现目标，凝聚人心，激发教职工的工作动力。

二是构建六大思路。为了使学校的办学理念落地生根、办学目标得以实现，学校确立并实施办学"六大思路建构"策略，具体构建内容是：（1）在管理体制上建构四大机制；（2）在教学工作上实现"四个转化"；（3）在班级建设上围绕"四大活动"；（4）在学生发展上紧扣"四个抓手"；（5）在教师发展上强化"四条路径"；（6）在学校文化上呈现"四个特色"。清晰的办学思路使师生发展、班级建设、学校文化建设等有明确的实施路径。

三是推进六大措施。任何先进办学思想的践行、明确办学目标的实现都离不开切实可行的办学措施。我们提出的六大思路建构，要具体落实到六大措施上来。六大措施指的是：（1）建构以"自主生长"为标志的管理体系；（2）建构以"激发自觉"为标志的教学体系；（3）建构以"生命成长"为标志的班级建设体系；（4）建构以"主动发展"为标志的学生发展体系；（5）建构以"自觉创生"为标志的教学发展体系；（6）建构以"生命自觉"为标志的学校文化体系。六大办学措施关注师生发展、课堂教学、班级建设、学校文化建设等方面的过程管理，为实现办学目标奠定了坚实的基础。我们构建"三个六"办学体系，并将其分解为三个体系——目标体系、办学思路体系和办学措施体系。三大体系的逐步构建、实施与完善过程，就是我们推进办"校园美、特色精、质量高"的幸福学校的探索与实践过程，更是我们办人民满意的教育的充分体现。

（二）构建"生命自觉成长"育人文化

教育最终将落实到人身上。我提出要构建"生命自觉成长"育人文化、"培育自觉创生的幸福教师"与"培育主动发展的幸福少年"，其实也正是出于这一考虑。

学校文化建设是学校发展的灵魂，是凝聚人心、展示学校形象的重要体现。我校把办学理念和办学目标转化为师生的共同追求，以学校育人文化为抓手，使学校的办学理念和目标落实在日常的教育教学活动中，提高学校办学品位。因此，在我校"十三五"规划实施结束后，我们认为，现代化社会需要每个人的生命自觉，当今师生也需要生命自觉。为了继续培养师生的生命自觉的意识和行为、提升学校文化建设的品位、打造有文化品牌的学校，我们在传承与发展相结合的基础上，以《构建"生命自觉成长"育人文化研究与实践》为题撰写学校第二个五年发展规划，这一规划已于 2021 年 7 月被光明区教科院立项为重大课题，并于 2022 年被深圳市教科院立项为规划课题。把学校发展规划当作课题研究，能够更好地使学校发展规划落地生根、开花结果。

我带领全校师生创造性地开展构建"生命自觉成长"育人文化的研究与实践，使全体教师在工作上不断自我超越，增强了教师的职业幸福感，同时促进全体学生主动健康发展、享受成长的快乐和幸福。我们的研究思路是实施育人文化"1+8+1"构建策略，即在"1"个生命自觉成长的理念引领下，实施"8"大思路建构（高标准现代化的硬件建设、生命自觉的学校文化、自主运行的管理体系、自觉创生的教师培养机制、开放高效的课堂文化、生命自觉成长的育人环境、主动发展的多元课程、精品化的特色建设），实现"1"个办"校园美、特色精、质量高"的幸福学校总目标。目前，"生命自觉成长"已成为学校育人文化的标识性符号，传承和积淀学校精神内核。

我们在开展"生命自觉成长"的育人文化研究中，做到了有组织、有分工、有推进、有成效；按照八大思路建构内容，将研究任务全面、具体地落实到学校管理部、课程与教学部、学生发展部三大部门。

学校管理研究组研究任务：

（1）推动高标准、现代化的学校硬件建设，打造高颜值、高品位的育人环境。

（2）打造生命自觉的学校文化，包括生命自觉成长的理念文化、环境文化、制度文化、精神文化等。

（3）实施自主运行的管理体系，落实"扁平化"管理理念，建立"三部一中心"管理机构，实施自主运行的管理机制。

课程与教学研究组研究任务：

（1）创建开放高效的课堂文化，从课堂教学改革入手，全面深度挖掘学科的育人价值，继续在各学科领域开展"1+N+1"专题教学研究，使各教研组教学研究有抓手、有聚焦，更好地调动学生的学习积极性，提高课堂教学效率，达到"减负提质"的目的，促进课堂教学改革的创新与创生，在各学科形成新的课型与教学特色。

（2）开设主动发展的多元课程，以培养学生"人文素养、科学素养、艺术素养、健康素养"四大素养为导向，开设培养学生"好品格、好习惯、好体魄、好心态、好思维、好创意、好文章、好才艺"的"八好"课程，积极推进好课程建设，全面提升学生的综合素养，育主动发展的幸福少年。

（3）推动建立自觉创生的教师培养机制，依托"新基础教育"研究和"吴正宪工作室"团队指导，在立足日常的校本研修中助推教师的专业成长，让更多的教师享受到由专业成长带来的幸福，做自觉创生的幸福教师。

学生发展研究组研究任务：

（1）构建生命自觉成长的育人环境，包括以四季特点设计综合实践活动，开展学校主题教育活动、班级文化建设、家校合力育人等，深度挖掘综合活动的育人价值，实现活动育人的目的，促进学生主动健康成长。

（2）打造精品化的特色项目，开展丰富多彩的校本课程和社团活动，坚持做到普及与提高相结合、课程落实与社团训练相结合，全面提升学生的综合素养，树立学校特色品牌。

构建"生命自觉成长"育人文化的研究与实践，将从以下三条路径推进，立足日常研究，促进学校文化高质量发展。

一是学校育人文化建设。学校育人文化建设包括物质文化建设、制度文化建设和精神文化建设。学校物质文化建设通过高颜值的建筑、布局、标识等显性特征，体现光明小学师生"生命自觉成长"的特质。制度文化建设是学校文化建设的保障机制，既包含学校的相关规章制度，也包含学校制度的制定、执行、监督与评价过程。精神文化建设是学校文化的核心，围绕"生命自觉成长"的办学理念和学校的育人目标，体现为学校的"三风一训"，落实到师生的教育教学活动和校园新生活中。

二是学科育人价值开发。为了全面、深度开展学科和综合活动的育人价值研究，培育学科教学的特色品牌，比如语文"1+N+1"读写一体化教学研究、各学科开展课堂教学的专题研究，更好地调动学生的学习积极性、提高课堂学习质量，全面提升教育教学质量。

三是师生生命自觉成长。学校以"做自觉创生的幸福教师"为教师发展目标，以"育主动发展的幸福少年"为育人目标，立足日常，打造学生的"学"、老师的"教"及"教研"的新常规,落实"好品格、好习惯、好体魄、好心态、好思维、好创意、好文章、好才艺"等"八好"课程目标,全面提升师生的综合素养。

学校通过构建"生命自觉成长"育人文化系统,打造学校育人文化品牌,凝聚人心,激发师生形成"生命自觉成长"的育人文化,促使"生命自觉成长"理念落实于师生的日常生活,植根于师生的内心,外显于师生的行为,从而养育师生幸福人生。2020年1月,我们创作的光明小学校歌《心向光明》(见图2),充分体现了光明学子朝气蓬勃、奋发向上、生命自觉成长的新样态。

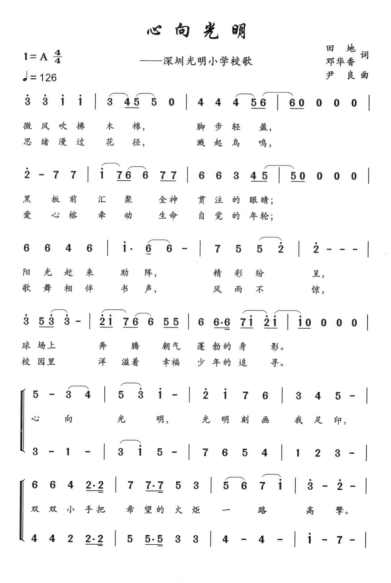

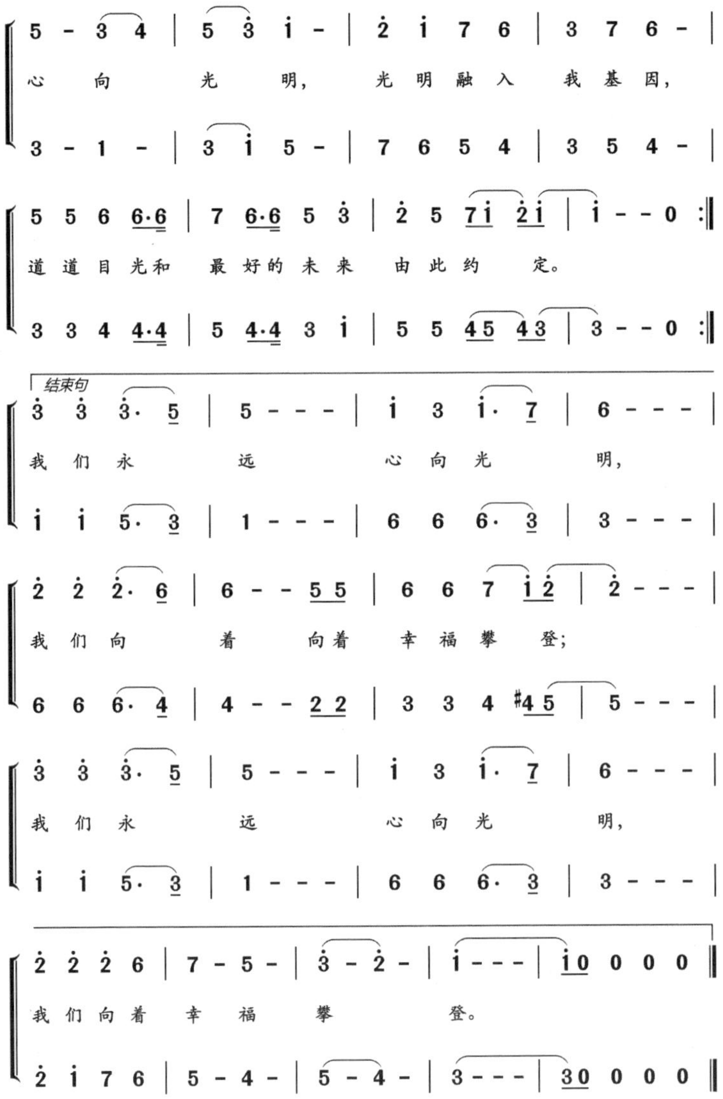

5 - 3 4 | 5 3 1 - | 2 1 7 6 | 3 7 6 - |
心　向　光　明，　　光　明　融　入　我　基　因，

3 - 1 - | 3 1 5 - | 7 6 5 4 | 3 5 4 - |

5 5 6 6·6 | 7 6·6 5 3 | 2 5 7 2 | 1 - - 0 :‖
道　道　目　光　和　最　好　的　未　来　由　此　约　　定。

3 3 4 4·4 | 5 4·4 3 1 | 5 5 4 5 4 3 | 3 - - 0 :‖

结束句

3 3 3·5 | 5 - - - | 1 3 1·7 | 6 - - - |
我　们　永　远　　心　向　光　　明，

1 1 5 3 | 1 - - - | 6 6 6·3 | 3 - - - |

2 2 2·6 | 6 - - 5 5 | 6 6 7 1 2 | 2 - - - |
我　们　向　着　　向　着　幸　福　攀　登；

6 6 6·4 | 4 - - 2 2 | 3 3 4 #4 5 | 5 - - - |

3 3 3·5 | 5 - - - | 1 3 1·7 | 6 - - - |
我　们　永　远　　心　向　光　　明，

1 1 5 3 | 1 - - - | 6 6 6·3 | 3 - - - |

2 2 2 6 | 7 - 5 - | 3 - 2 - | 1 - - - | 1 0 0 0 0 ‖
我　们　向　着　幸　福　攀　　登。

2 1 7 6 | 5 - 4 - | 5 - 4 - | 3 - - - | 3 0 0 0 0 ‖

图 2　光明小学校歌《心向光明》

第四章

校长生涯之"知"

第一节　校长应有的独特素养

"己不正，焉能正人"，"人不率则不从，身不先则不信"，校长身不正，学校则政不通、令不行，学校管理也会一团糟。因此，校长应具有良好的道德素质，率先垂范，以德治校。校长的人格魅力是磁石，它能把学校全体教职工吸引过来，凝聚在一起，围绕学校共同的教育教学目标团结奋斗。

一、爱心与责任心

一名好校长是由多方面的角色与素养构成的。我认为，好校长的第一素养是爱心与责任心。

苏霍姆林斯基说："没有爱就没有教育。"校长是学校办学的第一责任人，是引领学校发展、师生成长的领头雁。一名优秀的校长要具备较高的综合素质，其中最重要的素质就是要有爱心。

我经常说做人要有爱心，为人向善，多积德行。如学校得知某个同学家里发生不幸后，就马上组织全校师生捐款，并进行慰问与关怀；还有送给家庭困难生学习用品、慰问生病老师等都是有爱心的体现。2020年，我去贵州省毕节市的后山镇中心完全小学出差，发现该校11个班级的课桌椅、讲台破旧不堪。回到学校后，我马上组织全校师生捐款78 000元，购买了400张课桌椅和11张讲台捐赠给后山镇中心完全小学。我常想，只有自己有善行，培养的学生才能有良好品德。

校长有了爱心，就会珍惜生命、关爱学生；校长有了爱心，就会善待每一位老师，凝聚团队力量，创造学校辉煌的业绩；校长有了爱心，就会乐于奉献，为师生服务，为办好学校服务。所以，校长只有爱学校、爱同事、爱孩子、爱自己的事业，才会成为受师生欢迎的校长。在工作中，我常常会如严父般地教育学生，指出老师的不足，又会如慈母般地关心爱护老师和学生，引导他们朝着积极健康的方向发展。特别在对待同事上，我经常会想：与大家共事是一种缘分，要珍惜同事之情。因此，我在工作中能理解、包容老师，为教职工排忧解难，为教职工提供有利于身心健康和教育教学的服务，为教职工创设和谐、民主、人文的工作环境。

陶行知先生说，"校长是学校的灵魂"，"一个好校长就是一所好学校"。有什么样责任心的校长，就会有什么样的学校。我认为，责任心是一种态度，态度决定成败。

一名校长要有强烈的工作责任心，要深深知道自己肩负着比教师更多、更大的责任。因此，在工作中，我非常清楚，自己要想当好校长就要得到领导支持、同事们的信任和拥护。责任心源于"心"，首先"责"，贵在"任"。校长应把责任心落实到行动上，明白校长的责任所在，用积极的心态坚定执行。这是学校工作的正道所在。我要用个人的人格魅力来树立威信，注重以良好的形象示范和专业引领激励身边老师提高道德素养和专业能力。我非常清楚自己应给学校带来某些变化，比如：能不能改善学校的办学条件，使整个学校的发展水平逐年上台阶或有进步。我非常清楚，校长要提炼出学校办学理念，理清学校办学目标和思路，健全学校各项管理制度，为学校留下办学思想、教育思想、人文环境、学术氛围、学校特色等无形的资产，不断积淀学校的独特文化，为学校留下丰富的精神财富。

爱心与责任心是教师职业道德的核心和灵魂。我认为：作为校长，自己首先也是一名教师，应拥有爱心和责任心，对教职工充满人文关怀；校长是教育管理者，拥有爱心和责任心更容易得到领导的支持和同事们的信任、拥护。

二、勤奋与上进心

2004 年 7 月，我被任命为爱华小学校长。7 月 23 日，我第一次来到了边远、条件艰苦的爱华小学。当时爱华小学仅有两栋旧教学楼，正在建的一栋教学楼属"同富裕工程"项目。学校办公及教学设施设备简陋，为使开学时师生能看到校园的新面貌，暑假期间，我拿着教育主管部门支持的 5 万元资金，请工人为两栋教学楼的走廊及楼梯墙面翻新；争取深圳市光明集团有限公司的支持，将堵在校门口南山牛场的旧仓库拆除，将校门口校道两边的树木迁移，扩大校道，使其由只能过一部车扩大到可以通过两部车了。那个暑假，我忙碌奔波。拆迁旧仓库、迁移树木、扩校道等事都需要得到石介头村居民的支持，我反复上门沟通，做思想工作，当地居民出于各种考虑提出不少条件，后来经过深圳市光明集团有限公司、南山牛场领导、石介头村领导多次出面协调，学校才拆除了校门口的旧仓库，迁移了校门口道路的树木。一个暑假下来，我足足瘦了四斤，初做校长的我深感不容易。

2016年暑假，光明小学为迎接10月份深圳市办学水平评估，学校新建B栋一楼会议室、校本研修室、名师工作室以及改造一至三年级教师办公室。我与办公室、后勤的中层干部，基本一个假期没有怎么休息，以校为家，把好工程质量关。会议室、校本研修室、名师工作室建好后，不少客人来校参观后对以上这三室的建设都赞不绝口，认为"三室"建设有品位、有档次。

2017年暑假，学校要建图书馆、综合电教室、教职工饭堂、家长委员会办公室，以及改造运动场。我与相关的中层干部又度过一个忙碌的假期。

2021年暑假，学校对A、B栋教学楼进行加固。其工程量大、时间紧，为确保9月1日如期开学，我在暑假夜以继日盯紧施工队，督促其按时完成两栋教学楼的加固任务。

像这样以身示范、身体力行的例子还有很多很多。我一直认为，勤奋是一种美德，是体现一个人对待任何工作、任何事情的态度，是有高度工作责任心的体现。因此，不论在学习上还是在工作上我都比较勤奋。我经常提醒自己，人不学习会落后，不学习就不能拓宽自己的教育视野，应时刻提升自己的业务工作水平。学校各部门中层干部、一线老师的工作也不轻，作为校长，我不搞特殊化，总是与老师们一起辛勤劳作，带个好头。

上进心是一个人工作的动力。正因为有了上进心，一个人在工作中才有吃苦耐劳的拼搏精神。上进的动力在于要认识到校长是学校的领头羊，自己没有上进心，带出的班子、老师、学生怎么会有上进心呢？没有上进心，怎么能做好工作？！怎么对学生、家长、老师负责？！因此，我带领全校教职工力争做到精细、规范管理，健全学校各项制度。此外，我认为教师这一特殊的职业不能允许校长和教师没有上进心，教师没有上进心，教育可能就会误人子弟。我也希望教师，尤其是青年教师应该把上进心作为自己工作和生活的座右铭。有了它，工作生活才充满活力，才永远不会落伍。正如美国作家海伦·凯勒所说："当一个人感觉有高飞的冲动时，他将再也不会满足于在地上爬。"

三、朴实与节约

庄子曾说："朴素而天下莫能与之争美。"坚持朴素、朴实的生命底色，根底在于坦荡真诚。一个人的行为、谈吐、表达、衣着都不是为了表现，也不是为了掩饰，而是他的本色。这样的人清澈而透明，可亲、可近、可敬。

校长应做到为人处世朴实，事事认真负责，不搞花架子，不过多张扬自己，更注重宣传学校、老师、学生。师生的形象、学校的荣誉都是宣传学校的活广告。校长只有拥有朴实的工作作风，才能带出朴实的行政队伍与优秀的教师团队。

在学校办学经费极其有限的情况下，校长勤俭持家是十分必要的。校长对学校靠政府下拨的不多的经费要精打细算，确保各项办公用品的开支，各项经费专款专用，要把每一分钱都用在刀刃上。这种勤俭节约、艰苦奋斗的精神一定会潜移默化地影响学生，让学生受用一生。更重要的是，学校老师对校长把钱用在了什么地方，心里都清清楚楚。只有做到校务、财务公开才会消除学校教师对校长在金钱上的猜疑，使校长远离一些不必要的纷扰。

我带着身上这些独特的素养，总是坚守在教育教学的最前线，深入学校师生生活的最基层，深入课堂，深入学生，深入学生家庭，彰显了校长的责任、担当与深厚的教育情怀。

四、情怀与理想

关于教育情怀，陶行知先生的"捧着一颗心来，不带半根草去"尽显其一生所持守的赤子之心。他说："我们深信教师必须学而不厌，才能诲人不倦。我们深信如果全国教师对于儿童教育都有'鞠躬尽瘁，死而后已'的决心，必能为我们民族创造一个伟大的新生命。"

特级校长柳袁照先生说，"无论是高贵，还是低贱，只要是生命，都要让它绽放"，"对每一个孩子都应当充满爱，充满关怀，把他们当成天才来珍爱，当成唯一的、不可替代的上苍之恩赐来培育"。

从教 37 年来，我一直坚守朴实无华的教育情怀，默默耕耘，不问名利。我坚信淡泊以明志、宁静以致远的哲理。

记得刚到光明任教时，一位老校长说，教育是要沉下心来，耐得住寂寞，坚守住清贫，用自己的朴实无华实现"桃李不言，下自成蹊"。三十多年来，这句话时刻在鞭策着我。

一路走来，我牵过一只只稚嫩的小手，看过一张张向我扬起的花朵般的笑脸……这让我更加珍惜教师这一平凡而神圣的职业。多少个朝阳初升的清晨，我和老师们一起走进校园；多少个月光宁谧的夜晚，我和老师们一起灯下奋笔。回顾我走过的从教之路，一路欢歌一路果。让我备感自豪的是来自社会、老师、家长、学生的肯定和鼓励，而这也让我由衷地体会到教师的坚守是清贫也是幸福！

一位教师，就犹如舞台上的演员，对课堂应该有着一种展示的冲动和欲望；有此情结，教学才会给人以美感和幸福感。一位畏惧课堂的教师，即便逃避了一次又一次的研讨课、公开课，仅上每日都有的家常课，他也必定体验不到那种教学激昂的乐趣和幸福。

用什么征服课堂？有人说多读书，有人说多琢磨，有人说多观察，有人说多反思，有人说用智慧征服课堂，有人说用专业预设征服课堂……我说，应当拿出你的勇气。有不少青年教师主动向学校提出承担公开课的任务，主动邀请教师听自己的课，我说："这就是有展示自我缺陷的勇气。"有征文比赛，我勇敢参与；交给我一个"乱"班，我勇敢承担。尽管每一次接受或许都是一次阵痛，但同时也是一次无法抵挡的成长。我坚守宁静致远的教师情怀，让自己在教学一线摸爬滚打，从普通的语文老师、科组长、中层干部到主管教学副校长，最后成长为一名校长。

2004 年的暑热未退，我在领导的信任之下做了一名校长。刚走上校长岗位时，老师们的无形手势、无声语言和默默无闻的工作给了我莫大的勇气。就在那一刻，我下定决心要在这个平凡的岗位上，通过自己的不懈努力成就师生精彩的人生。

千里之行，始于足下。远大的职业理想需要在一点一滴的教学实践中实现。我们教师要用自己辛勤的双手擦亮学生期待的眼睛，用责任书写教育的辉煌，用一生来追求从事教育事业的幸福！只有耐住寂寞，守住清贫，自觉远离功利的"快餐"，才能宁静致远。要静下心来办学，沉下心来育人，做一名有教育情怀的校长。

五、正直与担当

陶行知先生曾说过："第一流的教授具有两种要素：一、有真知灼见；二、肯说真话，最驳假话，不说诳话。我们必须拿着这两个尺度来衡量我们的先生。合于此者是吾师，立志求之，终身敬之。"

我认为校长要为人正直，喜欢实话实说或直话直说，不绕弯，让老师悟出道理，有错必改，话中不能带有任何私人感情色彩，而应本着对工作负责的态度。

为严格要求青年教师、帮助青年教师尽快成长，有些话老师听起来可能会觉得不舒服，但我是心怀好意。为执行学校制度、落实上级绩效分配方案精神，学校制订实施了多劳多得、优者多得的分配方案，这可能也会让一些教师不理解。但一名校长谋其位，不谋其职。对一些不良风气都不敢说、不敢管的人是否就是好校长呢？学校管理毫无章法，干好干坏一个样，这样管理是不是就能受老师的欢迎呢？我为人正直、说话正直、处事公平公正，我的一系列敢抓敢管的做法使有些老师改变了职业倦怠思想，使家长更支持学校工作、尊重老师了。

2010 年至 2020 年，我担任深圳市第五、第六届人大代表，为深圳经济特区建设和教育事业发展积极建言献策。

针对当前深圳经济特区教育界所出现的优秀人才难以引进、现有教师人才流失、教师产生职业倦怠、教师工作幸福感不强等现象，2016 年，我向市人大提交了《关于提高教师工资待遇的建议》。同时，我还提交了《关于提高我市公办中小学教师编制数的建议》。在建议中，我认为，增加学校教职工编制是减轻教师负担、提高办学质量的有效方法。教职工编制适当增加，能够充分体现市委、市政府及市人力资源和社会保障局不但在学校硬件上舍得投入，而且在软件人才建设方面更舍得投入，真正把教育摆在优先发展的战略地位。

这些建议对于促进深圳教育发展发挥了重要作用，充分体现了我作为深圳市人大代表的责任与担当。

第二节 校长治校经验

经验一 新任校长开展工作的"圆桌—方桌"管理艺术

"圆桌"和"方桌"是桌子的两种形制,同时也代表了不同的对话关系。从西方历史上赫赫有名的"圆桌骑士"到大型正式会议中常见的"圆桌会议",我们都能感觉到圆桌所代表的一种"平等、无差别、共商、共享"属性;同时,从中国民间游戏"麻将方桌"到各类谈判中常见的"方桌会谈"模式,我们也能感觉到方桌所代表的"角色、规则、对话、责任"属性。

我认为:对话的效果首先取决于对话的关系,不同的关系带来不同的对话角色感、责任感,也必然影响对话的走向。我用"圆桌—方桌"管理艺术构建了一个新校长就任后的工作逻辑。所谓"方桌",即强调设定并遵循工作原则、规章制度来行动。所谓"圆桌",即强调运用客观、精准的工作策略、沟通技巧来行动。校长工作的艺术应该是"方桌"中求"圆桌","圆桌"中求"方桌",将"方桌"与"圆桌"相统一,相得益彰。何时遵循"圆桌"关系,何时遵循"方桌"关系,是校长工作中的一门艺术。

一、新任校长到岗——先"圆桌"后"方桌"

校长到一个新的单位任职,对学校的教师以及各方面情况不太熟悉,同时教师对校长也不太了解,多数会对校长风格以及工作路线持观望态度。因此,校长要克服急于求成的心理,不能急于"烧三把火",而要有长远打算。

此时,校长的工作方法应尽量遵循"圆桌"逻辑。校长应多将注意力放在关心教师、支持教师上,在帮助教师的过程中了解教师,让教师感受到新校长带来的幸福感与价值感,应努力帮助每位教师获得同等的成长机会;要平等对待每位教师，不主动拉拢或者疏离任何教师，更不对教师抱有成见，忽视、冷落某些个体；要最大限度地激发教师群体的积极性；要从教师的角度观察、思考问题，用真诚赢得教师的尊重，特别是对一些个性强的教师，更应讲究方法和策略。

校长应基于"圆桌"逻辑，唤起教师群体的幸福感、获得感，由此提升教师的参与感、责任感，继而逐步优化原有制度，并基于教师的新角色、新关系设立新规则，迈向"方桌"逻辑。

二、建立工作格局——外"圆桌"内"方桌"

校长在深入了解学校情况之后，就应逐步开始按照自己的理解和规划对学校发展进行组织落实。此时，校长仍要延续上一阶段的工作特点，不锋芒毕露，不咄咄逼人，不夸大工作中存在的问题；而要以积极的态度、民主的工作方式，看到学校的优势，启发、鼓励教师参与学校管理，为学校出谋划策，增强教师之间的相互信任，潜移默化地树立自己的威望；要加强与教师沟通，定期与教师对话，召开民主生活会。校长在面向全校教师开展工作时应继续坚持"圆桌"逻辑，在干部团队会谈以及支部工作中遵循"方桌"逻辑。校长要以工作要求、组织纪律对干部和党员队伍进行规范，并通过干部队伍逐步向外传递学校的规则底线、纪律要求。这一时期，校长应启动对决策层队伍的打造，树立底线思维，提高干部队伍要求水平，通过对干部违规的零容忍彰显校长的价值观、办学观。

三、创造工作成果——上"圆桌"下"方桌"

经过开局、定局之后，学校状况势必出现一个相对稳定的时期，这一阶段是学校工作出成绩的关键时期。在这一时期，校长要在贯彻执行好学校规章制度的前提下，引领绝大多数教师发挥优势、共建平台、投身实践，融入良好充分的协同合作当中；要把绝大多数教师纳入各类型的工作组织团队中，如备课组、课题组、课程研发小组、读书会、兴趣小组等微组织，形成全员工作层面的"圆桌"氛围。同时，在工作局面的底层逻辑上，要不断构建工作规则，落实组织责任，培养组织骨干，并且在工作中引导各个微组织建立规章、落实行动。为了确保微组织有效开展工作，校长还应该积极支持、鼓励中层干部开展创造性、引领性的工作，充分发挥他们的各自优势，调动每个中层干部的积极性，使他们在自己更上一层楼的同时率领同事共同发展。这就是所谓在上"圆桌"在下"方桌"的工作逻辑。

四、推进全局发展——小"圆桌"大"方桌"

经过一个学年的实践，校长通常已经对学校各项工作有全面的了解，也对学校各位教师比较熟悉，能够进行一些规划性的预判。这时候，要逐步对工作的聚焦性、目的性加以强调，逐渐淡化工作刚开始时的"大而化之""笼统评估"，而将教师的工作实效与详细的工作内容和目标充分结合起来进行评估和预判，从而在具体化项目、功能化团队中运用"圆桌"规则，把工作做细、做扎实、做出成效。

在这一阶段，校长对每位教师的学习、工作和思想品德的优劣势已经形成比较鲜明的判断，对一些潜在的不良倾向也有所了解。这时，就要从全局着眼，从大处着手，对团队文化、精神价值、底层规则进行更多的建设，帮助团队形成整体的价值共识、文化共性。还要逐步组织团队对关系学校整体发展方向的重大原则性问题进行分析、判断、选择，应立场坚定、态度鲜明，支持正确观点、反对错误观点，评优树模，鼓励先进，鞭策后进，充分显示"方桌"的艺术。要把教师紧密团结到学校工作中，为下一步工作打好坚实的基础。

经验二　校长"德能情智"任用人才的艺术

现代学校管理的核心是人，学校发展的重要动力是人皆为才，而人皆为才的前提是人尽其才。

一位优秀的学科教师不一定是优秀的学校资产管理员，一位优秀的后勤管理者也不必同时是名师。一校之长能够发现人之所长，发挥人之所长，为每个人找到自己合适的位置，是助人成才的关键所在。

每位有经验的校长都有自己任用人才的心得。在我看来，任用人才的关键在于"德能情智"四个维度，即看人之德、用人之能、动人之情、量人之智。

"看人之德"指的是要从价值观视角看人，看出教师品格中的长处、心态中的闪光点，助其收获自信与自律。美国管理学家彼得·德鲁克提出过水桶效应，说的是：由多块木板构成的水桶，其价值在于盛水量，但决定水桶盛水量的关键因素不是其最长的板块，而是其最短的板块。人的品格德行往往就是决定性的那块板。因此，只有全力推动教师品格德行的发展，才有可能整体推进教师的全面发展，同时提高整个组织的行为水平。

"用人之能"指的是要尊重教师的个性，用人之长，考虑如何让全体教师更好地发挥自己的特长，产生最大的人才效益，取得最理想的效果。教师找到自己最喜欢干的事，工作起来心情舒畅，就会各得其所。正如人本主义心理学家马斯洛在需求层次理论中所言，在满足了生理、安全、社交方面的需求后，人才需要更高级的尊重与自我实现的需求。当教师在各个岗位中找到他们自己喜欢干的事情后，就必然会内心充盈，充满成就感。

"动人之情"指的是要从情感出发开展团队管理，要树立"情感管理、造就成功"的教师管理新理念，以情感投入为切入点，凝聚人心，形成合力，与教师为伴，营造宽松的环境。教育是需要奉献与爱心的事业，需要大家齐心协力去行动，更需要一个民主和谐、蓬勃向上的人际环境。

"量人之智"指的是要用多把尺子衡量教师，尤其是从教师独立的思考、见解角度评估教师的职业价值，用发展的眼光看待教师，鼓励教师在工作中形成自己的判断，并且善于与他人形成智慧互动、协同创新，让每一位教师都在自己完整而有价值的思考中增强工作的意义感、价值感、成就感、幸福感。教师评价既要服务于教师的专业成长，也要促进学生的全面发展；既要为学校针对教师的激励机制或奖惩措施提供参考依据，也要提供帮助教师改善教学的依据与建议，从而提高学校管理的科学化水平。

经验三　校长规划管理的"备课"艺术

2013年，教育部印发了《义务教育学校校长专业标准》，规定中小学校长的专业职责之一就是规划学校发展。其中明确指出："校长作为学校改革发展的带头人，担负着引领学校和教师发展，促进学生全面发展与个性发展的重任；将发展作为学校工作的第一要务，秉承先进教育理念和管理理念，建立健全学校各项规章制度，完善学校目标管理和绩效管理机制，实施科学管理、民主管理，推动学校可持续发展。"

特级教师任勇说过："规划解决方向性问题，有好的规划就相当于找到了达到理想境界之路。既然路已经找到了，那么就不怕它遥远了。"校长规划是一门艺术。只要对学校的发展方向有预设，对学校方方面面的工作有谋划，就能使学校各项工作有条不紊地推进，就能如期实现预定的办学目标。

对于校长规划这个专业职责，我提出"规划如同备'发展课'"，校长要用"备课"的心态和方法来制订学校发展规划，并且要备好"大课""小课""心课"。

一、规划如同备"发展课"

校长工作具有长期性和系统性。校长是相对固定的，一般不轻易更换，而学校发展也不是一蹴而就的，要从点滴做起，有一定的系统性。如果校长心中没一个长远的学校计划和目标，不备好"发展课"，那么工作就会显得很盲目。

校长工作具有复杂性和具体性。校长不仅面对不同个性的老师，而且其工作面相当广。从管理日常工作到协调学校内外的各个方面，每一项都需要校长过问。如果校长不备课，那么工作难免会有疏漏，就会经常处于相当被动的境地。

二、校长如何"备课"

校长在工作中会面对许多突发性事件。既然事件是突发的，那么又如何备课呢？这就需要我们对突发事件有所预见，明白学生一般会出现什么问题，教师一般会出现什么问题，以及相应的处理方法。这样做可以让校长避免对突发事件做出错误的判断。

（一）备"大课"

备"大课"指的是：校长要明确在任期内将带领全体老师达到什么样的目标，教学质量达到什么程度，学校要办出什么特色，如何争创优质学校，等等。校长在确定了发展目标之后，就要坚决地朝这方面努力，而备"大课"的另一个内容就是要求校长明确每个学期的工作重点。只有做到这一点，校长才能有条不紊地开展工作。

（二）备"小课"

备"小课"就是针对"大课"的侧重点，确定每学期、每月、每周重点要做什么、怎样做、分哪几个阶段来实施，并设想在实施过程中会遇到什么问题、如何解决等。有经验的校长一般都知道自己学校每学期的基本活动以及对教师的基本要求，因此应把这些考虑进去，以免影响学校常规管理工作。

（三）备"心课"

校长面对的往往是琐碎小事，哪怕再有预见性，也不可能达到尽善尽美，所以须用"心课"来弥补"大课""小课"的不足。所谓备"心课"，就是对每个星期的重点工作校长心里要有谱，清楚这个星期重点要抓什么事、有什么问题需要提出来讨论，先讲什么、后讲什么。在面对突发事件时，校长要具体情况具体分析，自己先有一个全面而合理的考虑，然后在校领导班子碰头会上提出自己的处理意见，最后形成集体决策。

经验四 校长"成就教师"的工作艺术

校长是一所学校的灵魂，在学校工作中有着特殊而重要的地位。校长的个人素质、领导能力、做事风格以及办学思想都影响着学校的发展。苏霍姆林斯基认为：校长应是道德和工作的典范，在情操、智力、机智、意志等方面表现出巨大的人格力量；他有爱心，有思想，有极强的事业心和责任感，能深刻地了解人和理解人，并且严格要求，而这种严格不是行政式的压服，而是采取民主的、说服的方法，讲究领导艺术。

我一向认为，学校的主角是师生，而校长是促进师生成长的人，是成就师生的人，应把"成就他人"作为校长工作的根本逻辑。因此，我提出以下三方面的工作作风：

一是伙伴式的合作。学校工作是一项依靠多种教育力量协作的工作，学校工作成效的大小、成功与失败，与多种教育力量协作合力的有效程度直接相关。校长应把自己摆在集体之中的平等的位置上。校长可以有意见，但这些意见应经常以"建议"的形式出现，以便让合作伙伴充分发表他们自己的见解。校长在集中大家的意见后，再做出对重大事项的判断与决策。校长应充分相信部门工作责任人的责任心和工作能力，让他们放手去干，给予大力的支持和关键性的点拨，让"智者尽其谋，勇者竭其力，仁者播其惠，信者效其忠"。

二是导师型的引领。校长要在思想上走在远处，在品行上走在明处，在方法上走在前面。只有校长眼光长远、思虑卓越，才能说服教师心甘情愿地遵章守纪、自觉自律。校长在加强管理的同时应不断开展思想教育，要在党建工作的引领下，把管理人和引导人的工作有机结合起来。此外，校长要为教师创造良好的工作环境，搭建专业成长的舞台，让每位教师都能感受到自身的价值，都能在工作中不断地获得成长和发展，享受到工作的愉快和幸福。同时，校长应鼓励、尊重、信任教师，喜欢与教师交往和谈心，而谈话的语言应是同志式、朋友式的，要有感情色彩。校长对教师应一视同仁，及时处理教师之间的冲突，在面对矛盾时应该展现出校长的魄力、决断力、敢于担当、主动引导，在批评和表扬时应注意分寸，重视沟通的气氛和节奏。

三是教练式的沟通。校长要依靠全体老师开展工作，在激励青年教师的同时用好老教师，激发并调动全体教职员工的积极性。校长要相信老师，既要看到骨干教师的价值和作用，又要看到普通教师的价值和作用，使他们人人奋发向上。因此，校长应该如教练员对待运动员般，既要有精准诊断评估的能力，又要有持续激励的能力。校长应该长期将"鼓励型话语"挂在嘴边，不断帮教师找到自己的长处、发现自己的优势、校准自己的问题，并且使教师持续不断地寻找自我优化的行动方案。

经验五　校长处理问题的"开锁"艺术

中小学校长长期面对一系列的复杂问题，包括教师工作负荷、升学压力、办学经费、检查评比、决策矛盾、外界干预、校园安全、教师利益分歧、意外偶发事件等。这些问题，每一个都不是小事，都会对学校产生举足轻重的影响。针对以上种种问题，我总结了一套"开锁"思路。

一、找对锁扣——控制感情，沉着冷静，找对问题

可控是解决问题的前提，只有找对锁扣才可能开锁。偶发事件一般都是在教师情绪波动、头脑发胀的情况下发生的。校长在处理现实问题以及偶发事件时必须控制感情，沉着冷静，要找对问题，调控情绪，与人为善。

对出现问题的教师，校长能单独批评，绝不当众批评；能好言相劝，绝不恶语相加；能当面教育，绝不背后批判。校长应该知道，有时单独、当面地进行和风细雨的教育，教师往往更乐于接受。要注意教师不在场时所做的批评，即使正确无误，也可能因人为因素造成与教师之间的误解与矛盾，从而影响批评的效果。同时，在批评时应注意最大限度地减轻教师的心理压力，从而避免出现明知错了也不认错的"顶牛"现象。

二、找对钥匙——了解情况，掌握分寸，站稳立场

了解是解决问题的钥匙，误解是解决问题的最大敌人。校长如果不了解问题的真相，那么最终很可能忙了半天却找错了钥匙。在偶发事件发生之后，校长要注意调查研究，了解事件发生的原因，然后再审时度势采取灵活的教育方式。校长在处理偶发事件时要表现出准确的分寸感，不滥用奖罚手段。

校长在批评时，如果方法不对路，那么效果往往会走向愿望的反面。所以，校长必须十分讲究批评策略，应以暗示、疏导为原则，采取旁敲侧击、反向诱导、寓贬于褒、长善救失等方法，根据发生事件的性质、特点对症下药。对于可当场及时批评的，可"热处理"；对于可缓一缓或需进一步澄清原因和事实的，可"冷处理"。

校长应该意识到，过度迁就只会给人以廉价感，不仅不能激发善意，反而可能引发更大的矛盾。所以，校长处理矛盾时应该客观、合理、公正，坚持正直、诚信的工作立场。

三、润滑钥匙——构建关系，激发善意，情感融合

正如管理学大师彼得·德鲁克曾说：管理的本质就是激发、释放每一个人的善意，而释放善意的背后，就是激发人身上固有的潜能。因此，越是在麻烦和困难面前，校长就越要拥有激发善意的情感能力，越要注意在恰当的场合说恰当的话。善意是解决问题的润滑剂。校长面对问题时要尊重对方的人格，圆满地处理好偶发事件，防止激化矛盾，使自己的感情尽量处于理智控制之下。

校长在矛盾面前应本着文明、健康的对话宗旨，既准确又入情入理，以理服人，以情感人，且注意针对性，就事论事，不夸大也不缩小，忌讽刺挖苦、语言粗鲁，真正使语言消融在情感里、情感消融在语言里。

四、转动钥匙——相信组织，依靠教师，拿捏时机

在处理矛盾的过程中，校长应相信集体才是转动钥匙的力量，个人力量再大，也有可能扭断钥匙。校长要善于依靠组织和集体的力量，善于运用集体智慧和积极舆论来处理偶发事件，使全体师生甚至家长都能从偶发事件中受到教育。

校长处理矛盾要有时机意识。常言道："种田要不违农时，打铁须看火候。"校长处理矛盾时要善于营造时机、把握时机。早了、晚了都不行。早了，条件不成熟，不仅达不到预期目的，还可能出现僵局；迟了，就会时过境迁，错失关键机遇，使矛盾发展、危害增大。

校长应通过外部环境的整体力量使矛盾双方有更为深入的考量，从而不得不跳出个人情绪和利益衡量，多方面、多角度地考虑问题；应该意识到，矛盾的解决往往在于各方都能多角度地考虑问题，甚至为对方考虑问题。

第三节　引领教师成长

经验一　引领教师专业化发展的"十字经"

教师专业发展是一个持续不断的过程。从理论上讲，教师专业发展的取向包含三个层面：一是学科专业知识、教育知识的广博精深和技能的熟练程度；二是基于教育教学实践的反思、认识和提高，是指建立在对教师自身教学实践反思的基础上，特别是通过教育理论观下的案例解读逐渐积累而成的富有个性的教育实践的见解与创意；三是教师专业发展不仅要通过教师个人的学习与实践反思，更为重要的是在教师群体中形成合作的专业发展文化与模式。

我在多年的管理实践中引入了读书活动、系列培训、专业引领、案例研究、教师论坛、集体备课、典型引路、校际交流、参观考察、自我反思、建立教育博客、课题带动、开发校本课程等十多种措施，加快了教师专业成长的步伐，取得了明显的效果。同时，基于这些实践，我总结出教师专业化发展的"十字经"。

一、"读"字经

阅读是教师专业发展的重要基础，也是教师实现自身专业发展的必由之路。现在我们所提倡的书香校园建设、学习型教研组建设在很大程度上都是围绕着教师的阅读提出的。教师由于工作繁忙，没有充足的时间来阅读，这就需要我们来理性地、有选择地开展读书活动。我认为，教师要读的书大致分为四类：第一类是教材。这需要我们教师精读，因为中小学教科书凝聚了人类的基本经验，其内容是最基本、最核心的，是构建我们精神大厦的主要元素，也是我们的学生必须掌握的知识基础。第二类是教育教学的理论著作和优秀的教育刊物。此类书刊需要我们细读。教育理论著作是各个时期教育家思想的结晶，是人类教育史上的宝贵财富。第三类是名师课堂教学实录、教学设计、教学随笔。第四类是文学作品，这类文学作品丰富我们的人生阅历，使我们内心变得温暖、丰富、细腻和鲜活。

二、"观"字经

观课、诊课、议课是教师专业发展的练习手段，也是最有效的手段。我认为，观课、诊课、议课不同于传统的"听评课"，它要求观课教师与作课教师提前沟通；作课教师希望观课教师观察他某方面的问题，比如教师的开课导入、对学生理解作者思想感情的引导等。观课教师是带着明确目的去观察课堂的；听课是不强调提前和作课教师沟通的，更不是带着明确目的去观察课堂的。明确观课的目标后，观课教师要围绕观课目标，查阅相关资料，搜集有关信息，使自己对要观察的问题有全面的把握，进而在观课过程中能发现有价值的问题，提高议课效率。

三、"引"字经

专家引领是加速教师专业成长的有效途径，也是教师最缺乏的宝贵资源。让青年教师和一线专家近距离地交流，感受一线名师的先进教育理念，既需要教育行政部门建立一种机制，同时也要求学校主动优化与专家对话的工作方式和工作效率。

（1）目标共识要有实用性。学校应根据自身发展的设想，区分受邀专家的类别，使专家对我们的指导更具实用性。

（2）工作措施要有针对性。学校可聘请名师来校开设讲座、举办研讨班、组织专题对话、与教师结成合作共同体，邀请各级教研员来校指导教学、问诊课堂、把脉问题，对教师进行有针对性的指导。

（3）工作推进要有整体性。学校在邀请专家前首先要对区域教师的专业发展进行整体规划，进行有针对性的设计，并在现有工作的基础之上进行改进和拔高，而不是另起炉灶。

四、"出"字经

为进一步拓宽青年教师的视野，我们不仅要"请进来"，而且要积极推动"走出去"，轮流让教师走出去，接受新知、交流经验，支持教师参加研究生学历进修和各种学术交流活动；经常组织教师外出观摩、听课，回来后让他们上汇报课；鼓励、支持青年教师积极参与各种级别的教育教学比赛活动，为他们施展才华提供更多机会，让他们在学习与教学实践中得到锻炼；积极鼓励青年教师读书和写作，在教研中反思，在写作中总结，在总结经验后到同行面前去展示交流，既传播思想又使思想得到升华，教师的专业水平在这个过程中也会得到极大的提高。在我担任校长期间，爱华小学分别派出老师 300 多人次到北京、上海、南京、杭州、香港、广州等地学习、参加全国性观摩课活动。近年来，光明小学安排教师到省外跟岗培训共 60 多人次，每学期组织教师参加区级以上培训 400 多人次。

五、"训"字经

教师的专业成长必须依托培训机构的集中教育，但传统的培训方式往往调动不起来教师学习的主动性。李政涛教授认为，当教师的好奇心被着重提出时，那就有可能带来教师教育、教师发展和教师培训的重大转向，即从以知识、技能和方法为重心的培训，走向以好奇心和想象力为重心的培训。前者是基础性培训，后者则是提升性、高端性培训，两者结合才是最理想的教师培训，才会带来教师的全面发展。所以，我改变吃大锅饭般的集中培训形式，尽量采取以案例为支撑、以讨论为形式、以交流为手段、以发展性评价为考评方式的新型集中培训模式，让我校教师和培训教师交朋友，从而使我校教师有案例可讲，让他们和专家交朋友，从而使他们有最新的理论可说。

六、"研"字经

没有教师的研究工作，就谈不上学生的研究性学习，所以说"研"就是要教师真正动起来，开展教学研究。开展研究不一定必须有什么样级别的课题。为了提高教师的教研水平，要推动教师乐意去干，发现问题、分析问题、解决问题，力求细、小、实；做"板块式"教研，真正从教学中来，到教学中去。同时，要以课题式研究促进骨干教师的提升与发展，把课题研究渗透到每位教师心中，从而使课题研究扎实而有效地开展起来。要把特色教研定位在日常教学上，形成学校有主课题、科组有专题、教师人人都有小课题，通过特色教研形成"人人搞课题，人人会研究"的氛围。

我在光明小学任职期间，创生"五位一体"校本研修模式，形成了学科教研组专题研究"循环重建"的教研特色。在爱华小学，我提出校本研修的"七个一"活动。

以 2016—2017 学年第一学期为例，光明小学各学科教研组集中学习理论专著 63 本，参加各级各类培训 758 人次，组织开展教研活动 132 次，开展集体备课研讨 229 节次，科任教师上校级研讨课 235 节。教师在高频次的学习培训和饱和式教研活动中迅速成长。

七、"网"字经

在信息社会中，同伴互助也是教师成长过程中不可或缺的一种方式。现代网络是获取信息的环境、学习交流的环境，也是资源共享的环境。如果说集体备课、共同研讨为青年教师的专业发展营造了一种氛围的话，那么网络交流则给教师提供了广阔的空间。网络上丰富的教育资源可以为教师的教育教学、实践反思提供更为便捷的服务。学校一方面利用校园网，方便老师进行沟通交流；另一方面通过开展说课、上课、评课，鼓励教师将自己写的文章放到校园网上交流，这使教师真正走进教育科研，也使他们时刻体验成长的快乐与幸福。

八、"台"字经

我们为教师创设了登台亮相、脱颖而出的舞台，在教育科研上大力支持教师参与课题研究；建立教科研奖励制度，强化教师参与教科研的动力；创办《爱华教研动态》栏目，对课题研究进行拓展。同时，充分利用学校信息网络资源，倡导教师在网上教研、备课，鼓励教师在《爱华教研动态》上发帖研讨，使教师的教育理念在互动中激荡、生成，让他们在网络中寻找展示自己的机会，抓住自身专业发展的新机遇。此外，还积极开展教学大比武，组织说课比赛，上公开课、研讨课、观摩课、示范课、竞赛课，开展教师风采展示等活动，千方百计为教师提供施展才华的舞台。

九、"担"字经

学校要委以教师教育科研任务，给他们压担子，特别要给那些教学基本功扎实、业务能力强的教师合理加压，让他们挑起教学改革的担子。学校要求他们不仅要上好课、在教学上冒尖，而且要完成好各级立项教育教学科研项目，立足校本教研，开发课程资源。对有一定教科研能力的骨干教师，学校安排他们参加较高层次的学术活动，让他们参加或承担国家、省、市、区各级教科研课题的研究，尽早挑起教科研的重担。

比如"一课三议"。所谓的"一课三议"，是指一个教学内容，先由备课组内的每位老师依次试教，每次上课后，由组长组织评课、议课，然后修改教案，再上课……在这样一个教学流程中，对同一个教学内容，不同的教师在某一环节上就会有创新点，在重点、难点的突破上就会有亮点。备课组长的担当成就了所有教师。

十、"写"字经

教学研究成果是青年教师快速成长的加速器。学校应该为青年教师提高学历层次和业务水平创造条件，使之能更好地适应新时代教育的新形势。为了促进青年教师出成果，学校要积极响应教育部门的各类专业竞赛、成果申报，并鼓励青年教师积极发表论文。例如：爱华小学每学期订了70多种报刊，在阅览室建立了教师专业书籍阅览区；学校组织比赛，给老师们发的也是精神食粮——书；鼓励教师当发现了较好的文章时立即上传到校园网站，与大家共享，创设一个自修攻读的好环境。光明小学语文科组梳理"1+N+1"读写一体化的教学研究成果，在全国小语界主流杂志《小学语文教学》2021年第12期发表了我校18位语文教师的29篇文章。

经验二　促进教师团队专业成长的"六步行动"策略

　　青年教师的成长是学校面对的重要课题。冯建军教授认为，对教师专业发展的要求突出表现在两个方面——知识与能力。知识本位和能力本位注重教师知识与教学能力的发展，但也使教学沦为技术化行为。伴随着教育的高质量发展，教师专业发展不再局限于掌握学科知识和具备一定的教学能力，而在于真正具备从事教育的素质，即教师的人格。人格化的教师既是教育本真的要求，也是时代对教师发展提出的新要求。为此，我把学校当成教师继续教育、专业发展的阵地，建立了"六步行动"策略，努力把教师培养成为研究型、实践型的教师。

一、引领策略，吸收理念

　　引领培育教师正确的价值观，包括：引领教师认同职业价值，即通过爱学校、爱事业、爱学生、爱生活体现教师这个职业的价值；引领教师认同职业精神与职业标准。

　　我曾先后邀请全国著名特级教师孙建锋、黄爱华，以及市区教研员、名师等专家亲临我校做专题讲座，把前沿的信息、独到的见解、鲜明的观点、最具实效的做法呈现在我校青年教师面前，引领他们快速成长。同时，我们选送青年骨干教师去上海、杭州、广州、北京等地观摩取经，更好地融进课改的潮流之中。与此同时，我们还通过网络与大师为友、与名师对话，开展线上培训和教研活动。正因为有了专家的引领，我校青年教师才能不断走出思想上的认识误区，提升理念，拓展视野，在不断的智慧交流中获得专业发展。

二、团队策略，共同成长

在团队建设过程中，校长需要遵循"尊重、平等、多元、高效"的原则，建立相关的工作机制，促进团队的高效运行。

例如，我提出要以教研组为单位开展课题研究，让每位教师参与其中，组织各个层次的教学研讨活动，如骨干老师展示课、青年教师评优课、新教师的亮相课、普通教师研讨课、备课组的"一课三研讨"活动。同时，老师们利用每周一次的"教研沙龙"主题交流活动，践行新理念，解读新课程。学校每学年都组织开展以"相约课堂，推进课程改革"为主题的教学比赛活动，真正把教育科研与课堂教学有效结合起来，走"教、学、研、促"之路，开展切实有效的教学研究，使教育教学工作上升到一定的理论高度。

三、榜样策略，感染推动

身边人的专业态度、专业能力往往最能够唤醒教师心底实现自我价值的渴望，并且这种内心需求最持久。学校管理者要注重锦上添花，尽可能多地发现方方面面的典型教师，搭建平台，让教师从幕后走向台前。

比如：光明小学依托华东师范大学"新基础教育"研究及全国知名数学特级教师"吴正宪工作室"专家团队，开展"朝阳论坛"暨教师读书活动、"名师双向培养"活动，每学期请专家进校园指导、外派骨干教师去江苏常州的名校跟岗学习；分层次对中青年教师进行培养，为教师创造良好的专业发展环境，培养了一大批教育教学能手、优秀骨干教师。

四、育苗策略，架构梯队

学校管理者在提高教师业务水平的同时还要注意分层次培养梯队教师，努力建设一支结构合理、业务精良的教师队伍，为学校发展积蓄后劲。

我在培养青年教师时主要采用导师制，并结合集体备课、"一课三议"活动进行。学校积极推行集体备课，提倡教师把工夫花在课外。学期初，有备课组长与组员共同学习新课程标准，并根据学科特点，明确学期教学要求，制订详细的教学计划，然后把备课任务进行合理分解。这样，每个教师的教案中，有独立备课的部分，也有共享的部分。对共享的部分，教师必须进行第二次备课，体现自己的教学思想、班级学生特点；可以采用集体备课的方式，把独立思考与合作交流结合起来，有利于教师间进行思想碰撞，萌发出新的思维，孕育出"智慧的果实"，并将老教师的成熟经验转化成青年教师的成功实践。

五、照镜策略，自我改善

教师应在日常教学工作中审视自我、反思自我，那么如何提升教师的反思水平呢？一是依据课堂观察。教师应深入课堂，制作课堂观察表，通过课堂观察发现教学问题，为反思提供依据。二是依据课堂录像。教师可以把自己的教学过程录制下来，在课后重播，进行自我反思。

叶澜教授曾指出：一个教师写一辈子教案不一定能成为名师，如果一个教师写三年教学反思就有可能成为名师。是呀！中国古代素有"三耕"之说——"目耕"（读书）、"舌耕"（教书）、"笔耕"（写作）。教师如果只是读书、教书，而不写作、不反思、不梳理自己的成败得失，那么怎么可能更新自己的教学理念呢？充其量只能当一辈子的教书匠而已。教师想要使自己尽快成长起来，就要坚持反思。教师可以采用两种形式进行自我反思：一是写随笔类反思日记，将校园里的点滴故事或自己的一些失败经历写下来；二是将课堂教学中的教后小记写在教案本上，总结经验，解决困惑，不断改进梳理自己的课堂，促使自己从经验型向科研型方向发展，加强驾驭课堂教学的能力。

六、舞台策略，交流共享

学校要为教师搭建展示自我的舞台。在教学上，学校在每学期都进行教学基本功考核展示活动，让更多的一线教师"唱主角""展才艺"，让每一位教师都有机会登上舞台；促进教师的交流、合作和共享。同时，让每位教师制订个人发展规划，即时展现目标达成度，对教师自我规划的过程和专业成长的成果进行实时盘点，为每位教师走向专业成功打好每一步基础。

经验三　校本教研的"九种"策略

关于教研，日本教育学者佐藤学曾说过，要改变一所学校，就需要不断开展校内教研活动，让教师敞开教室的大门，进行相互评论，除此之外，别无他法。具体而言，他认为："要让学校转变，至少需要三年。第一年，在学校里建立起教师间公开授课的校内教研体制；第二年，提高研讨会的质量，以授课方式和教研活动为中心，重新建构学校的内部组织、机构；第三年，以学生和教师有目共睹的转变为依据，把新的授课方式和课程设置正式固定下来。通过如此三年的教研活动，学校就可能成为一所像样的学校了。"[1]

教而不研则浅，研而不教则空。我认识到学校校本科研工作要做到实而有效，首先要抓好教师的校本教研，切实提高教师的专业水平。因此，我总结出九种教研方式，从各个角度助力教师专业发展，提高教育质量。

---

1 佐藤学.静悄悄的革命——课堂改变，学校就会改变[M].李季湄，译.北京：教育科学出版社，2014：49.

一、聚餐式教研

教师在备课时要做到"三定",即定时间、定课题、定中心发言人。教师先在"自备"形成教学个案的基础上进行集体备课,形成通用教案,然后采用"一课多用"的形式上课。

二、问题式教研

问题式教研是指以问题为切入点,开展教研活动。例如：上学期我们在听课中发现有的课堂上的小组讨论环节流于形式。针对这一问题,教学处以科组为单位,组织开展"小组合作学习"的模式研究,推出一节示范课,针对课例做细致的探讨,真正使教师认识"小组合作学习"的形式与作用,懂得今后在课堂教学中如何善用"小组合作学习"。

三、专题式教研

专题式教研也是我们常常进行的一种教研方式。比如,在语文教研活动前先抛出一个专题,如"在阅读教学中如何突出朗读的层次性",老师们围绕这个专题进行充分准备,在教研活动时各抒己见、畅所欲言,最后达成共识、形成对策,从而指导教学。

四、视频式教研

视频式教研的主要形式为：(1)看专家、骨干教师的讲座视频。(2)看优秀课例光碟,模仿名师名家上课,在模仿学习中提高教师的课堂教学水平。(3)交流、互动。每看完一节例课后,教师之间相互交流听课意见。(4)撰写学习心得。在学习结束后,每一位教师均根据学习所得,结合自己的教学实践,写一篇心得体会上交学校，学校将优秀心得体会在教师中推广。

五、诊断式教研

诊断式教研是指教师在现场作课、评课时发现问题后及时指出与改正，再进行教学设计，再上课，再教研，最后形成"上课—研课矫正—再上课—达标课"的课堂诊断式教研模式。

六、网络式教研

我们以年级或学科为单位，组建教师博客群，借助网络，足不出户地接受专家、教师"零距离"的指点，将自己所做的教学研究通过博客在媒体平台上公开发表。

七、碰撞式教研

每年春、秋两期，学校分别举办校本科研教学论坛和教育论坛，通过举行校本科研论坛大会，引导老师在参与论坛交流活动时积极结合自身的教学实践与需求，交流碰撞，从而达到取长补短、提高思想道德素质和业务素质的目的。例如：学校开展了以"严师出高徒"为话题的班主任工作论坛，通过班主任精彩的辩论促进了班主任的专业化发展，形成浓厚的研讨氛围。

八、跟进式教研

学校领导班子成员做到"三跟"，即跟训、跟思、跟研。跟训：与教师同培训、同学习、同异课。跟思：深入课堂听课，了解教师的教学故事，发现教学智慧和技巧，思而有据，思而有得，随时随地撰写反思。跟研：坚持与教师同教研，通过见仁见智的教学研讨，做到有听有评的热情指导，促进教师的专业化成长。

九、反思式教研

学校特别重视教师的教学反思活动。教学反思活动主要有两种形式——个体反思和群体反思。个体反思要求教师写教育案例、课后小结、教学日记、教学随笔等。群体反思要求同一个教研组的教师，针对一节课、一个教学片段、一次检测成绩，以及平时教学中的成功之举和败笔之处等进行教学反思，鼓励教师点评自己，点评他人，点评学生，总结规律，达成共识。

经验四　学校文化建设的九大策略

学校文化是学校发展的灵魂。关于学校文化建设，我又提炼出九大文化战略。

一、理念文化

2005年，我结合爱华小学的实际和师生发展的需求，提出了学校"让孩子从这里得到发展，让教师从这里走向成功"的办学理念、"夯实小学基础，创办优质学校"的办学目标及"三风一训"，设计了校徽。当时，为了让广大师生、家长明确学校办学目标、办学理念、"三风一训"、校徽内涵，我把这些内容发表在校报上，大力开展诵读、解读内涵比赛活动，最后得到他们的认同，让全校师生和家长都明白学校办学理念、办学目标的提出并不是一句单纯的口号。几年来，学校一直围绕这一办学目标、办学理念落实素质教育。随着学校进入快速发展轨道，2010年，我又修改了学校办学目标，提出要办"优质性、示范性"的现代化学校。目标要求提高了，更能激励全校师生努力进取。

"我们的教室没有讲台！"在 2005 年，我大胆拆掉讲台，这也是学校先进办学思想的体现。教室无讲台，师生之间就没有了距离，有利于构建平等的师生关系。这也是一种文化，是一种师生关系和谐平等的文化。

我校于 2007 年就编排了校园舞，不久后，教育部才在全国中小学推广校园集体舞。2010 年，教育部在全国中小学推广武术健身操，而我校的体育教师早在 2009 年就自编了一套武术操，供全校师生学习。当教育部提出要重视书法、礼仪教育时，我校早在 2006 年就开设了礼仪、书法课程。学校先进教育理念也源于我自己平时对教育新形势、新举措的学习、理解与感悟。

在全校教师大会上，我经常对老师说："我们要用以人为本、对学生终身发展负责的思想来对待育人工作。"作为校长，我有大量事务性工作，但对教学引领从不放松。我经常深入课堂听课评课，亲自为教师上示范课。当我发现年轻教师上课没章法、教学效率低时，就亲自执笔设计"课堂五步教学流程"，使青年教师上课有章可循。我常想，如果校长的教学业务不过硬，那么他在教师中的威信就会大打折扣。在个人教学业务上，我始终不放松学习，尽量挤时间参加学校教育科研及教研活动，因为我明白，自己曾是宝安区语文学科带头人，在语文教学上要能起引领带头作用。我也懂得先进的教育思想应来自一线的工作实践，只有深入教学一线，与老师一起工作，才能体会老师的快乐与艰辛。

二、制度文化

在制度文化方面，我更多地注重使用激励文化。爱华小学规模较小、学校比较偏远、生源也不太好，要实现办学目标，光靠硬制度是行不通的，更重要的是要想方设法充分调动有限资源来实现学校发展愿景。

在教师方面，学校通过目标激励、个人成功激励及"制度 + 人文管理"的方式调动教职工积极性。学校制定了考勤制度、教师绩效考核制度、教师月考核制度、教研制度、校本研修制度、安全管理制度等。像这样比较偏远、工作条件比较艰苦的学校，靠什么调动教师的工作积极性？靠什么让教师愿意留在爱华小学，为爱华小学发展出力？主要靠的就是学校目标、荣誉激励、个人成功激励的办法，以此增强教师的凝聚力，激发教师的工作上进心，克服教师的职业倦怠思想。当然，"制度＋人文管理"、处事公平公开合理、校长的人格魅力、班子团队的团结合作等也有很大的作用。无论在什么时候，学校总会有一种力量能调动教职工的聪明才智和工作激情，能让他们保持一种拼搏向上、勇于争先的精神。

在学生方面，从 2005 年开始，我提出"让每个孩子都捧奖回家"的理念，以"多一把尺子评价班级，就多一个优秀班级；多一把尺子评价学生，就多一位成功的学生"这一思想，尽量挖掘学生更多的闪光点，让学生获得自信、拥有成功、享受上学的快乐。因此，每学期期末，在班级奖励方面，学校设有先进班、学习优胜班、安全示范班、书香班、书法班、花卉培植优胜班等评比；在学生方面，有星级学生评比。每学期期末有 70% 以上学生可以登上"捧奖回家"的领奖台，获奖学生每人奖励一份学习用具或书和奖状，这对于激励学生上进、促进形成良好校风也起到了积极作用。学校就是用这种激励文化激励师生进取，促进学校良好校风、教风、学风的形成。

三、环境文化

我常说：学生就要有学生的样子，教师就要有教师的样子，学校就要有学校的样子。学校的样子应该是什么？应该是人们走进校园后，看得见优美的校园环境与干净整洁的校园，能发现校园文化主题鲜明、氛围浓厚，能感受到学生和教师所展现出来的特有的气质，如师生的道德礼仪水平、课堂的氛围及师生的行为方式。

校园环境文化建设也就是物质文化建设。今天大家看到的校园环境是由爱华人经历了 6 年多的艰苦办学、精心经营实现的。爱华小学于 2005 年搬迁至新教学楼，于 2007 年着手村小改造项目规划，于 2009 年完成村小改造项目工作。逐年开展校园环境建设工作，特别是村小改造为爱华校园发生翻天覆地的变化提供了很好的机遇。在环境文化规划上，学校分步规划、分步实施。刚搬至新教学楼时，学校就对新教学楼的环境文化做了整体规划，2009 年村小改造后又再次构思整个校园的环境文化建设，并把这些构思好的项目，按上级部门下拨的经费逐年逐步去完善。

我们要让校园每一面墙都会"说话"，体现人文精神；让富有诗意的校园处处引人入胜，"弹奏"着校园文化润物细无声的清音。为此，在环境文化建设上，学校紧紧围绕学校整体精神的价值取向，打造校园环境文化。我们对学校校园环境文化精心选材、精心设计，既考虑美观，又考虑主题与内涵，还精心打造有内涵、有主题、有价值的校园文化，从墙面"琴棋书画艺"浮雕到地面、行健园、励志园、心语园、成长林、英语天地，运动场文化、班级文化、饭堂饮食文化（饭堂文化包含"节约粮食、健康知识、饭堂礼仪、蔬菜瓜果知识"四大主题，从设计选材到完成用了两个多月）、楼层文化等都精雕细刻，在校园文化规划、图案设计、内容选择上都非常慎重，反复琢磨，合理安排，精打细算。几年努力下来，现在的爱华校园已成为充满绿意与文化气息的花园式学校。

校园文化体现了学校的办学思想，潜移默化地影响着师生，对形成良好校风、班风、教风、学风起到积极的促进作用。让校园的每一处都会说话，都充满诗情画意，多彩校园、快乐课堂，这正是爱华小学的魅力所在。

四、研修文化

研修文化能促进教师专业发展。学校有校本研修规划、制度、措施，为教师专业发展提供许多帮助。爱华小学的校本研修工作抓得较早，取得了一定成效。2007 年 5 月，光明办事处[1] 教研室在爱华小学举行校本研修现场会，我校做校本研修工作经验介绍；10 月，光明办事处教研室与广东省佛山市南海区桂城街道开展的校本研修交流活动也在我校举行；12 月，光明新区课改现场会也在爱华小学举行，我做课改经验介绍。爱华小学建立了个人专业成长档案制度、"五星级"教师培养评审制度，开展了生态课堂"五环节、五问题、五步骤"研究、"571"校本研修活动、爱华讲坛等，把校本研修工作做到日常化、制度化、教师发展目标化，以此推动教师专业发展，让学校成为教师成长成功的摇篮。学校在 2009 年被评为"广

1　1999年10月，光明街道党工委、办事处成立。2002年，撤销"光明华侨农场"建制，更
　　名为"深圳市光明集团有限公司"，由办事处承担政府管理职能。2007年5月，光明新区
　　成立，原光明办事处划归光明新区管理。2016年8月，光明新区将下辖的光明、公明2个
　　街道拆分为6个街道。

东省中小学校本研修示范学校"《师资建设》教师发展学校";2011年,被评为"广东省优秀校本培训示范学校""广东省中小学校长培训实践基地"。

五、课程文化

要让师生同发展、共成功,关键要建设好学校的课程文化。课程建设的核心必须以适应和促进师生个体的终身发展为前提。做校长的第一件事,就是要丰富课程,树立大课程观念,不要局限于国家规定的课程。在开足、开齐国家规定的课程外,学校还坚持开设"礼仪""书法""心理教育""安全教育",以及社团活动课程。学校的主题活动、校园文化、校本课程、拓展课程、社会实践等能从全面发展学生的素质出发,为学生发展个性特长、培养良好习惯服务,使学生在丰富多彩的课程文化中发展能力,培养情感、态度、价值观。

爱华小学的学生课程构建体系包括:(1)根据学生实际成长需求,优化基础型课程;(2)增设面向现代和未来生活所需要的校本课程,如"礼仪""书法""心理""篮球""足球""跳绳"等;(3)建设学生自主发展所需要的社团课程,如"大自然快乐操""花卉培植""合唱""舞蹈""美术""礼仪""童心电视台""文学社"等二十多个社团课程,使学生在轻松的社团活动中建立自信,尝到主动发展、个性发展的乐趣,体验到生命成长的幸福。

从2007年起,学校就开设了礼仪校本课程,从"校园礼仪、家庭礼仪、社会礼仪、个人礼仪、特殊礼仪"五方面培养学生;从坐、立、行的姿势,穿戴得体等小事抓起,倡导穿有样、坐有相、行有规、言有范,使学生逐步养成良好习惯。让学生语言文明、行为规范、自尊自爱、自律自强,让礼仪的阳光播撒学生的心灵,让各种文明礼仪的种子在同学的心灵深处生根发芽,并伴随着他们健康成长,是我们实施礼仪教育的共同心愿。学校要求学生每天花15分钟诵读《弟子规》等经典诗文,接受中华优秀传统文化的熏陶,使学生成为有道德情操、精神人格、人文素养的人。将《弟子规》诵读与学校德育工作结合起来,对推动学校德育工作起到了积极的促进作用。

同时,结合校名"热爱中华"的意蕴,学校从中华美德、中华民俗民情、中华文化、中华艺术四大方面构建德育文化,通过课程落实、活动展示、文化营造等方式，对师生进行民族传统教育，培植爱我中华之情感，开设以中华民族传统教育为主题的德育课程。爱华小学教师的课程文化主要以构建"校本研修文化"为主阵地，加强教师职业道德建设，帮助教师专业成长，让他们有成就自己的事业和理想，完善自己人生的情感体验。

六、课堂文化

加强课堂文化建设研究，也是我校教学工作重点研究的课题。我们曾开展"有效课堂"研究，并结合光明新区教科研中心的要求，开展"生态课堂"研究。研究思路为："生态课堂"概念界定（教师个人自学，科组讨论交流，汇集意见，学校展示）—教学处组织讨论，界定"生态课堂"概念，制定"生态课堂"教学模式—教师教学实践—课例展示—成果总结。

全面实施素质教育、全面提高教学质量是教育教学工作永恒的主题。学校在新课程实施背景下，着力打造有效课堂，要求每周定时、定点、定主题进行科组教研；启动帮教结对工程、星级教师培养工程，开展形式多样的校本培训等。这些活动都在构建高效而有活力的课堂文化。

课堂文化建设是践行学校"双主体"育人、"双主体"成功的重要阵地，是学校践行文化精神的重要保证。爱华小学着力加强课堂文化建设的探索与实践，从教学目的、教学理念、教学思维、教学方法、教学价值取向等层面摆脱"填鸭式""灌输式"的传统教学方法，尝试"生态课堂"研究与实践，积极探索课堂文化建设，让每个学生都成为他自己、都有个性，让每个教师都有自己的教学风格。

七、活动文化

活动是"双主体"育人的动态载体，也是最为重要的载体。对学生而言，爱华小学有升旗仪式、体育节、教学节、社会实践、爱心教育、奠烈祭扫、安全逃生、童心电视台演讲、星级学生评选……我校少先队每月开展一个主题活动，结合重大节日开展活动，每周开展一次社团活动，为学生积极搭建平台，培养学生的特长，构建学生成长的乐园。每一个活动都是学生生命绽放的舞台，也是他们纯真梦想开始的地方。对教师而言，学校有校本研修、师徒结对、星级教师评选、名师引领、生态课堂研究……这些活动为教师专业发展提供舞台，也为教师享受工作成就提供帮助。

八、书香文化

原国家教委副主任柳斌曾说：一个不重视阅读的学生，是一个没有发展的学生；一个不重视阅读的民族，是一个没有希望的民族。一个人的人文素养优劣、综合素质高低、个人能力大小，在很大程度上取决于书籍的陶冶。为此，我充分认识到创建书香校园的重要性，提出"让读书成为一种生活习惯，让读书成为一种生命需求""读经典书，做文化人"的倡议，在校园营造书香氛围，每学期开展"书香班""读书之星"评比系列活动。"书香班"评比是指按班级到学校图书室借阅的数量、学生在开放图书角的阅读量及学生个人在图书室借阅数量和期末阅读考级成绩，确定书香班级，再凭个人借阅数量、读书笔记撰写情况、期末阅读考级成绩决定"读书之星"名单。这样评选出来的"书香班""读书之星"能避免出现评比走过场、流于形式的现象，真正使爱读书的学生成为"读书之星"，使爱读书的班级成为"书香班"。我还建议家长为孩子买书、参与读书，引领教师读书等。这类旨在创建书香校园的活动取得了一定的成效。

九、品牌文化

学校的校名要在当地或全国家喻户晓，靠的是什么？靠的就是学校的品牌。像我们这样规模不大、生源不太好的学校想要得到社会和家长的认可，就要有一定的影响力和竞争力，首先就要结合实际打造学校品牌，让学校的品牌成为宣传学校的活广告。我校被评为广东省中小学校本研修示范学校、广东省体育特色学校、深圳市体育特色学校、深圳市体育与健康示范科组，连续六届获深圳市广播体操标兵学校称号。

　　我认为，值得宣传的并不只是上面取得的几块奖牌，更重要的是我校一直重视体育工作、树立师生健康第一的思想。学校普及体育运动，将篮球、足球、跳绳等落实到课堂，让学生掌握多样运动技能，为他们形成终身体育意识打下基础。这类做法值得推广，教师的敬业、乐业精神值得当成品牌来宣传。

第四节　引领学生成长

经验一　以学生为主体开展教学

北京师范大学郭华教授指出："改革开放以来，我国教育学研究的重要成就之一，就是确立了'学生是主体'的教育观念，并且从理论走向实践，成为理论研究者、一线教师、教育行政官员的共识，成为课程与教学改革的重要支撑理念。"[1]

学生是学习的主体，而学习是学生的活动，这是任何人都不能代替的。教师要真正树立"学生是学习的主人"的观念。在教学中，教师要变"学生适应教师"为"教师适应学生"，以学生为主体开展课堂教学，激发学生在课堂上的生命自觉，这样才能有利于培养学生的自主学习能力，让学生变成学习的主人。

在光明小学，我们确定了好课堂的标准，即能够激发学生在课堂上的生命自觉。因此，学校在教学中应做到：

（1）在课程设置上，设置多元课程，提供丰富的学习资源，为培养学生生命自觉提供广阔的发展空间；

（2）在课堂关系上，平等、和谐、合作、互动；

（3）在课堂评价上，肯定、激励、赏识、多元；

（4）在教学内容上，为学生提供更多的能够与生活世界沟通的内容，激发学生的学习兴趣，帮助学生总结学习方法，使其形成良好的学习能力和学习习惯；

（5）在教学方法上，采用开放、平等、互动、交往、对话式的教育教学方法，这是帮助学生通向生命自觉的最有效方法；

（6）在课堂实施上，以"学生立场"落实课堂教学的"三实"（扎实、充实、真实）要求；

1　郭华.深度学习的关键是真正落实学生的主体地位[J].人民教育，2019（22）：55-58.

（7）在课堂目标上，有序、有趣、有长。

课堂上，若没有学生的高度参与，那么教学将回到传统的"教师讲，学生听"的教学状态中，那么"以学生为本"的教学、对学生自主学习能力的培养也就无从谈起。

在爱华小学，我们要求教师提高学生主动参与课堂的程度，以达到培养学生自主学习的目的。因此，学校要做到：

（1）合理安排学生课堂参与的时间，让学生有足够的时间去阅读、思考、讨论。

（2）课堂参与的形式要多样。学生的课堂参与形式可以是个体学习、小组合作学习，也可以是全班学习优化结合，学校尤其要多提倡小组合作学习。学生在课堂学习小组中自读、互相切磋，可以使组里人人都有自由发表见解、训练表达、知识与情感交流的机会。

（3）将课堂学习评价权还给学生。要求学生集体参与学习评价，教给学生课堂评价的方法（肯定优点，指出不足），让他们在比较中吸收同学的长处，修正自己错误的思维形式，增强主动参与意识，突出学生的主体地位。

心理学研究表明：一个人成功次数越多，兴趣就会越大，动力也就越足。教师在教学中应为学生创设展示成功的机会，使其享受到成功的乐趣，积累自我超越的信心；引导学生通过参与学习实践活动及情感体验，最大限度地发挥自身潜能，使他们的各项素质在教学过程中得到统一发展。课堂上，教师应激励学生提出疑问，多说"我知道什么""我不知道什么""我还想知道什么""自己是如何知道、如何想到的"。教师要掌握调控的策略，围绕本课主题，引导学生有序汇报；鼓励学生积极参与比赛，使他们人人都感到"我行""我能""我是成功者"。这样才能使学生在自主活动中取得不同程度的成功，培养自信，发展多种潜能。

"让学生自主学习"已成为人们的共识。我深深体会到课堂教学是培养学生自主学习的主要阵地，因此我们必须优化课堂教学，让学生自主学习的能力得到培养与提高。

经验二　让学生成为自主发展的"小主人"

陶行知先生说："我们培植儿童的时候，若拘束太过，则儿童形容枯槁；如果让他跑、让他跳、让他玩耍，他就能长得活泼有精神。身体如此，道德上的经验又何尝不然。我们德育上的发展，全靠着遇了困难问题的时候，有自己解决的机会。所以遇了一个问题，自己能够想办法解决，就长进了一层判断的经验。问题解决得越多，则经验越丰富。若是别人代我解决问题，纵然暂时结束，经验却也被旁人拿去了。"

现代教学理论认为，自主学习、自主发展是人的内在需求，是现代教育的本质。学生在各种各样的课程、活动中实现自己的想法，发展自己的特长，其自身生命的"主动性"也会随之增强。

培养"自我实现的人"是人本主义课程观的核心。人本主义课程观主张课程应当有益于人的尊严的实现和潜能的发挥。人本主义课程观与教学理论在培养目标上，主张教学目的应该立足于学生个性的发展，使学生真正成为自由独立、有主见、适应性强、具有鲜明个性的人；在课程内容上，注重知识对学生的个人意义，强调课程、教学与学生生活密切结合；在课程、教学实施中，强调学生亲身体验，总结各种经验，形成自我概念和独立自主的个性；在课程评价上，提倡学生自我评价，主张评价方法的多元化；倡导建立新型的师生关系。

光明小学秉持的"生命·实践"教育学派理论对学生观的认识主要表现在从生命自有属性所生发出的成长力量，认为学生具备主动能力，隐含内在潜力，关注学生间存在的个体差异。

从学生观上看，"生命·实践"教育学派注重对个体生命自觉属性的点化、对个体精神力量的触动，将教育活动中的学生视作真实且具体的人、鲜活而灵动的生命，而非理论思辨中抽象的学生概念。因而，"生命·实践"教育学派认为，学生具备一个人、一个生命所应有的能动性，在教育活动中调动自身的生命自觉，主宰自身的生命，把握自身的命运，能够以自身行动为教育教学带来新的生机与活力，进而对教师的成长与发展产生推动。

我一直积极建构以"生命成长"为标志的班级建设体系，提出"自己的事情自己做，自己的班级自己管，自己的活动自己搞，自己的阵地自己建"的"四自"

要求，引导学生开展形式多样的班级活动。主要体现在以下几个方面：

第一，让学生成为班级生活的主人。

我们把"小岗位"建设、班级文化建设、学生评价机制还给学生，让学生成为班级生活的主人。这包括以下几点：

（1）设立"小岗位"，将班级的管理权、参与权还给学生。学校引导学生以小主人的姿态参与班级管理，让学生自愿申报争当岗位责任人，自主设计岗位职责，确立合理的岗位目标，不断在岗位建设中得到锻炼。

（2）建立多元评价机制，将评价权还给学生。学校设计编写了《学生综合素质评价手册》《光小之星评选方案》，通过自主评价、生生评价、师生评价，评选出模范之星、学习之星、管理之星、体艺之星、礼仪之星等，为学生提供展示自我的舞台。

（3）建设班级文化，将班级还给学生。我们还把打造班级文化的权利还给学生，让学生成为班级生活的主人。学生开始尝试设计班级标志、班级印章、班歌等。班级文化建设为学生的自主创造提供了很好的阵地。

（4）开展班级活动，将活动权还给学生。学校让学生成为班级活动的主人，要求师生共同策划班级主题活动，如"我型我秀""微笑之星"等丰富的活动，为学生的班级生活搭建了多彩的舞台。

第二，综合融通学校活动。

学校结合节日和特色项目，综合开展各种主题活动。我们尝试综合融通，开展跨学科项目式学习，比如开展"跳绳节"活动。由体育教研组组织跳绳比赛；数学教研组利用数学课，教会学生测试绳长与身高的比例，帮助学生选好绳子；美术教研组教学生画七彩绳，利用废旧绳子做手工作品；信息教师组织学生设计星级跳绳队员标志；语文教研组指导学生写活动体验心得。

通过这些活动，我们把班级还给学生，发挥每个学生的主动性；把活动策划权还给学生，发挥每个学生的创造性；把评价权还给学生，发挥每个学生的主人翁精神。学生在一个个主题活动里经历不同的体验，收获不同的成长。

经验三　让每一个学生都得到发展

一、让学生在校本课程学习中发展

　　课程是落实素质教育、培养全面发展学生的主阵地。爱华小学在开足、开齐教育部规定的课程外，一直致力于开设校本课程及拓展兴趣课程。爱华小学在课程设置上，每周开设一节"礼仪教育""书法""电子琴"课程；每天中午开展15分钟的经典诵读课程；每天下午第三节课学生根据兴趣特长，自主选择田径、跳绳、举重、足球、篮球、合唱、书法、美术、舞蹈、花卉培植等拓展课程。光明小学开设了丰富多彩的校本课程，如书法、版画、水墨画、葫芦丝、软式棒垒球、定向运动、跳绳、游泳、数学智趣园、英语外教国际理解课程、经典诵读等，为学生的成长搭建舞台，着力培养学生的兴趣特长、陶冶学生的情操。在社团建设上，学校强化了特色发展和普及提高。学校有足球、篮球、田径、柔道、网球、管乐、合唱、舞蹈、文学社、科技、校园电视台、象棋等52个学校社团和48个班级社团，学生参与率达到100%，每一个学生都享受到成长的快乐和幸福。学生在丰富的课程学习中提高综合素质，发展特长，感到快乐而充实。

　　在爱华小学，少先队开展"德育常规教育月""环境教育月""礼仪教育月""爱心教育月""读书月""安全教育周"等主题教育活动，教学处每学期开展语文节、数学节、英语节、师生同台书法比赛月、体育节、"六一"亲子游园活动、"元旦"艺术节、"童心电视台"、"周一升旗礼"、"红领巾花卉培植"、一日值日管理干部等活动，为学生提供了参与管理、施展才华的机会，为学生提供了广阔的锻炼展示平台，学生也在这些活动中提升能力、全面发展综合素质。"童心电视台"采用班级承包制、班级学生轮换制，由班级自编自选节目内容、自由申报播放时间，充分体现了学生自主管理、全员全面参与的特点。"周一升旗礼"由上周行为模范班评选得分最高的中队来负责，旗手和升旗主持人都由各中队在上周各方面做得最优秀的学生来担任，整个升旗仪式的主持和国旗下讲话都由学生来承担。"红领巾花卉培植"从播种、施肥、浇水到花卉开花、结果由学生全过程管理。值得一提的是，主题教育活动能够始终做到"三结合"，即：一是学生主题活动更注重与学生的成长需求相结合。低年级以文明礼仪养成教育为主，中年级以感恩教育为主，高年级以法治教育、青春期教育为主。二是学生主题活动更注重与学生的校园生活相结合。学校针对一年级新生开展"玩转校园"主题系列活动，如认识我的学校、我的班级、我的老师、我的同伴、我的成长等。三是学生主题活动更注重与节庆文化相结合。学校结合体育节、创客节、书香节、艺术节以及中国传统节日等，开展主题教育活动。

二、让学生在学习活动中发展

光明小学确定的学风是"让学习成为生命成长的内在需求"，教风是"让课堂成为激发生命自觉的学园"。为了达到教风和学风的目标，学校做了以下几点：

（1）在培养学生良好习惯上，学校制订了"学生学"和"教师教"的新常规。2015 年 4 月，我校编印《幸福课堂文化学生学习规范》，从学生的课前预习、书写姿势、读书姿势、举手发言、认真倾听、小组合作学习、交流互动、质疑问难、记笔记、书写作业等十个方面规范课堂学习要求。

（2）要求教师在课堂教学上做到"四个转化"，即：从传递知识与技能转化为提升学生综合素养，从教授书本知识转化为开发学科育人价值，从单纯研究学科内容转化为研究学科内容与学生，从讲授式教学转化为开放高效的互动生成的教学。教师在课堂教学中更加关注学生，课堂更加开放，学生的学习习惯更加规范，课堂教学效率不断提升，学生在课堂学习中得到更为主动、全面的发展。

三、让学生在自主实践中发展

学生是学校的主人，更是活动的主人。培养学生自主管理、自主发展是我们教育工作者的责任，为了培养学生自主管理能力，学校大力培养班级管理能手，让班级干部当家，管理好班级同学的午餐午休、乘车、课间活动；让少先队大队干部当家，负责主持、组织"周一升旗礼""童心电视台"及少先队组织的各项活动；让学校体育明星当家，由他们主持、组织每天的广播操表演和体育节活动。总之，学生就是学校活动的主持者、组织者，学生在主持、组织各项活动中展示和发展了才能。

"过来尝一尝吧！这是我亲手烤的羊肉串，又干净又香！不信你尝一尝，保证你不会后悔。"在光明小学 2017 年"手拉手，携爱共成长"义卖活动中，学校在现场设置了美食一条街、杂货一条街等特色街区。在老师和家长的协助下，同学们根据所售商品的类别，在各特色街区摆摊迎客。"爱心义卖活动"在光明小学传承了 21 年，并不断得到创新。在 2022 年的活动中，各学科老师给予学生在商品定价、宣传海报制作等方面的指导，使义卖活动更富有生活实践意义。学校只提供场地，布置摊位、选择售卖的商品等都由学生自主选择。"感觉很开心，老师和爸爸妈妈都放权，我当老板了！"一名小朋友说。

学校通过优化方法指导、提升活动价值，进一步促进了学生的全面发展，使其敢于表现自己、强化自主发展意识、拥有成长后劲，充分展现出团结进取、阳光自信、蓬勃向上的精神风貌。

四、在一日校园新生活中发展

为全面落实立德树人根本任务、全面实施素质教育，2020 年光明小学学生发展部开展学生"一日校园新生活"研究，以提高小学生校园生活质量为目标，以小学生"一日校园生活"为时间起点，借助一系列综合实践活动，形成学生"一日校园新生活"的新面貌，实现了学校教育日常活动方式的更新。以学生一日校园生活为基本内容的日常实践为每一个个体生命意识的觉醒与生命力的勃发创设了良好的成长氛围和发展基础。我们以学生在校生活为依托，按照早间、课间、午间、放学时段为时间节点，开发系列主题活动，比如早间小岗位、争做好帮手、守课间礼仪、争做文明少年、缤纷午间秀、家长齐参与、课后亲子跑跑团等，让学生在校园中过着真体验、真参与的校园真生活，提高学生校园生活质量，为学生的生命成长奠基护航。

经验四　让每一个学生都捧奖回家

我相信每个学生都有发展潜能，都有想取得好成绩、得到他人肯定的愿望。因此，我提出了"让每个孩子都捧奖回家"的办学思想，既为了实践全体学生多方面发展的素质教育，又为学生提供展现自信的平台，激励学生更加努力进取，让学生获得自信、享受上学的快乐。

以爱华小学为例，每周一的早上，在庄严的升旗礼结束后，一双双在期待中发亮的眼睛注视着主席台。这一时刻，主持升旗的同学宣布上周获得"行为模范班""乐学班"的班级。随着欢乐的颁奖乐曲，孩子们跑上领奖台，心中洋溢着激动与自豪。这就是爱华小学每周一次的颁奖仪式。学校按制定的评选条件，每周坚持评选"行为模范班""乐学班"。这样的做法，爱华小学坚持了十年，取得了良好的效果。同时，它也对加强学生日常行为管理，形成良好的校风、学风、班风，培养学生集体荣誉感起到了积极作用。"让每个孩子都捧奖回家"是爱华小学多年来实施的激励机制。我们的老师认为：虽然奖品不多，但是学生很在乎，他们在乎的是学校及老师对他们取得的成绩和进步的肯定和认可。在每学期期末请家长参与的表彰大会上，"体艺之星""读书之星""模范之星""管理之星""进步之星""小作家""小画家"等"星级"学生登上领奖台，受到隆重表彰，他们在表彰中获得自信与成功。

"生命因赏识而美丽"，素质教育建立在赏识学生的基础上。我们赏识学生的点滴进步，我们被学生在美丽的校园里快乐成长的态势感动。我深信，在上级教育主管部门的正确领导、广大家长的大力支持、全体教师的辛勤工作下，每一个孩子的脸上都会绽放灿烂的笑容，洋溢健康发展的自信。

美国著名心理学家斯金纳创建了激励强化理论，该理论是以学习的强化原则为基础的关于理解和修正人的行为的一种学说。所谓强化，从其最基本的形式来讲，指的是对一种行为的肯定或否定的结果（报酬或惩罚），它至少在一定程度上会决定这种行为在今后是否会重复发生。根据强化的性质和目的可把强化分为正强化和负强化。在管理上，正强化就是奖励那些组织上需要的行为，从而加强这种行为；负强化就是惩罚那些与组织不兼容的行为，从而削弱这种行为。

"让每个孩子都捧奖回家"背后的心理基础正是强化理论。我们运用强化理论，让每个学生的良好行为都得到了正向的强化，每一个生命都得到了赏识，每一个孩子的脸上都洋溢着幸福的笑容。

经验五　重视学生的文明礼仪教育

我在学校的德育工作中提出"育智先育德，成人重于成才"的育人思路，始终把德育工作放在学校工作的首位。我认为，抓好了学生的礼仪教育，学生在校园的学习生活就能井然有序，就能让学生在和谐、文明、平安的校园里快乐学习、健康成长，学生将来在社会中就能成为合格的社会公民，成为遵纪守法、有责任感的人。我认为，在学生礼仪教育中，学校应主要抓住以下几点：

一、抓队伍建设

学校要把转变教师的思想观念、提高教师思想素质的工作领先一步进行。爱华小学立足"育人为本，德育为先"的教育高视点，面对学校地理位置偏，办学起点低的校情，有针对性地实施"德育人才队伍建设工程"，采取有效措施抓好学生的文明礼仪教育，培养了一支富有活力、开拓创新、求真务实、团结合作、乐于奉献的德育工作队伍，为有效开展学生的文明礼仪教育奠定了基础。

面对教师取得的成绩、学校出色地完成的某项重大活动，校长要在教师会或师生会上好好总结，要带着感激的心态总结成绩，表扬做出贡献的教师和学生。在光明小学，无论谁取得了成绩，学校领导表扬得更多的是各部门和科组团队的合作精神，每一位光小人都知道个人的荣誉也是团队的荣誉。

学校对教师评价要公平、公正、合理。例如，学校对教师工作每月进行考核，课时数统计先公示再评分，课时数统计有误的话可以修改。学校要公正对待每一位教师的考核，营造良好氛围；采用多元评价，以教师为评价主体，让教师心情舒畅，这样有利于营造良好的校风、班风、教风、学风。

二、抓文化建设

首先抓校园文化建设。"让墙壁说话，让花草含情，让课室生辉"，爱华小学努力使校园每一个角落都有温情，都有浓厚的育人氛围。

其次抓课程文化建设。爱华小学开设了礼仪教育校本课程，从校园礼仪、家庭礼仪、社会礼仪、个人礼仪、特殊礼仪五方面培养学生良好的文明礼仪习惯。经过不断强化学生的礼仪教育，爱华小学师生的精神面貌焕然一新。2013 年 11 月，前来爱华小学挂职学习的江苏省常州市的彭校长称赞说："爱华的学生像绅士淑女般彬彬有礼、温文尔雅、不急不躁。爱华学生在餐厅用餐时不需要教师管理，都是学生在自主管理，从门口整队入厅、排队打饭、坐下用餐、餐中交流到倒掉残渣、有序离开等一系列程序都非常规范。"

最后抓校园书香文化建设。学校评选"书香班""读书之星"，并建议家长为小孩买书、参与读书，引领教师读书，开展创建书香校园活动，培养学生爱读书、读好书，使其在读书中养成良好的文明礼仪习惯。

三、用制度规范

我们通过制定礼仪规则规范、引导学生，约束学生的行为。如《爱华一日常规要求》《德育常规要求》《学生养成教育训练内容》，还有学生能朗朗上口诵读的《爱华礼仪三字经》等。光明小学制订"一周一规范"，开展"行为模范班""优秀中队""星级学生"等评比活动，提升学生工作的育人价值。

校长在学生养成教育中，要做到"三到"——眼到、心到、口到。校长要善于捕捉学生身上的亮点与不足，要能调动各种资源解决问题，要发现问题、敢说敢抓。德育部门要做到"二到"——领悟到、执行到。即：领悟校长说的意思，领悟问题产生的原因，并能想出解决的办法；对于学校制定的各项德育管理制度措施,德育部门要执行到位。班主任、科任老师要做到"一理解、二配合、三落实"。

四、用机制激励

机制激励包括评比激励、荣誉激励、细节管理、活动推进等。在学校管理中，我们力争做到学校管理无闲人、人人都育人，学校无小事、事事都育人，以"让学生自己管理自己的队伍，自己组织自己的活动"为宗旨，培养全校师生的主人翁精神。我们坚持在不影响课堂教学的前提下，学校德育活动与教学活动工作两手抓。2015年12月，光明小学高标准地通过了"广东省红领巾示范校复评"，广东省评委组在总结会上评价光明小学在少先队工作上取得的突出成绩，主要表现在"四个突出"，即：（1）示范作用突出，新老辅导员传帮带有成效；（2）研究创新突出，爱心教育特色等取得丰硕成果；（3）常规到位突出，学校管理有良好的保障；（4）少先队员成长突出，学校为学生们搭建了成长的舞台。

第五节　领导课程教学

经验一　有效课堂的监控评价"三环联动"策略

长期以来，多数教师习惯于在课堂教学中传授知识，不善于利用课堂教学的特殊情境培养学生的能力；习惯于声情并茂地讲授，而忽视学生的主动自觉参与。在新课程理念下，爱华小学有必要打造"开放高效、互动生成"的生态课堂范式，把课堂主动学习的时间、空间、工具权、提问权、评价权等还给学生，构建平等、开放、互动、交往、对话式的课堂。校长要率先垂范，深入课堂，努力使自己成为教师专业发展的第一责任人和引领人。

我通过深入课堂听课诊断，发现课堂教学存在活动形式化（内容简单）、课堂教学活动随意化（不求质量）、课堂教学方法陈旧（缺乏创新教学意识与手段）等问题。为此，学校提出"打造活力、有效课堂，提高教学质量"的口号，确定打造活力、有效课堂的"六字"思路——备实、教活、朴实。具体操作如下：

（1）抓"备实"——过好备课关。我们从"实"抓起，要求备课突出设计理念，做到"八备"要求，即备课标、备教材、备学生、备重点难点知识点能力训练点、备教具学具、备板书及教学思路、备提问、备练习或作业。

（2）抓"教活"——过好课堂关。课堂要体现"三活"，即教学内容活、教学方法活、学生思维活；做到"三为主"，即以学生为主体、以教师为主导、以训练为主线；突出"三个优先"，即对学习有困难的学生课堂提问优先、作业批改优先、个别辅导优先。

（3）抓"朴实"——过好去繁关。我们倡导"朴实"课堂，不搞花架子，不搞形式主义。"朴实"不是肤浅，而是在朴实中展示精彩。

为实现有效课堂，我们从备课监控、课堂监控、课堂评价三个方面建立了"三环联动"闭合模型。

一、备课监控

备课是精彩课堂的预设，是实现有效课堂的前提。怎样备课才有效？现代教学理念注重的是学生的"学"而不是教师的"教"。因此，备课首先应有"以学生发展为本"的现代教育理念。课堂教学中一切活动的构建都要注重对学生各方面素质的培养，使每个学生都能获得充分而富有个性的发展。因此，我们的备课不仅要求备教师教什么，更要求备学生怎么学，要求从学生的知识水平、接受能力、个体需求等实际情况来设计教学。

（一）加强对备课形式的监控

我们的备课形式分为个人备课与集体备课、教案备课与课本备课。集体备课的流程是：熟悉教材，提出问题→中心发言，把握重点→共同研讨，解决问题→形成预案→结合实际，二次备课→课堂实施，信息反馈→教后反思，理论提升。具体做法如下：

（1）备课的基本程序是个人初备—集体备课—个人再备。备课组要实行周前集体备课。

（2）中心发言人在集体备课前要深入钻研教材和课标，反复阅读教学参考书及有关资料；集体备课时详细介绍本单元在教材中的地位及前后联系、单元教学目的、双基教学要求、教材重点难点、突出重点和突破难点的方法、各章节课时分配、作业与练习配备、教学方法的设想等。

（3）组内每位教师要确定各自的主备内容，积极参与集体备课活动，各抒己见，统一认识，实行集体备课"四规定""五统一"，搞好"五备"，优化"两法"，精选"两题"。"四规定"是指定时间和地点、定单元集体备课课题、定主备教师、定单元教学进度。"五统一"是指统一单元教学目标，统一教学重点、难点和关键，统一课时分配、统一教学进度，统一作业内容。"五备"是指备教材、备课标、备拓展点、备注意点、备学生。"两法"是指教师的教法和学生的学法。"两题"是指课堂练习题和课后拓展题。在活动结束后，备课组长要认真做好活动记录，以备教学处检查。

（4）集体备课时，除中心发言人做主要发言外，其他老师也要积极参与，畅谈自己的教学设想，并阐述理论依据，从而经过"争鸣"，形成比较一致的意见和实施教案。各位科任老师在这一教案的基础上融入自己的教学风格，进行实施、总结和反思，最终形成对某一教学内容的最优秀的教学设计。

（5）教案调整的要求。所有成员要根据本班学生实际，博采众长，吸收组内教师有参考价值的意见，认真对主备人的预案进行相应的修改、调整，尽可能形成个性化、特色化的教案。备课组要发挥集体智慧，把全组教师对教材的处理调整到最佳程度，形成一个优化群体，弥补主备教师的不足。

（6）教后反思的要求。教学是一门遗憾的艺术。教师在一堂课结束之后常常会感到某些美中不足与意外闪光。课后，教师可以在"教学反思"栏及时记下自己的成功和遗憾之处，也可以记录学生在课堂中的学习活动情况，以便在今后积累经验、吸取教训，使自己的课堂教学更加完善、教学效果更佳。

（二）加强对备课时间的监控

教师要做到假期备课、周前备课、单元备课、课时备课、课后修改教案。比如：在每年寒暑假放假前，学校召开全体教师会议，发放教材、备课本，让教学处具体布置备课要求；要求教师充分利用假期时间，钻研全册教材，领会编辑意图，熟悉知识范围；要求教师明确各个单元的目的要求以及它们之间的内在联系，同时掌握重点，分清主次，做出课时划分，进行初步备课，从整体上把握教材的内容，开学初交教学处检查。

（三）加强对备课内容的监控

我们的备课从备教材、备目标、备重点、备难点、备关键、备学生、备教法、备学法、备作业、备反思入手，确保备课内容的完整性。例如，在备教材上，主要抓住以下几点：（1）钻研教材的思想内容，把传授知识同思想教育紧密结合起来；（2）分析教材在整个知识体系中的地位和作用，掌握其前后联系，明确其来龙去脉；（3）从本学科特点与学生实际出发，确定教学内容的目的和要求；（4）明确教材的重点、难点、关键和特点；（5）拓展与教材相关的"主题教学"内容。

（四）加强对备课质量的监控

教师备课质量如何？是否达到有效教案的要求？教学处要加强备课常规检查，做到定期检查与随机抽查相结合。定期检查分别在开学初、学期中、学期末统一进行，除此之外，还要随机抽查。抽查可以在听课之前或听课之后，就讲课教师的某一节课进行检查，这样会更具有针对性，提高指导效果，避免上课和备课脱节。检查的内容为：（1）检查的重点——教学目标确定；（2）检查的适点——处理教材手段；（3）检查的活点——教学方法设计；（4）检查的练点——作业题型是否精心设计；（5）检查的新点——"主题教学"内容是否拓展；（6）检查的焦点——反思记录是否具有真实性、价值性。

二、课堂监控

大家都知道，教育教学改革最终要落实在课堂上。我们的做法是，以校本研修为抓手，搭建"爱华讲堂"平台，制定学期研修主题"聚焦课堂，有效教学，提高课堂效率"，围绕主题每月开展连贯的系列研修活动。

（一）理论学习月

学期初，我们首先开展"理论学习月"活动。即：以学科组为单位，围绕主题"新课程理念下的有效课堂"，先个体学习，再集体研讨；教师寻找相关理论自学，思考有效课堂的内涵、如何进行有效教学等问题，然后在当月最后一次学科组教研活动中带着自己学习思考的结果在本学科教研组内交流，人人发言，科组长则把集体智慧加以归纳、整理，形成有效课堂的指标，最后反馈回每位教师手里，通过实践回归课堂。

（二）实践反思月

老师们经过一轮个体学习和集体研讨后，对有效课堂有了理论层面的理解，然后根据有效课堂的指标进行集体备课、上课、观课、说课和评课。我们采用"平行班教师同上一课书"和"同一教师一课两备两反思"的连环跟进式研讨方式。

1. 一备——设计教学方案。设计教学方案，即先由执教教师进行"研究型备课"，然后执教教师和学科教研组教师、学科主管进行集体备课，从而完善教学方案。在集体备课时，先由执教教师根据有效课堂的指标说课，对教材、理念、三维目标、重难点、教学过程、教学方法、预期的教学效果等加以说明。通过说课，执教教师可以借助集体的智慧来预测课堂教学的实际效果，最终达到改进和优化教学设计的目的。

2. 实践——实施教学方案。实施教学方案，即由执教教师上研究课，学科教研组的全体教师、学科主管参与听课，并做好观课记录。西方学者乔伊斯和许瓦斯的一项实证研究表明，学校内教师之间的相互听课和指导能使教师将在职培训中所学到的知识和技能运用到日常课堂上，有效解决从理论到实践的转移问题。上研究课时，我们提倡教师以平和的心态执教，不演"教案剧"，不搞"友情演出"，倡导真实、朴实的课堂。

3. 评课——对话反思。赞可夫曾说过："没有个人的思考，没有对自己经验的寻根究底精神，提高教学水平是不可思议的。"执教教师上完课后，带着研究的问题，参与教师群体的教学评议。首先由执教教师对整个课堂教学行为过程进行思考性回忆，它包括对教学观念、教学行为、学生的表现以及教学的成与败进行理性的分析。反思的内容一般包括三个方面：一是备课时遇到什么困惑、是否调整了教材；二是在课堂教学中是否发现了预料之外的问题、怎样及时地处理这些问题、如何将这些问题作为课程资源；三是下课后感到有哪些比较满意的地方或困惑的地方。其目的在于通过教师的自我评价、自我表现和自我欣赏形成教师的自我意识，这将成为教师理解教学实践、提升教学理念的生长点。参与教研的教师也要根据有效课堂的指标，把存在的问题坦诚地说出来，在共同的探讨、相互对话中寻求解决的方法，最后形成的解决问题策略为所有参与者共享，评议后执教教师撰写案例分析或教学反思。

4. 二备——形成新课例。我们采用的是连环跟进式课例研讨，所以第二轮上课教师或第一轮教师再上重建课时，要在第一轮教学的基础上根据集体评议意见修改教学设计，进行第二轮实践、第二轮反思。这样，教师"实践团体"在不断地实践、反思中解决问题、发现问题，实现螺旋式上升。

（三）研讨展示月

在教师经过自我学习和思考、科组交流、课堂实践反思后，我们还邀请名师专家给予点拨引领，以达到更好的效果。2007年6月，朱晓玲老师、杨波老师在光明街道说课中都获第一名，分获宝安区说课比赛二、三等奖。10月，广东省佛山市南海区桂城街道与光明街道兄弟学校80多名英语教师到我校开展英语区域教学交流活动。11月份，青年教师赖利锋在光明街道语文优质课比赛上获第一名。11月，我校举行了"爱华讲堂——聚焦课堂，有效教学"研讨会活动，特邀全国著名特级教师黄爱华和孙建锋两位老师到校现场指导。语文、数学、英语学科教研组分别做了课堂展示及对有效课堂的思考发言，两位特级教师对本次活动给予了充分肯定，还做了《有效课堂的几点思考》《享受语文"对话"教学》专题报告。会后，老师们都说，这样成功的研讨会让我们有了茅塞顿开的感觉，很有实效性，达到了预期效果。12月25日，学校又成功承办光明新区基础教育课程改革观摩活动，举办全校教学开放日活动，向同行和家长展示我们的研修成果。

三、课堂评价

评价有效课堂看什么？是看教学目标的落实，还是看教师的教学经验？是看学科教学评价指标，还是看学生的反应？怎么来看一堂有效课？我们注重既要看过程，又要看结果。

从教师角度看，看教师是否有明确的教学目标，教学指导思想是否体现新课程理念，知识与技能、过程与方法、情感态度与价值观的三维目标是否落实；看教师在关注学生个体的差异、促进学生思考方面做了哪些工作，在培养学生学习方法上做了些什么，以及评价教师的教学设计能力、教学方法与手段、教学思路等。

从学生角度看，看学生参与的状态、思维活动的状态，学生的课堂生存状态，评学生的学习效果。从课堂方面看，看教材处理呈现方法、课堂活动是否有效，即看活动的情景、内容、设计、参与是否有效，师生互动是否有效，教学效果是否显现。

学校通过科学的课堂评价转变了教师的教学观念与教学行为，提升了教师执教新课程的能力，调动了学生的学习积极性，使学生的思维得到发展，综合能力得到提高。

经验二　读写一体化教学的"1+N+1"策略

2014 年，我们开展了调查问卷。据统计，当时本校五、六年级的 800 多名学生中，76.49% 的学生表示害怕写作文。原因有很多，约 12% 的学生是因为语文基础薄弱、阅读量太少，而绝大多数学生害怕写作文是因为不知道怎么写才能将一件很小的事情写具体、写真实、写得有意思。为了解决学生阅读量小和怕写作文的难题，同时为了语文教研组的教学研究更聚焦问题，光明小学语文科组全体教师从 2014 年起开展了小学语文"1+N+1"读写一体化教学研究。经过八年的探索研究和广泛实践，这项研究取得了初步成效。

语文"1+N+1"读写一体化教学研究，即：研究"1+N+1"的教学结构，推动阅读和写作一体化的教学，提高阅读和写作教学的质量。简单地说，就是在课堂教学中，以 1 篇精读课文教学，带 N 篇类课文阅读或综合性学习实践，拓展 1 篇习作教学。

语文学科教研组围绕"1+N+1"读写一体化教学研究，使阅读教学指向表达与写法、习作教学基于阅读展开，体现层次性，增强关联性，开发新课型。

语文学科教研组在"1+N+1"读写一体化新课型逐渐成熟的基础上，进一步思考如何在日常教学中深入开展"1+N+1"读写一体化教学研究，不断挖掘新教材、新课型的育人价值，提升学生的语文学科素养。首先，研究新教材，在整体上架构"1+N+1"读写一体化课型。各年级备课组细致地梳理课型的育人价值、教学目标、教学过程的展开逻辑、教学方法、典型案例课例以及评价标准，对新教材按照不同文体、不同主题、不同方法、不同价值观进行分类，形成序列化的构建，从而实施重组教材的教学改革。同时，语文学科教研组拓宽研究领域，深入挖掘学科教学的育人价值，结合新教材及学生发展实际，从九个方面拓宽研究领域，依据教学具体内容，研究相对应的内容、方法、手段等。各年级备课组立足于日常的教研实践，不断开发、充实、丰富语文"1+N+1"读写一体化的教学内涵和育人价值。

为了扎实地将"1+N+1读写一体化教学"融入日常教学，语文学科教研组还实施了备课组领衔教研制度，让每一位老师都参与其中，让每一个语文课堂都扎扎实实地开展"1+N+1"读写教学，提高课堂教学的实效。

在李政涛教授的指导下，学校从两个角度推进语文"1+N+1"读写一体化教学研究。一是从新常规的角度，探讨"1+N+1"课堂的教的新常规和学的新常规，落实"五位一体"校本研修和备课组领衔教研等教研新常规。二是从新课型的角度，自"新基础教育"基地校成立以来，骨干教师上了20节"1+N+1"读写一体化的专家视导研究课，还邀请特级教师、常州市第二实验小学原校长邵兰芳指导上了18节"1+N+1"读写一体化研讨课。新课型研究涉及不同文体，覆盖所有年级。现在，光明小学的"1+N+1"读写一体化的新课型已基本成熟，"阅读教学指向表达与写法，习作教学基于阅读展开"的教学结构深入每一位教师心中，落实到了每一节语文课堂上。

在此基础上，语文科组将"1+N+1"读写一体化的课例结集成册，编印了《光明小学"1+N+1"读写一体化的课例集》。这本课例集收录了教学设计、教学反思和专家评课纪要，供老师继续深入学习研究。

经验三 "八好"课程目标的实施策略

光明小学积极推进素质教育，深入开展课程改革，以培养学生的"人文素养、科学素养、艺术素养、健康素养"四大素养为抓手，提出培养学生"好品格、好习惯、好体魄、好心态、好思维、好创意、好文章、好才艺"的"八好"课程目标。我们围绕"八好"课程目标，制定课程培养目标、课程安排、课程评价体系，保障"八好"课程目标的实施。

我们提出：培养学生文明有礼、自主管理、主动发展、健康成长的意识和行为品质，使其具有思维能力和科技创新精神；培养学生说话有理有据、写作有文采、书写有规范，使其能歌善舞、会画画、会弹奏一种乐器；培养学生每人掌握一至两项运动技能；培养学生健康成长的心态。

一、"八好"课程

（一）好品格、好习惯

1. 培养目标：培养学生文明有礼、自主管理、主动发展、健康成长的意识和行为品质。

2. 课程设置：开设传统文化、"文明礼仪"、"一周一规范"三大德育课程；实施"行为规范教育""成长体验教育""主题教育活动""传统爱心教育活动"四大德育课程；开展四大节日活动，即体育节、创客节、书香节、艺术节；开设两大礼仪教育（入学礼、毕业礼）与一个社会实践活动课程。

3. 课程评价：每学期评定学生综合素质；期末隆重表彰"星级"学生，评选"礼仪之星""文明之星""模范之星"等"星级"学生，70%以上的学生都能受到学校表彰奖励。

（二）好体魄、好心态

1. 培养目标：培养学生人人能写一手漂亮字，会画一幅美丽的画，会唱一曲动听的歌，会弹奏一种乐器；培养每一位同学掌握一至两项运动技能，使学生的身体素质得到大幅度提升；培养学生形成积极乐观的生活和学习心态，以健全身心和独立个性释放生命活力，彰显生存智慧，体现生活之能。

2. 课程设置：实现体育课程校本化，一年级开设跳绳课程，二年级开设跳绳、足球、游泳课程，三年级开设游泳、定向越野、软式棒垒球、足球课程，四年级开设定向越野、软式棒垒球课程，五年级开设软式棒垒球、篮球、田径课程，六年级开设篮球、田径课程；社团课程有管乐、葫芦丝、合唱、独唱、舞蹈、版画、水墨画、鼓号队、软式棒垒球、跳绳、游泳、足球、篮球、田径、定向运动、柔道、乒乓球等。

3. 课程评价：举办学校运动会、亲子运动会；组织学生参加各级各类体育竞赛；评选"体育之星""阳光之星"等。

（三）好思维、好创意

1. 培养目标：培养学生的思维能力和科技创新精神。

2. 课程设置：开设两大课程（数学智趣园、科创课程）与五个社团（无人机编程、乐高机器人、人工智能、航空航模、3D 创客）。

3. 课程评价：举办科技创客节，开展七巧科技创新大赛，评选"科技之星""学科之星"。

（四）好文章、好才艺

1. 培养目标：培养学生说话有理有据、写作有文采。

2. 课程设置：全校普及书法课程；艺术课程校本化；二、三、四年级普及版画课程，五、六年级普及水墨画课程。此外，二年级还要普及形体课程，三、四年级还要普及葫芦丝课程。

3. 课程评价：每学期举办全校师生书法比赛、校园艺术节、朗读者比赛、小作家比赛，主办《朝阳校报》，举办读书节活动，评选"读书之星""小作家之星"。

二、学生社团

为实现"八好"课程目标，学校先后开设了体育、艺术、科技、语言 4 大类 52 个社团。仅科技方面，我们就成立了未来工程师、校园影视梦工厂、乐高机器人、3D创客、无人机编程、七巧科技、人工智能、航模8个社团。体育社团有篮球、足球、乒乓球、棒垒球、跳绳、定向运动、游泳、田径等。此外，还有年级社团48个，合计100个社团课程。（见表4）

表4　光明小学社团统计表（截至2019年2月）

类别	社团项目	社团数量
体育	软式棒垒球、棒垒球、定向运动、篮球、足球、田径、跳绳、乒乓球、柔道、游泳、象棋	11
艺术	管乐、鼓号队、合唱、舞蹈、版画、水墨、手工、硬笔书法、软笔书法等	27
科技	未来工程师、校园影视梦工厂、乐高机器人、3D创客、无人机编程、七巧科技、人工智能、航模	8
语言	校园课本剧、诵演团、英语影配、英语课本剧、英语故事演讲、英语歌曲	6

学校将软式棒垒球、跳绳、足球、游泳、版画、葫芦丝、书法等特色项目校本课程纳入学生的必修课，将水墨画、管乐、舞蹈等学校社团课程纳入选修课，让所有学生参与学校特色课程和社团活动，使每一个学生都享受到成长的快乐和幸福。学校通过一手推动特色课程的普及，一手强化特色项目的训练，树立起了学校办学的特色品牌。

学校丰富的校本社团选修课程满足了学生多样化的成长需求，全面提升了学生的综合素养，为学生的生命自觉成长、培育主动发展的幸福少年奠定了很好的基础。

学校整体设计"四季活动"，以"寻春（展现生命之美）—嬉夏（展现成长之美）—品秋（展现收获之美）—赏冬（展现蕴藏之美）"为主线开展四季活动，将学科教学与主题活动、节庆活动相结合，实现活动育人的目的。我们以"四季活动"及其背后连接的中华传统文化为主线，围绕人与自然、人与社会、人与自我三个维度，引领学生更多地走进与体验大自然，使其感受多彩的成长历程，帮助学生创造崭新的校园生活。（见表5）

表5 "四季活动"

	学科融合	主题活动	节庆活动
寻春 （生命之美） （2—4月）	社会实践活动（寻找春天的美） 语文（诵读春天的诗文，写一写赞美春天的文章） 美术（画一画春天的美景） 音乐（歌唱赞美春天的歌曲）	开学典礼 爱心活动月 社会实践体验活动	春节 植树节 妇女节 清明节
嬉夏 （成长之美） （5—7月）	科学（探究夏季气候、节气特点） 语文（同读一本书活动，写一写夏季活动的文章） 数学（统计夏季学校用电图表） 英语（英文影视作品赏析） 美术（描绘夏季景色特点） 体育（游泳课程学习）	入队仪式 毕业典礼 暑假生活实践体验活动	劳动节 青年节 端午节 儿童节
品秋 （收获之美） （8—10月）	社会实践活动（品尝秋天的收获） 语文（诵读秋天的诗文，写一写描写秋天的文章） 数学（统计秋天果实品种） 美术（画一画秋天的美景） 音乐（歌唱赞美秋天的歌曲） 体育（进行野外定向运动）	开学典礼 艺术类 英语节 科技节 书香节 社会实践体验活动	中秋节 国庆节 重阳节
赏冬 （蕴藏之美） （11—次年 1月）	社会实践活动（了解动物冬眠知识） 科学（研究深圳的冬天气候，节气特征） 语文（诵读描写冬天的诗文，写一写冬天的故事） 美术（画一画冬天的景色） 音乐（歌唱赞美冬天的歌曲）	体育节 寒假生活实践体验活动	元旦

学校在"四季活动"中的重点工作包括：

（1）聚焦二十四节气，侧重对季节时令背后的传统文化探究、学习与感悟。

（2）结合季节特点，引领学生走进与体验大自然、积极创建校园新生活。

例如，我校以"秋季"为起点，开展"品秋"综合活动的设计与实践，在活动中引导学生通过亲身体验感受秋天，积累和丰富真情实感，将学生的生活与自然相关联，使其融入班级文化之中，培养学生热爱大自然、热爱生命的情感。

（3）顺应季节的特征，融通学校的大型主题活动，进行育人价值的开发。

"我们的秋季运动会"以学校大型运动会为契机，既贴近学生的校园生活，又融合"四季活动"。学生在组织活动过程中，不仅让自己的领导与策划能力、发现问题和解决问题的能力得到锻炼，同时也进一步增强了班级的凝聚力。通过丰富多彩的系列项目研究，我们亲眼看见学生的成长足迹，看到了学生主动健康的发展，学校德育工作也在这些活动中变得有序、有趣、有效。与此同时，我们的老师在项目研究中也有各种成长和收获。几年下来，老师们在论文发表、专题讲座、教学技能比赛和课题研究上收获颇丰。我们的班队骨干研究团队成长得更快，林小燕老师成为光明新区年度教师和深圳市的名班主任工作室主持人，田宇燕、欧恋佳、曾旭红这些班队工作骨干成员也成绩斐然：田宇燕老师从教时间不到四年，曾五次上区班队研讨课，三次在全国寒暑假论坛研讨会上做经验交流，两次在区班队研讨会上做经验交流；欧恋佳老师教龄不到三年，曾六次上区班队研讨课，两次在区班队研讨会上做经验交流。"新基础教育"研究工作既让一批年轻骨干教师成长，又让一大批学生综合素养得以提升。

经验四　基于"整体教育"的"四融通"育人模型

"整体教育"思潮是 20 世纪 80 年代末兴起的新人文主义教育思潮。整体教育的课程是超越了学科框架的综合性、科学性的活动，是统整本地视点与全球视点的活动。光明小学的融通教育特色主要包括人与心、学科课程、社区资源三个层面，体现了"整体教育"思维，把教育作为个体完整成人的活动，与人融通，与所学知识融通，与社区环境融通。我提出的"四融通"育人模型即：

一、融通师生，融合智慧

山东师范大学车丽娜教授撰文指出，中华人民共和国成立七十多年来，我国的师生关系研究经历了从民主平等型师生关系、师生主客体关系、师生的矛盾冲突关系到和谐师生关系的主题变迁。现在的和谐师生关系以其切合时代需求的研究主题、系统的建构策略吸引了众多中小学教师的兴趣。他们根据自身的实践经验提出了和谐师生关系的建设路径和推进措施。

师生交往也是发生在带有自身阅历和个性特征的教师和学生身上的，教师和学生性格的多种组合导致师生关系的多样性。理想师生关系应当是一种平等的关系，教师与学生应当相互尊重、相互爱护、相互帮助。我在爱华小学任校长时拆掉了学校的讲台，让教师蹲下身子，走到学生中，感受师生之间的平等，成为敢于互动的学生的学习伙伴。

爱华小学的学生说："教师一站上讲台，就会给学生带来一种独霸讲台的感觉，就会情不自禁地多讲。这无疑对学生的自主学习造成影响。现在拆掉讲台，师生同在一方空间，同处一个平面。课堂成了学生成长的大舞台。真好！"兄弟学校的领导、老师凡是来学校观摩指导，都会对爱华小学没有讲台的教室由衷地赞叹。2007年10月，广东省佛山市南海区桂城街道80多名教师来学校参观学习，一位教师见到没有讲台的教室，连声说："好！好！这使学生的上课活动空间扩大了，教师也更能贴近学生。这是一种先进的办学思想。"

人们走进爱华小学的教室，就会发现这里的教室里没有讲台，这正是爱华小学践行素质教育理念的一个创新。学校让教师从转变自己的角色做起，从"师道尊严"的讲台上走下来，走到学生中，蹲下身子，做善于倾听、乐于沟通、敢于互动的学生的学习伙伴。学校经过反复思考，广泛征求教师的意见，大胆地尝试拆掉教室的讲台。这一举动经过《宝安日报》的报道，引起了强烈的社会反响。教室里没有了讲台，深受全校师生欢迎。教师们觉得教室里没有讲台，就没有了师生之间的距离，感受到教师与学生是平等的；学生们觉得教室里没有讲台后，老师显得更亲切、更温柔，觉得老师就像好伙伴。

光明小学建立了年级组自主策划活动的机制，成立了主题系列活动策划小组。大家以开放的心态彼此接纳，共同探讨、共同推进活动。例如，2017年3月学校举办的爱心节主题活动。学生发展部门在策划、组织中注重人的融通，让三千余名师生和家长共同参与进来，体现出参与活动人员之多、活动内涵之丰富、活动成效之突出的效果，使得大家的心都融合在一起，在融通中彰显主题活动的育人价值，即团结合作、创新创造、爱心传递。又如，2017 年 6 月，学校组织"艺术节"亲子创意活动，活动内容包括软笔书法、百米长卷绘画、创意蔬菜拼盘、剪贴画等。在课程教学部门的统领下，各年级各学科融通各方资源，有效整合各方力量，让每个学生在精彩的活动中都获得成功的体验、享受成长的快乐。

二、融通学科，融合课程

为实现"育主动发展的幸福少年"这一育人目标，学校充分挖掘学科教学和综合活动的育人价值，提出学生的"八好"课程目标，即"好品格、好习惯、好体魄、好心态、好思维、好创意、好文章、好才艺"。我们将"八好"课程目标融通到所有学科教学中，融通到校本课程体系里，每一位科任教师也真正把"八好"课程目标落实到课堂教学中。

比如围绕培养学生"好品格、好习惯"的课程目标，我们制定并实施了《学生课堂学习规范》，从学生的课前预习、书写姿势、读书姿势、举手发言、认真倾听、小组合作学习、交流互动、质疑问难、记笔记、书写作业等十个方面提出具体的规范要求，要求全体科任教师共同抓好课堂规范的落实工作，从而全面培养学生良好的学习习惯，全面提高了学生的学习能力和学习品质。

我们还编印了分别给教师、学生、家长的《一年级新生入学教育读本》，将一年级新生的入学教育融通到文明礼仪、班队活动、体育训练、生活实践课程中，帮助一年级新生迈好入学第一步，快速适应小学生活。

多学科多课程的综合融通满足了学生多样化的成长需求，全面提升了学生的综合素养。

三、融通家庭，融合责任

家庭是社会的细胞，是学生赖以生活的地方，家庭时时刻刻都在影响着学生的成长。学校是教育的主阵地，是学生接受教育的直接场所。家庭、学校是孩子步入社会之前的"社会"，孩子在此预演、历练，获取成长的能量，释放发展的潜能。

学校坚持面向家长，开放办学。作为光明区第一所挂牌设立"群众诉求服务站"的学校，光明小学成为区教育局指定的示范点，得到了区领导和兄弟学校的高度肯定。除此之外，在每学期开学初，我都亲自组织召开家长会。2019年一年级新生家长会的主题是"迈好成长第一步，幸福生活每一天"，2020年的主题是"和孩子一起成长，为孩子起航助力"。2019年第二个学期开学，我通过网络视频直播做了题为"携手共建促成长，家校合力育新人"的专题讲座，分享了《中共中央 国务院关于深化教育教学改革 全面提高义务教育质量的意见》《光明区教育提升三年行动计划（2019—2021年）》，解读了有关教育政策文件精神，让家长了解当前培养青少年的要求。然后，我介绍了学校落实"育主动发展的幸福少年"育人目标、促进学生健康成长的做法，并对家庭教育提出了一些有针对性的建议。

学校还开办"云端家长学校"。云端家长学校可以动态化地进行家长培训、家校互动、合作育人。学校定期邀请专家为家长开展法律、心理健康、家庭教育等方面的专题讲座，加强对家长的培训，促进家校合力育人。线上线下相结合的讲座与随时随地的沟通交流架起了家校之间和谐的桥梁。

学校坚持在日常工作中加强与家长的沟通、合作，开展教学开放日、亲子运动会等活动，成立学校家委会和班级家委会，举办家长义工座谈会，充分发挥家委会、家长义工、家校警的积极作用，共建学校、家庭、社区合力育人的良好格局。

四、融通社区，融合资源

学校积极争取市、区教育主管部门的支持与指导，加强与社区居委会、学校周边企业的沟通联系，主动向他们汇报学校办学成绩；借助社会力量支持学校教师工作，重视家教互动，积极构建家校教育网络，使学校工作得到社区的大力支持和充分肯定。

走进社区、走进社会一直是光明小学培养学生综合能力和健全人格的重要途径。学校为学生、家长搭建各类平台，走进社区服务，促进社区的良性发展。光明小学积极营造宣传氛围，在校园内外投入大量创建文明城市的公益宣传广告。学校重点落实创文宣传五大措施，以学生工作为抓手，以少先队组织为阵地，以社区实践活动为载体，以知识竞赛为手段，以家委会和家长义工队为纽带，积极开展"小手拉大手、社区公益行"等多种形式的创文宣传活动，提高创文的知晓率、参与率和支持率，让创建工作真正深入人心，引导市民真正参与文明城市建设。

2017年8月，为进一步营造良好的创建文明城市的氛围、进一步把创建工作引向深入，光明小学组织部分师生、家长义工作为"光明小学文明使者"，深入社区、街道，开展创建文明城市宣传活动。学校制作了文明城市创建的宣传资料与宣传海报。宣传单的内容涵盖中国特色社会主义、"中国梦"、社会主义核心价值观及争创第五届全国文明城市等，宣传主题主要有做文明风尚的传播者、做文明礼仪的倡导者、做文明行为的践行者、做文明交通的维护者、做文明创建的参与者。30多位"光明小学文明使者"先后来到光明、翠湖、碧眼社区，派发宣传单，开展创建文明城市的咨询、有奖知识问答等活动。活动吸引了数百名市民参与，其中既有社区居民，也有外来建设者。通过宣传活动，广大市民都深刻体会到，创建全国文明城市是每一位市民的责任与担当。大家纷纷表示要说文明话、办文明事、做文明人，共同营造社会新风尚，建设文明新家园。

除了组织参与创建文明城市活动外，学校每年都会定期开展学生社会实践活动，与社区联合举办各类主题教育活动，如法治小小宣讲员培训、快乐亲子活动、爱心教育活动等，有力地促进了家校社共建工作，促进教育合力的形成。例如，一年级"快乐暑假促成长"活动。在前期策划中，学生、家长、老师三方合力调研、讨论，最终形成有学生立场和年级特色的暑假作业。假期里，家长有效参与，教师适时介入，学生主动参与。通过"互联网+"的方式，家长和教师密切联系，帮助学生完成"快乐暑假促成长"的作业。这样立足学生成长需求的暑假生活成为培养学生能力、促进学生成长的一个重要节点，同时也融通学校、家庭、社区生活的教育资源，促使学生主动发展、健康成长。

| 第五章 |

教育"觉知"的实践

第一节　办学管理

实践一　办"优质化、特色化、示范性"学校[1]

一、爱华小学基本情况

目前，学校开设 20 个教学班，有各类功能室 12 间，925 名学生就读。学校有 55 名在职教师，其中本科学历 45 名，中学高级教师 1 名，小学高级教师 17 名，广东省小学语文骨干教师、广东省优秀辅导员、深圳市十佳青年教师、深圳市优秀共青团标兵、区学科带头人、教坛新秀、名班主任共 13 人。

学校走过 30 年办学历程，陆续获评"广东省中小学校本研修示范学校""《师资建设》教师发展学校""广东省少先队红旗大队""广东省绿色学校""广东省中小学优秀校本培训示范校""广东省中小学校长培训实践基地""深圳市办学效益奖""深圳市体育特色学校""深圳市书香校园"。学校连续六年被评为"市阳光体育运动先进学校和市广播体操标兵学校""深圳市教育系统先进单位""市举重及广播体操传统项目学校"。此外，学校被国家高水平后备人才基地授予"业训先进、人才摇篮"，荣获"光明新区书法特色学校"称号。

二、学校特色建设

学校以"做一个有根的中国人"为主题，开展"根"文化教育活动。我们以"寻根—咏根—培根—扎根—春华秋实"为主线,开展民族文化教育活动。"寻根"是指：在民族传统文化的学习中寻找中华民族的根，让学生知道我们的根

1　此文是本人于2013年10月在光明新区教育主管部门组织的校长会议上的发言，收录时有删改。

在我们的祖国，我们的身上流淌着的是中国人的血，我们是黄皮肤、黑眼睛的龙的传人。"咏根"中的"咏"就是赞美、赞叹。我们要学会赞美、赞叹中华传统文化精髓，增强民族自豪感，激发学生的爱国精神。"培根"中的"培"就是培养。教师这一职业平凡而伟大，教师应在民族传统文化建设中，以"根"文化为支撑，让学生从小接受中华传统文化教育，懂得"仁义礼智信孝忠"等做人的道理。"扎根"是指扎扎实实打基础。学校通过丰富多彩的传统文化教育活动，让民族传统教育活动焕发活力，让学生更深入地了解我们中华民族灿烂的文化，从而无怨无悔地扎根在这片中华热土，使每个人心中都有永恒的根。"春华秋实"是指学校通过扎实开展中华民族传统教育活动，形成鲜明的民族传统文化特色。学校目前开设了"礼仪""中华民族传统文化""经典诵读""跳绳""篮球""足球""书法""电子琴"等校本课程，大力推进"五个一"扩展课程（天天练——写一手漂亮字；诵经典——培养一身儒雅气质；绳飞舞韵——掌握一项运动技能；电子琴——培养一门兴趣爱好；社团活动——发展一种兴趣特长），从校本课程入手，渗透"根"文化教育，使学生成为"有根、有魂、有思想、有特长"的全面发展的学生。

为了弘扬吃苦耐劳、拼搏进取的中华民族传统文化精神，培养学生强健的体魄，学校积极打造体育特色品牌，目前实现了从精英化到普及化的转变。学校积极打造"553 工程"，以"五操"运动（广播操、武术操、大自然快乐操、绳操、爱眼操）为契机，以"五队"训练（跳绳、足球、篮球、软式棒垒球、田径）为基础，以"三节"（跳绳节、体育节、亲子趣味运动节）为支撑，扩大体育活动的影响力，全面提高学生的身体素质，让体育精神成为学校的文化支撑。

三、学校环境提升

多年来，学校在上级教育主管部门的支持下，围绕学校办学目标，以创建主题鲜明的花园式学校为宗旨，精心设计、建设了心语园、英语角、文化长廊、成长林、励志园、行建园、体育长廊、功能室、课室、食堂等文化设施，让学校处处呈现浓厚的校园文化氛围。此外，学校还完善了体育场所建设，拥有一个 200 米塑胶跑道的运动场、体育器材室和两个塑胶篮球场、羽毛球场。

目前，学校结合以越南归侨子弟为主要生源的办学历史和德育教育需求，积极推动开展民族传统文化教育活动。校园文化建设已初步形成方案，预计于本学期分步进行。

四、教师素质提升

为培养一支师德高尚、精通业务、和谐团结、充满活力、作风正派、乐于奉献的团队，学校大力开展名师建设工程，制定并实施了教师师德考核、星级教师培养、师徒结对帮扶、教师专业成长建档制等制度，起到显著成效，使爱华小学青年教师快速成长，他们在各级各类教学竞赛中脱颖而出。学校重视校本研修及课题研究，使教师在这两个平台中得到提升，使其专业得到发展，从而享受工作成功的快乐。学校重视抓教学常规和教科研工作，使教师在平凡的工作岗位上养成良好的工作习惯、提高工作效率，特别是对刚刚站上讲坛的青年教师的成长起到了积极的促进作用。

五、学校廉政建设

学校认真组织学习上级下发的廉政建设的相关规定、文件精神，严格执行《中小学教师职业道德规范》，让教师懂得崇高的师德师风是廉洁从教的基础，积极营造风清气正、廉洁的校园环境，具体做好三项工作：

第一，建立、执行完善的廉政制度。

学校重视廉政制度建设。为使廉政工作有章可依，学校制定了教师绩效工资分配制度、教师月考核制度、财务管理制度、学校零星维修工程（采购）管理制度、教学常规管理制度等，学校领导在执行制度过程中起到了廉洁表率的作用。

第二，加强监督党风廉政建设。

学校积极加强行政监督，不断深化校务公开，充分发挥校务公开领导小组、监督小组的职能。学校有关财务、采购、基建维修等工作的实施均按光明新区公共事业局相关文件精神，在管理小组的研究、决策与监督下有序运行。学校充分发挥家校联合会的作用，让家长参与学校管理，自觉接受社会监督；坚决执行上级关于治理中小学乱收费的有关规定，杜绝乱收费现象；定期召开民主生活会，广泛听取教职工意见，充分发扬民主管理作风，发现问题及时整改；对人事调配、教师评先评优、职称评聘等工作严格按程序进行，增加工作透明度，主动接受教师监督；学校的各项发展决策，都要通过教代会集体讨论，坚持民主协商、民主决策，使这些方案均能很好地代表广大教师的利益与要求。

第三，积极开展廉洁从教各类活动。

学校加强师德教育，使教师不做有偿家教，不私自外出兼课或校外办班，不暗示、介绍学生参加有偿家教或校外文化补课，认真落实减负措施，提高办学质量。此外，学校将廉政教育与"创先争优"活动相结合，通过正面教育使广大教职工认真反思自己在思想作风、学风、工作作风以及生活作风等方面存在的问题，以榜样的力量鼓舞自己，做廉洁从教的践行者，让廉政文化常驻校园。同时，学校通过校刊、宣传橱窗、展板、校园网络等宣传阵地，加强对教师开展职业道德、廉洁从教的教育。

六、学校发展规划的愿景

学校坚持贯彻落实《国家中长期教育改革和发展规划纲要（2010—2020年）》《中共深圳市委　深圳市人民政府关于推进教育改革发展　率先实现教育现代化的决定》《深圳市光明新区国民经济和社会发展第十二个五年规划纲要》，全面贯彻党的教育方针，全面实施素质教育，在"立足教师、立足学生、立足学校"发展的基础上实施文化立校、特色强校的办学思路，使学校成为有鲜明校园文化特色的学校。

办学总目标：办"优质化、特色化、示范性"现代化学校。分目标："一本""三特""一魂""四园"（"一本"，以师生发展为本；"三特"，特色学校、特优教师、特长学生；"一魂"，有民族魂的少年；"四园"，环境优美的花园、乐学进取的学园、有根文化的乐园、和谐温馨的家园）。办学思路：文化立校、特色强校。

办学策略：在"让孩子从这里得到发展，让教师从这里走向成功"的"双主体"成功教育办学理念的引领下，全面实施文化立校，构建有特色的校园文化模式。校园文化力争做到"四化、二特色、一品位"（"四化"即净化、绿化、美化、文化；"二特色"即个性特色、教育特色；"一品位"即文化品位）。

学校发展规划主要抓住三个渠道：

一是环境文化建设。以人文校园环境建设为目标，以校园净化、美化、绿化、文化为主要内容，精心打造民族传统环境文化。以"做一个有根的中国人"为主题，围绕"寻根—咏根—培根—扎根—春华秋实"为主线，以"民族传统文化"校本课程为基础，以学习民间工艺、体验节庆文化、了解民风民俗等为契机，以举办校园民族文化艺术节为支撑，积极开展民族传统文化教育活动，将中华民族的优良传统与审美观念等融注于学生的心中，培植学生对民族文化的自豪感，使其树立热爱和传承民族文化和民族精神的信念，让他们成为根植于民族土壤的"有根"的一代。

二是学生发展。以积极推进"五个一"校本拓展课程、体育"553"工程、"周末快乐作业五个一"为契机，培养"有根、有魂、有思想、有特长"的全面发展的学生。

三是教师发展。以构建"571"校本研修为主题，实现教师专业发展，培养特优教师。

七、存在问题

第一，校舍严重不足。目前学校只有三栋教学楼，最多只能容纳 22 个班。根据近两年学校生源的增加情况分析，学校现有的校舍已远远不能满足生源不断增长的需求。所以，学校急需扩建一栋综合楼，以解决校舍不足的问题。

第二，学校正门的校道是石介头村的村道，路窄、人多、车多，存在相当大的交通安全隐患。建议相关部门对村道两旁的商铺进行改建及整顿。

第三，学校交通不便。住校教师及学生上下学乘车困难。目前学校在争取交通部门的支持，力争在上、放学的时间段，羌下、北岗、新陂头的学生能乘上公交车。

实践二 夯实小学基础 创办优质学校[1]

一、学校基本情况

爱华小学创建于 1982 年，已有近 30 年的办学历史，是一所生源以越南归侨及外来工子弟为主的市一级学校。学校占地面积 22 098 平方米，建筑面积 8029 平方米，目前有 663 名学生、14 个教学班。教学区、功能区、生活区、运动区布局合理。学校教育教学设备齐全，综合电教室、电脑室、美术室、书法室、音乐室、舞蹈室、图书室、电子琴室、童心电视台、举重训练室、课室多媒体电教平台等能满足教学需求。学校环境优美，校园处处"弹奏"着校园文化润物无声的清音。教师学历全部达标。在编教师 37 人中，本科 23 人、大专 12 人、中专 2 人。教师职称方面，学校有中学语文高级教师 1 人、小学高级教师 11 人。名师方面，学校有深圳市"十佳青年教师" 1 人、深圳市"优秀辅导员" 1 人、区级"语文学科带头人" 1 人、区级"名班主任" 2 人、深圳市"名班主任培养对象" 1 人、区后备干部培养对象 1 人。学校教师队伍是一支年轻教师多、有活力、师德优良、理念先进、业务过硬、特别能奉献的队伍。

近三年，爱华小学在各级政府的重视、支持与指导下，围绕"夯实小学基础，创办优质学校"的办学目标，使原来办学条件简陋、办学成绩滞后的薄弱学校发展成为一所在市区内享有一定声誉的现代化优质学校。学校取得了显著的办学效益，先后获得省级集体奖 4 项、市级集体奖 20 项、区级集体奖 21 项，师生个人荣誉、参赛获奖及文章发表获奖达 1155 人次。

二、2009 年 9 月至 2010 年 9 月取得的办学成绩

2009 年 9 月至 2010 年 9 月，是学校办学成绩最辉煌的一个阶段。2007 年至 2008 年，学校被列入深圳市村小改造对象。政府高度重视，大力支持，对爱华

---

[1] 此文是2010年10月爱华小学申报深圳市办学效益评估的自评报告，收录时有删改。

小学投入 400 多万元，改善了学校的办学条件，使学校环境更美，教育教学、办公设备设施更齐全，为爱华小学的腾飞提供了物质基础。爱华师生珍惜这来之不易的学习、生活、工作环境，团结合作，积极进取，在这一年间取得了特别显著的办学成绩，教育教学质量大幅度提高。学校先后被评为广东省中小学校本研修示范学校、广东省体育特色学校、广东省少先队红旗大队、广东省德育课题实验学校，荣获深圳市书香校园、深圳市广播体操标兵学校、深圳市体育与健康示范教研组称号，取得深圳市体彩杯少年儿童体育锦标赛男子团体第一名与女子团体第三名，被评为光明新区体育特色学校、广播体操优秀学校、"巾帼文明岗"示范单位。学校合计荣获省级 4 项、市级 14 项、区级 10 项的集体荣誉。教师获得市级以上个人荣誉、参加各项比赛、文章发表获奖达 83 人次，学生获市级以上个人荣誉、参加各项比赛、文章发表获奖达 226 人次，师生合计 309 人次。

三、办学做法与成效

（一）理念引领，科学育人

学校的办学思想与目标决定了学校的办学方向与办学行为，对培养人的目标和学校的可持续发展也起着至关重要的作用。我校结合"立足学校、立足教师、立足学生"的发展思想，提出了"让孩子从这里得到发展，让教师从这里走向成功"的"双主体"成功教育办学理念，制定了"夯实小学基础，创办优质学校"的办学总目标，确立了"文化立校、科研兴校、管理强校、多维育人"的办学思路，力图把学校办成"培养学生聪明才智的学园、发展兴趣爱好的乐园、陶冶学生美的情趣的花园、温馨的家园"。2005 年，学校经过反复思考，广泛征求意见，做出了一项大胆的教育改革——拆掉讲台！没有讲台，就是落实课改精神，要教师放下架子，从转变自己的角色做起，从"师道尊严"的讲台上走下来，感受师生的平等关系。2007 年，广东省佛山市南海区桂城街道及光明办事处 80 多名英语骨干教师来我校参观学习。一位教师发现没有讲台后，连声说："好！好！这使学生的上课活动空间扩大了，教师也更能贴近学生。这是一种先进的办学思想。"爱华小学正是在明晰的办学思路、先进的办学理念、务实的办学目标的指引下，才走出了一条独特、成功的办学新路。

（二）文化立校，以文化人

　　学校坚持"理念先行、文化立校"的基本原则，精心建构校园文化环境，努力打造独特的学校精神，使校园文化景观化、学校管理人本化，让环境文化润物无声，让学校精神文化永远传承。在校园文化建设上，学校精心打造有内涵、有主题、有价值的校园文化，对墙面浮雕、地面、行健园、励志园、心语园、成长林、英语天地、运动场、班级、饭堂、楼层等进行精心的文化设计，在校园文化规划、图案设计、内容选择上都非常慎重、反复琢磨，因为它体现了学校的办学思想，能潜移默化地影响师生，对形成良好校风、教风、学风、班风具有积极的促进作用。让校园的每一处都会说话，都充满诗情画意，多彩校园，快乐课堂，这正是爱华小学的魅力所在。在学校精神文化打造上，我们实施"理念文化、制度文化、研修文化、课程文化、活动文化、书香文化、品牌文化、家庭文化"八大文化战略，文化立校，以文化人，用文化做强做大学校品牌，办出自己的特色。

（三）学校管理，服务精细

　　学校提出"先理后管、以情感人、刚柔并济、民主集中、和谐发展"的管理理念，落实"一服务、三为本、四个高"的管理策略。"一服务"的含义是管理即服务。学校要为每一名学生提供适合其身心发展的教育服务，为全体学生提供平等优质的教育服务，最大限度地满足学生和家长的需求。"三为本"即学校的各项工作都要以学生为本，以教师为本，以家长为本。"四个高"指教师的高能力、学生的高素质、教学的高质量、学校的高声誉。这是我校赖以生存和发展的四大基石，是我校品牌形成的基本标志。因此，我们紧紧围绕管理理念和管理策略，细化学校管理，使爱华小学走上快速发展的轨道。

（四）队伍建设，发展为本

　　1. 行政队伍建设，让团队显活力。学校行政人员现有 6 人，是一支有活力、爱干事、会干事、有成就的团队，学历皆为本科。其中，校长是中学语文高级教师、深圳市人大代表、原宝安区语文学科带头人、深圳市及光明新区兼职督导。其余行政人员中，有4位小学高级教师。周烨主任是原宝安区教坛新秀，蔡晓珊是副校长、叶大仁主任是光明办事处学科带头人，林水主任是区后备干部培养对象，陈国灵副校长多次被评为区优秀教育工作者。他们都担任一门学科教学，并且是教学成绩突出的教学能手，都是从教学一线经摸爬滚打走向行政领导岗位的优秀教师。他们有思想，有能力，懂业务，会管理，有威信。学校用27个字打造这支队伍，即明职责、顾大局、讲奉献、爱学习、求上进、善管理、站好位、做对事、谋发展。学校充分给予他们发展空间，让他们尽显各方才能、实现教育理想，成为值得教师信赖和拥护的领头雁。

2. 教师队伍建设，让生命更精彩。 在"立足教师"发展思想的指导下，我们重在提高教师整体素质，提出：学校要有学校的样子，教师要有教师的样子，学生要有学生的样子。因此，在教师队伍建设中，学校关注教师的思想职业道德建设，关注教师的专业成长，鼓励他们成就自己的事业和理想，拥有让生命更加精彩的成功情感体验。学校从以下几点开展教师队伍建设：

第一，创新教学管理，规范教学行动。

学校十分重视教学管理机制和教学管理制度建设，不断更新管理理念，创新教学管理，围绕"一二三四五"工作思路规范教学行为。"一个中心"即教学质量这个中心。突出"两个重点"：一是"教"的重点，以提高教学效率为主导，全面构建高效课堂；二是"学"的重点，抓好学生学习习惯、学习兴趣和学习能力的培养工作。加强"三大建设"：一是课程建设，开齐、上足、上好国家课程，开设学校礼仪教育、安全教育、田径、举重等校本课程，完善课程评价体系；二是学科教研组建设，落实集体备课和个人备课要求，提高教研的实效性；三是教学品牌建设。抓好"四项工作"，即抓好备课、上课、质量监控与作业检查工作。建立"五项服务机制"：一是为教研组提供导向性服务机制；二是为各科教学提供保障性服务机制；三是为教师发展提供平台性服务机制；四是为学生成长提供评价性服务机制；五是为家长提供满意服务机制。爱华小学通过系列教学管理制度实现高效课堂、快乐课堂。

第二，开展校本研修，促使专业发展。

2009年，爱华小学被评为广东省中小学校本研修示范学校，校本研修已成为学校的一张闪亮名片。三年来，爱华小学立足校本，搞好研究，强调实效、务实发展，扎扎实实开展校本研修活动，走教师专业发展之路，为学校可持续发展做了积极的探索，为新课程改革奠定了良好的基础，为教师的成长铺就了一条走向成功的道路。

学校正确把握课程改革的方向，确保校本研修的质量和水平，积极探索"以科研带动课改，校本研修融入课堂"的研修新路子。各教研组结合教学实际，从中寻找典型、普遍、有研究价值的问题进行研究实践，共同研究教材、教法，开阔教师视野，引发教师深层思考，使校本研修成为源头活水而常研常新。多年来，学校坚持"请进来，走出去"，开展名师工作室建设，通过同课异构、调研课、会诊课、观摩课、相约课堂、高效课堂等不同形式的课堂教学研究，培养教师教学技能，促进教师专业成长，构建了一套行之有效的校本研修模式（理念引领—专家指导—同伴互助—交流碰撞—意向整合—反思提升）。

第三，开展课题研究，营造研究之风。

学校树立了"科研兴校，科研指导教育"的理念。校长亲自担任省级课题主持人，在资金方面给予大力支持，确保学校课题研究正常开展，让科研走进每一位教师。老教师带头搞科研，新教师虚心向有经验的老教师学习，学校形成了浓厚的研究交流氛围。学校以科研为纽带，实施"科研—教学—学习"的整合，提高科研的实效性和针对性；加强课题研究的过程调控，落实教科研工作的全程管理，着力在过程管理中求质量、求效益。目前，学校正实施的课题有广东省教育厅立项课题《班主任成功个案研究》和深圳市教科院立项课题《行走日记作文教学研究》《小学英语口语能力实践研究》。学校开展多层次、多渠道、全方位的研究和实践，取得了良好的研究效果。

第四，教师成功成名，享受工作快乐。

爱华小学在"双主体"成功教育办学理念的引领下，构建了一系列良好的育人机制，使教师在爱华团队里成功成名，享受到工作带来的快乐。首先，教学竞赛成绩突出。2009 年 6 月，朱晓玲老师参加深圳市班主任综合素质大赛，获小学组第三名，荣获一等奖；连续两年参加区班主任大赛，获第一名。叶大仁主任获深圳市现场评课比赛一等奖，蔡晓珊副校长、许卓文老师在市教学设计中获二等奖，赖利峰、郑燕妮、许卓文、朱晓玲、杨波等多名教师在区级以上各项教学比赛中获一等奖。其次，教师成功成名。朱晓玲老师于 2009 年 9 月被评为深圳市"十佳青年教师"，成为市名班主任培养对象；杨敏燕老师被评为深圳市优秀辅导员；郑燕妮成为区名班主任；林水成为区后备干部培养对象。在 2008 年、2009 年、2010 年三批招聘教师招调考试中，学校教师的考试结果充分体现了学校招聘教师的实力。2008 年，学校有 15 位招聘教师参加转正编考试，有 12 位教师转为公办教师。其中，语文学科全区招考岗位 11 个，在我校 11 人的语文科组中有 5 位招聘教师考上正编教师，转正数约占全区语文科转正编人数的 45%。教师招调考试的成绩再次充分证明学校校本培训、课题研究的成果，再次验证"让教师从这里走向成功"理念的正确。最后，教育教学成果显著。三年间，我校师生参加各项比赛获奖。区级以上获奖及文章发表达 1155 人次，区级以上集体获奖 45 项。2009 年 9 月至 2010 年 9 月，集体获市级以上荣誉 18 项、区级荣誉 10 项，市级以上教师竞赛获奖 4 人次，教师荣誉 4 人次，教师文章在杂志上发表 4 篇，市级以上学生获奖 314 人次，市级学生个人荣誉 3 人次。

（五）以德为首，和谐育人

德育工作是学校管理的首要工作。我校始终坚持以人为本、以教书育人为德育工作思路，创新德育管理模式，落实德育工作各个环节，遵循学生身心发展规律，坚持抓常规、重塑造、严管理、善引导、求实效的管理原则，积极推进学校德育工作。

1. 学校育人目标明确。 学校坚持以人为本，坚持"培养学生道德高尚、习惯养成、基础扎实、特长发展"的育人目标，落实"让每个孩子都捧奖回家"理念；以"多一把尺子评价学生，就多一位成功的学生"思想，尽量挖掘学生的闪光点，让学生获得自信、拥有成功、享受到上学的快乐。在每学期期中、期末表彰会上，70% 以上的学生都能登上"捧奖回家"领奖台。

2. 德育常规工作落实。 学校实施的系列德育常规工作制度（如爱华德育常规、学生一日常规、行为模范班、乐学班、书香班、环保班）、班主任工作月考核、《爱华礼仪三字经》"礼仪课程"的设置、家庭教育月活动、各种德育常规工作的检查等都体现了学校德育工作，学校创建文明、平安、和谐的校园环境，为学生的健康成长提供了有力保证。

3. 德育特色亮点纷呈。 2009 年，学校获"广东省少先队红旗大队"荣誉称号，这是对学校少先队工作的充分肯定。这几年，在德育工作上，我校注重打造德育特色，即：（1）少先队工作特色。学校少先队组织建设完善、管理规范，以"让队员自己管理自己的队伍，自己组织自己的活动"为宗旨，开展形式多样的少先队活动；童心电视台以班为单位，实行包干制，自编自选节目，自主申报承包时间；英语社团招募活动、升旗手推选制度、社团实践活动等都彰显了少先队工作的亮点。（2）名人中队创建特色。各中队通过名人中队创建活动，开展学名人、写名人、唱名人、争做名人等活动，以名人的英雄事迹和成功事例激励每一个学生。经过多年实践，名人效应在学生中初显效果，学生的行为习惯、思想素质、精神面貌都有极大提高。

（六）特色兴校，全面发展

学校品牌是一种信仰，是一种远见。规模不大的边远小学更需要从无到有、从小到大地打造学校特色品牌，提升学校的竞争力。在特色品牌创建中，学校走出了一条敢为人先的创建之路，打造了一所特色鲜明的爱华小学。

1. 体育特色。我们结合学生中越南归侨子弟较多、能吃苦耐劳、对体育活动特别喜爱的特点，以及体育教师队伍素质较好的状况，积极打造体育特色品牌，取得了骄人的成绩。2009 年，学校被评为广东省体育特色学校、深圳市体育与健康示范教研组，2007—2009 年连续两届获评深圳市广播体操标兵学校。学校举重运动员参加市第七届运动会获团体冠军，2009 年参加市举重锦标赛获男子团体冠军，女子第三名。田径队为市体工队输送了叶志斌、林国祥 2 名运动员，为市体校输送了程忠燕等 6 名举重运动员。2010 年省运会中，姜燕参加举重比赛，获银牌。学校田径队在 2009 年参加区运动会，获乙组团体冠军。学校参加区级以上体育竞赛，获省级银牌 1 枚，市级金牌 24 枚、银牌 26 枚、铜牌 13 枚，区级金牌 32 枚、银牌 14 枚、铜牌 17 枚。学校的"三操一舞"（眼保健操、广播操、武术操、校园舞），以及阳光体育活动有序开展，进一步培养了学生的体艺情操，增强了学生的体质，陶冶了学生的审美情操。

2. 书香特色。我们无限相信书籍的力量。一所学校可以什么都没有，但不能没有为教师和学生精神成长而准备的书。我们本着"阅读润泽心灵，读书改变人生"的思想，积极创建书香校园，打造学习型团队；把书香校园建设落实到各项具体活动、班级图书角、开放图书角、学校阅览室中。学生阅读量大，写作成绩突出。五（2）班张莹莹同学在 2009 年暑期广东省中小学第二届"暑假读一本好书"征文比赛中获一等奖，王贵升同学在深圳市读书月现场作文比赛中获二等奖，张莹莹在光明新区现场作文比赛中获特等奖。2009 年，学校被评为深圳市书香校园。学校开展读书节，使学生争当读书之星，举办师生读书沙龙，开展家庭读书、书市大集、阅读评星等活动，营造浓厚的书香氛围，点燃学生读书激情，让学生享受读书的乐趣。

3. 书法特色。"我是中国人，写好中国字"是我校书法教学提出的教学目标。学校开展书法课程，落实书法教材，要求学生每天中午花 15 分钟集体练字、参加每天下午第三节课书法兴趣小组的训练，定期开展师生书法习作评比展示活动，培养学生良好的书写习惯，使其掌握正确的写姿和坐姿，降低学生近视率，让学生人人都能写一种工整漂亮的字体、办一张漂亮的手抄报。

"校园涌动课改潮，全面争创特色改。"爱华小学处于花一般的年龄，正如初升的太阳，朝气蓬勃，我们正在偏远的村级小学谱写出一曲平凡而又卓越的教育乐章。

四、存在问题及努力方向

今后学校要谋求更大的发展，办人民满意的教育，任重而道远。学校年轻教师多，他们学历高、有活力、有上进心，但缺乏教育教学经验。如何加大培养青年教师的力度，让他们尽快成长起来是摆在我们面前的主要任务。

学校过去取得的成绩并不是办学终点，而是成功的开始。今后，我们要在《国家中长期教育改革和发展规划纲要（2010—2020 年）》的指引下，认真贯彻落实国家教育工作及省、市教育工作会议精神，积极响应《中共深圳市委 深圳市人民政府关于推进教育改革发展 率先实现教育现代化的决定》文件精神，继续落实素质教育，积极探索爱华小学办学新路，发挥敢想、敢试、敢创精神，办出学校特色，办人民满意的教育。

实践三　构建"三个六"办学体系　推动学校整体改革[1]

一、学校简介

光明小学创办于 1958 年，是以光明区命名的一所小学，学校占地 35 704 平方米，建有校舍 22 816 平方米、运动场地 21 000 平方米。现有教学班 47 个，学生 2538 人，在岗教职员工 161 人。其中，高级教师 3 人，省级名师 2 人，市级名师 2 人，区级学科带头人 3 人，骨干教师 4 人，教坛新秀 2 人，研究生学历 8 人。

二、办学理念

华东师范大学叶澜教授说，教育通过"教天地人事、育生命自觉"，实现人的生命质量的提升，体现教育中人文关怀的特质。根据叶澜教授提出的理念，我们认为，学校所有的改革都离不开人的改变，培养新时代社会主义接班人更需要培养有生命自觉的人才。因此，学校领导班子通过积极开展调研，广泛征求意见，多次邀请华东师范大学李政涛教授等专家进行论证，组织全体教师反复讨论，集思广益，最终形成以"培育生命自觉，养育幸福人生"为办学理念，以"做自觉创生的幸福教师"为教师发展目标，以"育主动发展的幸福少年"为学生发展目标，以办"校园美、特色精、质量高"的幸福学校为办学目标。学校秉承"生命自觉成长"的办学理念，创新管理体制，实现管理重心下移，引导师生自主管理、主动发展，开展"五位一体"校本教研，促使教师专业成长、落实课程改革，促进学生多元发展。学校以成事促成人，以成人促成事，使教师在工作上不断自我超越，增强职业幸福感；使学生主动健康发展，享受上学的快乐和幸福。

1　此文是本人于2019年3月在北京市房山区教研员、校长来光明小学参观学习时的发言，收录时有删改。

三、办学成绩

学校成功申报获批成为华东师范大学"新基础教育"研究基地学校，先后获得了全国校园影视教育研究实验学校，全国软式棒垒球实验学校，广东省红领巾示范学校，广东省足球特色学校，深圳市智慧校园建设示范学校，深圳市校园安全管理标准化达标学校，深圳市"教师队伍建设年"工作先进单位，深圳市教育系统先进单位，深圳市游泳、垒球、定向运动、足球特色学校，光明区教育科研工作先进单位，光明区课程建设特色学校，光明区体育特色学校等荣誉称号。

四、办学情况

近年来，光小人在市、区教育主管部门的大力支持与指导下，扎实推进学校文化建设，实施课程改革、名师培养、学生素养提升工程，推动学校有内涵、有品位、有质量地发展。学校得到社会及家长的高度认可，在省、市、区内有一定的影响力。

（一）建设"三个六"学校发展体系

1. 六大目标。一个办学总目标是办"校园美、特色精、质量高"的幸福学校。五个办学分目标是让课堂充满生命活力，让班级充满成长气息，让学生成为主动发展的幸福少年，让教师做自觉创生的幸福教师，让学校充满生命自觉成长的幸福校园。

2. 六大办学思路。学校围绕管理体制、教学工作、班级建设、学生发展、教师发展、学校文化建设等六大办学思路，全面落实素质教育，推进快速发展。

3. 六大办学措施。学校构建：（1）"生命自觉"的理念文化；（2）"自主运行"的管理体系；（3）"开放高效"的课堂文化；（4）生命成长的育人环境；（5）"自觉创生"的教师培养机制；（6）主动发展的多元课程。学校通过六大办学措施打造"生命自觉成长"的文化品牌。

"三个六"学校发展体系已成为统领学校整体发展的内核，为学校的变革与发展指明了方向。

（二）培养"自觉创生"的幸福教师

光明小学把教师发展作为推动学校发展的根本动力，狠抓教师队伍建设工作。学校构建了"名师双向培养""师徒结对传帮带"和立足日常教研的"五位一体"校本研修等教师培养模式。学校依托华东师大"新基础教育"实验研究及全国知名数学特级教师"吴正宪工作室"专家团队，坚持分层次对中青年教师进行培养，促进教师的专业成长。

1. 名师、骨干教师成长迅速。 学校打造了一支信念坚定、师德高尚、视野开阔、业务过硬的名师队伍。学校现有省级名师2名、市级名师2名、区级名师9名，开创了"成长一批、带动一批、影响一批"的良好发展态势。2017年至2018年，骨干教师参加区级以上教学技能比赛，成绩突出。（见表6）

表6　2017—2018年度教师参加教学比赛获奖统计表

级别	国家	省	市	区	合计
一等奖	1	2	4	53	60
二等奖	4	3	12	62	81
三等奖	3	5	10	46	64
小计	8	10	26	161	205

2. 教育科研氛围浓厚。 学校坚持以课题研究为抓手，不断提升师生的研究水平，促进学校的内涵式发展。据统计，2014年9月至2019年7月，学校教师申报课题，在国家、省、市、区级教育主管部门立项的课题有35项。教师申报教育主管部门立项的课题有27项，其中国家级1项、省级1项、市级10项、区级15项，学生申报立项课题8项。

（三）培育"主动发展"的幸福少年

光明小学提出"育主动发展的幸福少年"的育人目标，主要从课程改革、课堂改革、综合活动和学生评价等四个方面培养"主动发展"的幸福少年。

1. 从课程改革入手，提出"八好"课程目标。光明小学积极推进素质教育，深入开展课程改革，以培养学生的"人格素养、科学素养、人文素养、健康素养"四大素养为抓手，提出培养学生"好品格、好习惯、好体魄、好心态、好思维、好创意、好文章、好才艺"的"八好"课程目标。我们围绕"八好"课程目标，制定课程培养目标、课程安排、课程评价体系，保障"八好"课程目标的实施。

学校按体育、艺术、科技、语言4大类开设了学生社团选修课程52个，还有年级的微社团48个，合计100个社团课程。学生全体参与社团活动。

我们提出光明小学的学生，人人要会跳绳，人人要会游泳，人人要能写一手漂亮字，所以跳绳、游泳、书法课程成为学校的普及性课程。学校丰富的校本社团选修课程满足了学生多样化的成长需求，全面提升了学生的综合素养，为学生生命自觉成长、培育主动发展的幸福少年奠定了良好的基础。

2. 从课堂改革入手，开展"1+N+1"学科育人文化研究。为全面、深度开发学科教学、学生工作与特色项目，我校开展"1+N+1"学校育人文化研究，取得了一定的成效，打造了开放高效的课堂。

学校主要在语文、英语、音乐、美术学科开展重点研究。（见表7）华东师范大学李政涛教授多次评价语文"1+N+1"读写一体化研究成效突出。

表7　光明小学"1+N+1"学科育人文化研究学科一览表

学科	研究专题	研究内容	课题研究
语文	"1+N+1"读写一体化教学研究	以1篇精读课文，带N篇类课文阅读或综合性学习实践，拓展1篇习作教学	被立项为光明区重大课题、广东省规划课题
英语	"1+N+1"读写一体化教学研究	以1个语篇教学，带N篇阅读，拓展1篇同类写作或情景对话	被立项为光明区规划课题
音乐	"1+N+1"音乐课堂灵动性（趣味性）教学研究	以1首歌曲，带N种表演方式，开展1个创作研究	被立项为光明区规划课题

学科	研究专题	研究内容	课题研究
美术	"1+N+1"版画创意教学研究	以1幅版画作品，呈现N个表现方式，开展1个创意研究	被立项为光明区规划课题

学校开展"1+N+1"学科育人文化研究，使各教研组教学研究有抓手、有聚焦，更好地调动了学生的学习积极性，提高了他们的课堂学习效率，充分挖掘了学科育人价值。在学生工作方面，学校对非教学时段学生活动的开发有效解决了学生在课前、课间、课后易出现校园安全的问题，使学生课间活动能够有序、有趣、有效地开展。

3. 从综合活动入手，研究"四季活动"育人价值。丰富多彩的教育活动让孩子们的童年生活更精彩，让孩子们主动健康地成长。学校整体设计"四季活动"，以"寻春（展现生命之美）—嬉夏（展现成长之美）—品秋（展现收获之美）—赏冬（展现蕴藏之美）"为主线开展"四季活动"，做到长程设计，将学科教学、主题活动、节庆活动相互融通，打破点状割裂的活动组织形式，系统、有序地开展学生综合活动，全面、深度地挖掘综合活动育人价值，实现活动育人的目的。

4. 从学生评价入手，促进学生主动健康发展。学校以学生主动健康发展指标为基本依据，按照学生在行为习惯与品行、学业成绩以及兴趣爱好等三个方面的发展状况，全面、客观地评价学生的综合素养，推动每一个学生主动、健康、全面发展。（见表8）

表8　光明小学学生主动发展评价体系

项目	评价指标内容	评价形式	评价要素	评价方式
习惯与品行	1. 行为规范 2. 道德品质 3. 综合素质	1. 一周一规范 2. 行为模范班	1. 成长记录袋 2. 综合素质评价	1. 自己评价 2. 小组评价 3. 家长评价 4. 教师评价 5. 学校评价

项目	评价指标内容	评价形式	评价要素	评价方式
学业成绩	1. 学科知识水平 2. 学习方法与能力 3. 学习态度与情感	1. 学生学习新常规考核 2. 专项训练 3. 期末质量检测	1. 课堂学习表现 2. 学科作业 3. 学科检测练习 4. 专项达标考核	
兴趣爱好	1. 兴趣爱好 2. 个性特长	星级学生评选	1. 单项竞赛 2. 社团成果展示 3. 参加评选	

（四）培育一批品牌特色项目

学校实施"1+N+1"提升学生身体素养的实践研究，树立 1 个健康理念，开设 N 个体育特色项目课程，打造 1 个体育特色学校的目标，使学校体育特色建设目标更明确、思路更清晰。

学校对特色项目建设坚持做到普及与提高相结合、课程落实与社团训练相结合，构建学校办学特色，树立优质教育品牌。近几年，学校立项的特色项目有国家级 3 个（国家校园影视基地研究学校、软式棒垒球、跳绳）、省级 1 个（足球）、市级 4 个（足球、游泳、软式棒垒球、定向）、区级 4 个（体育特色、课程建设、足球、软式棒垒球）。

2018 年，光明小学被评为广东省校园足球特色学校，深圳市游泳、垒球、定向运动、足球特色学校，光明区课程建设特色学校，光明区体育特色学校。

近年来，学校专业社团参加各级各类比赛成绩显著。例如，学校软式棒垒球队、定向越野队、跳绳队参加国家体育总局或广东省、深圳市组织的各级各类比赛均获得优异成绩。（见表 9）

表 9　软式棒垒球队、定向越野队比赛成绩统计表（2014 年—2018 年）

项目	国家级		省级		市级	
	时间	等级	时间	等级	时间	等级
软式棒垒球	2014 年 7 月	第一名			2014 年 12 月	第一名
	2015 年 7 月	第二名			2015 年 6 月	第一名
	2016 年 7 月	第一名			2015 年 10 月	第一名
	2017 年 7 月	第二名			2015 年 10 月	第三名
					2015 年 10 月	第三名
					2016 年 5 月	第一名
					2016 年 5 月	第一名
					2016 年 5 月	第二名
					2016 年 7 月	第三名
					2017 年 5 月	第一名
					2017 年 5 月	第二名
					2017 年 7 月	第一名
					2018 年 6 月	第一名
定向运动			2015 年 12 月	第二名	2015 年 5 月	第二名
			2015 年 12 月	第五名	2015 年 5 月	第三名
			2016 年 12 月	第一名	2016 年 4 月	第一名
			2016 年 12 月	第二名	2016 年 4 月	第二名
			2016 年 12 月	第三名	2016 年 10 月	第一名
			2016 年 12 月	第一名	2016 年 12 月	第一名
			2018 年 12 月	第四名	2017 年 4 月	第一名
					2017 年 4 月	第一名
					2017 年 4 月	第一名
					2018 年 4 月	第二名
小计	4		7		23	

（五）营造平安和谐的幸福校园

学校按照"深圳市安全管理标准化学校"的总体目标，营造安全、文明、稳定、健康、和谐的育人环境。

学校将安全教育工作落实到位，严格执行、落实"一岗双责制"，做到层层签订安全责任书，把安全教育贯穿到整个学期及学校工作的方方面面，"定期、定人、定内容"地开展消防安全、交通安全、食品安全、日常生活安全教育工作，加强安全应急演练、疾控教育、防溺水教育，规范学生的课间活动，开展家校警交通安全护航队工作，全方位进行安全隐患排查整治工作，确保师生校园安全。2018 年 6 月，学校被评为首届深圳市家校警交通安全护航队标兵学校。

五、集体荣誉及成绩

学校在上级教育主管部门的大力支持和指导下，经过全体师生的共同努力，使学校教育教学质量稳步提升、师生参加各项比赛成绩突出、学校特色建设树立品牌。（见表 10）

表 10　学校集体荣誉及师生获奖统计（2014 年 9 月至 2019 年 1 月）

项目级别		国家	省	市	区	小计
集体荣誉		21	26	49	76	172
集体获奖		3	2	7	3	15
学生获奖		366	169	930	1 640	3 105
教师	获奖	75	37	79	458	649
	发表论文	57	13	30	198	298
小计		522	247	1 095	2 375	4 239

学校取得的这些优异成绩，是在上级教育主管部门的关心和指导下，大力开展教育改革、积极推进素质教育的结果。光小人会继续努力，秉承"让每一个学生主动发展"的教育追求，创造属于光小人的幸福学校。

实践四 站在前沿办学 面向未来育人 [1]

一、办学思想对学校发展的重要性

国家发展战略给国家带来了翻天覆地的变化，那么一位校长的办学思想又会给学校的发展带来什么变化呢？

我觉得，校长的办学思想是一所学校的旗帜。这面旗帜是正确的还是错误的，是鲜明的还是模糊的，直接影响学校办学的质量和效益，影响学校的生存和发展。

2004 年 8 月，我到爱华小学任校长。那时的爱华小学有如下六个特点：（1）办学规模小（全校 400 多名学生，10 个教学班）；（2）生源特殊（70% 以上是越南归侨子弟）；（3）教师数量少（全校教师 24 人，正编教师仅有 17 人，7 人是招聘教师）；（4）教师年龄结构严重老化（正编教师平均年龄 46 岁）；（5）教师素质参差不齐；（6）办学起点低（硬件薄弱、软件不强）。面对这样的办学现状，爱华人经历了 10 年的努力奋斗，到了 2014 年，爱华小学不仅获得了广东省体育特色学校和广东省中小学校本研修示范学校等 8 项省级、21 项市级、14 项区级集体荣誉，更难得的是，学校于 2011 年 10 月被广东省教育厅授予"广东省中小学校长培训实践基地"，每年都要接受全国各地的校长前来跟岗学习。

今天，回顾爱华小学的办学历程，我觉得一位校长的办学思想对一个学校的发展起着至关重要的作用，它能够使一所薄弱学校发展成为为全国基础教育改革提供宝贵经验的品牌学校。

二、办学思想定位对学校发展的重要性

校长的办学思想定位直接影响学校发展的境界以及学校文化品位。我认为，校长的办学思想应当具有前瞻性、人文性、智慧性的特质。

1　此文是本人于2019年6月在光明区教育局组织召开的校长论坛上的发言，收录时有删改。

（一）前瞻性

从长远看，校长的办学思想定位要有前瞻性，学校要办面向未来的教育。

教育家于漪认为，今天的教育决定了明天的国民素质，要教在今天、想在明天，以明日建设者应有的标准来指导今日的教育教学工作。于漪老师说的这句话说明校长的办学思想定位应具有前瞻性。

例证一：提出"双主体育人"办学理念。

我在 2005 年提出了"让孩子从这里得到发展，让教师从这里走向成功"的"双主体育人"成功教育办学理念。在 2005 年 1 月份的学校校报中，我对办学理念是这样解读的：任何一个教育活动都要为学生服务、以学生为主体，要着眼于学生一生的可持续发展，要为学生的美好人生奠基。我认为这是一个富有前瞻性的办学思想。正因为有这样的思想，才催生出爱华小学的办学奇迹。

例证二：以信息技术引领学校未来发展。

当今社会，人工智能、物联网、大数据等新技术飞速发展，"互联网＋教育"成为学校未来发展的新驱动。校长需要思考的是：如何利用信息技术促进现代化新型学校建设，培养能适应未来社会发展需求的人才。因此，校长的办学思想定位要有超前的意识，学校要办面向未来的教育，谋划未来的发展。

光明小学高度重视智慧校园建设，前任校长毕立刚率先对学校基础网络进行升级，为推动学校智慧校园建设打下了很好的硬件基础。2014 年，我们利用大数据技术，定制开发和使用了移动办公、成绩分析、学生综合素质评价等应用系统。这在当时来说开创了光明新区中小学信息化建设的先河。接下来，我们又继续推进物联网技术在智慧校园中的创新应用。

学校现在已开设无人机编程、乐高机器人、动力机械、3D 创客等教育课程，下学期将开设人工智能课程，力争发挥利用好人工智能技术在推动学校教育教学变革方面的作用，使学校信息化建设跟上时代快速发展的步伐。

（二）人文性

从实处看，校长的办学思想定位要有人文性，学校要办有生命成长的教育。华东师范大学终身教授叶澜老师说，教育通过"教天地人事，育生命自觉"实现人的生命质量的提升，体现教育中人文关怀的特质。可见，校长的办学思想定位要有人文性，以促进师生的生命自觉成长。

例证：办一所"生命自觉成长"的幸福学校。

2014年9月，我到光明小学任校长。我想：教育的核心是人的发展，教育行为的最终归结点是"以人为本"；要办好光明小学，首先要改变人，人的观念转变了，人的素养提高了，然后才能变学校、变文化。这几年，我对自己的办学思想做了深度的思考，提出要办一所"生命自觉成长"的幸福学校。

在"生命自觉成长"理念的引领下，我们构建了"名师双向培养"机制和立足日常教研的"五位一体"校本研修等教师培养模式，依托华东师大"新基础教育"研究及全国知名数学特级教师"吴正宪工作室"专家团队，坚持分层次对中青年教师进行培养，促进教师的专业成长，让更多的老师能在学校愉快、主动、创造性地工作，享受专业成长带来的幸福，做自觉创生的幸福教师。

学校的教育思想和追求就是让更多的学生得到最主动健康的发展，成为德智体美劳全面发展的人。为此，我们着力培养学生的"人文素养、科学素养、艺术素养、健康素养"等四大素养，践行"八好课程"（好品格、好习惯、好体魄、好心态、好思维、好创意、好文章、好才艺）目标，积极推动好课程建设，全面提升学生的综合素养，培育主动发展的幸福少年。

近几年，学校践行"做自觉创生的幸福教师，育主动发展的幸福少年"的育人目标，在不断的探索和努力中持续发展，让师生享受生命自觉成长的快乐和幸福，使学校成为充满生命自觉成长气息的幸福学校。

（三）智慧性

从细处看，校长的办学思想定位要有智慧性，学校要办有内涵的教育。

如何实现办学有内涵？这就要求校长的办学思想定位要有智慧性，以智慧的眼光和创新的思维规划学校的发展路径，增强学校发展的竞争力。

例证：光明小学"生命自觉成长"育人文化研究。

学校是教育的场所，教育的核心目标是"育人"。学校就是要融通"教"与"育"，推动课堂教学的转变，推进学校的整体转型。改变，不仅需要韧劲，更需要智慧。我们集众家之长，创造性地规划"生命自觉成长"育人文化研究发展体系，如图3。

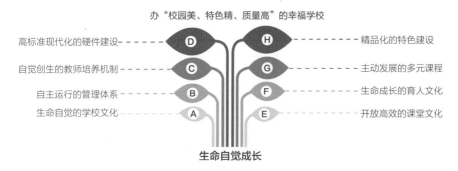

图3 光明小学"生命自觉成长"育人文化研究愿景

光明小学"生命自觉成长"育人文化体系研究缘起于2014年。当时我们遇到的困惑是：课堂教学研究还缺少"融通"与"聚焦"。于是，我们在语文科组提出开展"1+N+1"读写一体化教学研究。华东师范大学李政涛教授在视导评课中说：光明小学"1+N+1"读写一体化研究中的阅读教学和习作教学做到了结构关联地"教"，教出了新的思路和新的收获，课型研究越来越成熟。随后，我们在各学科开展"1+N+1"课堂教学研究，使课堂教学研究有了抓手。比如，音乐科组的《小学"1+N+1"音乐课堂体验式教学研究》等。

为了全面挖掘综合活动的育人价值，我们把学科"1+N+1"的研究思路延伸到学生工作领域，开展"1+N+1"学生一日校园新生活研究。我们以学生一日校园生活为切入点，通过 N 个非教学时段内的综合活动，创造学生一日校园新生活。这项研究有效地解决了学生在课前、课间、课后易出现校园安全的问题，使学生课间活动有序、有趣、有效地开展。

历时一年的研讨和聚焦，我们从"1+N+1"课堂教学研究到学生一日校园新生活的研究，最终形成了《"生命自觉成长"的学校育人文化体系研究》，明确了学校未来五年的发展定位和方向，即：以"生命自觉成长"理念为学校文化特质，全面开展"生命自觉成长"育人文化研究，从八大办学思路推进，实现办"校园美、特色精、质量高"的幸福学校办学总目标。

站在前沿办学，面向未来育人。只有校长的办学思想定位具有前瞻性、人文性和智慧性，才能使学校走上内涵发展之路，提升学校办学品位，办人民满意的教育。

三、思考与体会

一位校长如果没有比较系统的办学思想和办学主张，那么就很难办好一所学校，更不可能办成一所有特色的学校。

任何改革首先源于思想观念的更新，观念决定思路，思路决定出路。

实践五　做新时代"四有"校长　争当光明教育追梦人 [1]

在建设粤港澳大湾区、中国特色社会主义先行示范区，打造世界一流科学城的时代背景下，光明区提出了落实立德树人根本任务、大力提升光明教育影响力、实现基本建成区域性教育高地的宏伟蓝图，为光明区建设的奋斗目标贡献教育力量。

光明区教育发展定位高远、目标远大。校长在光明区教育发展理念的引领与目标定位下，应该如何以奋斗者的姿态赶超奔跑，做不负光明教育的追梦人？

我认为，面对新的机遇和挑战，我们要做新时代"四有"校长，不断增强教育核心竞争力，推动光明教育跨越式发展，不负光明教育的期待。

一、眼中有标杆

校长办学要站在时代的制高点上与基础教育先进国家和先进地区竞争。每一位教育人都应当审时度势、认清目标，尤其是引领学校发展的校长，眼中更要有标杆，才能紧跟时代变化的步伐，抢占教育先机，品尝到教育改革与探索带来的喜悦。

校长的办学理念、办学目标定位应与区域教育发展目标同步。要把国内外名校作为标杆，既要有向名校看齐的压力和动力，更要有与名校对标的胆气和底气。有标杆，就有动力；有标杆，才是奋斗者的姿态。

二、心中有思想

校长的办学思想是一所学校的旗帜，直接影响学校办学的质量和效益，影响学校的发展境界与文化品位，对学校来说起着至关重要的作用。

1　此文是本人于2019年10月在光明区教育局组织举办的校长论坛上的发言，收录时有删改。

以光明小学的校长办学思想为例，光明小学校长在光明区提出的"科技·生态·幸福"教育理念的引领下，带领行政团队和教师，经过充分论证，创造性地提出了全面开展"生命自觉成长"的育人文化研究；确立"生命自觉成长"的文化理念，通过八项办学措施实现办"校园美、特色精、质量高"的幸福学校的总目标。八项办学措施是指高标准现代化的硬件建设、构建生命自觉的学校文化、自主运行的管理体系、自觉创生的教师培养机制、开放高效的课堂文化、生命自觉成长的育人环境、主动发展的多元课程、精品化的特色建设。

光明小学"生命自觉成长"的育人文化就好像师生幸福成长的肥沃土壤，八项办学措施就好像分枝开叶的生态树，充分吸取阳光雨露茁壮生长。它们让我们看到了师生在丰富多彩的教育教学生活中主动健康发展，最终实现了办"校园美、特色精、质量高"的幸福学校办学总目标，达成师生"生命自觉成长"的美好愿景。

三、手中有措施

如果要使先进办学理念落地、达成办学目标，那么校长手中一定要有一系列扎实可行的办学措施，要抓好教师发展，抓好学生成长，抓好学校管理制度和机制的建设，促进学校高质量发展。

（一）培养名优教师队伍，提高教师素质

教师是学校发展的根本动力，教师发展学校，教师成就学生。所以，校长要高度重视教师队伍建设，想方设法为教师成长搭建舞台，促进教师的专业成长。比如，开展"名师双向培养"（邀请名师进校园和外派骨干教师去名校跟岗学习）、"师徒结对传帮带"和日常教研校本研修的教师培养模式，给教师成长建平台、搭梯子、引路子，坚持分层次对中青年教师进行培养，为教师创造良好的专业发展环境，让优秀骨干教师脱颖而出。

（二）培养优秀学生群体，提高学生素质

教育的核心是育人，旨在让更多的学生得到最主动健康的发展，成为德智体美劳全面发展的人。为此，学校要加强学生行为规范养成教育，开展丰富多样的校本课程和主题教育活动，促进学生主动发展、健康成长，要努力培养一大批优秀学生群体，提高学生的整体素质。

（三）完善学校管理制度，形成自主管理的运行机制

校长要坚决贯彻落实党的教育方针政策及教育主管部门的工作部署，遵循教育规律，健全各项规章制度，坚持民主、公开、人文管理；实行层级管理负责制，让各部门主动、创造性地工作，共同推动学校办学理念落地、办学目标实现；培育生命自觉、干事创业的教师团队，营造人人都要成长、人人都要为学校发展贡献一份力量的良好氛围。

四、脚下有征程

校长要反思学校的发展现状，要引领教师团队，针对学校快速发展中遇到的问题去整改、去提高，切实落实《光明区教育提升三年行动计划（2019—2021年)》，以深圳拓荒牛的精神，大力改革创新，培育一大批名师，推动学校高质量发展，打造学校特色品牌。

雄关漫道真如铁，而今迈步从头越。时代的号角已经吹响，我们要以奋斗者的姿态奔跑，努力赶超，迈上跨越名校的新征程。

实践六　立足日常化研究　创造学校新生活[1]

一、求变之思——摸清家底，寻求新发展

试验之初，我们全面分析和反思学校的现状，挖掘发展潜势，从三大领域剖析制约学校发展的主要问题。

（一）从管理层面看

学校办学目标的思考和定位不够清晰，文化建设和激励机制有待进一步梳理和健全。

（二）从教师发展看

2014年，光明新区教科研中心对我校教学进行常规调研。从反馈报告中我们可以看出：学校教师的教育教学观念相对陈旧，但自我感觉良好，缺乏主动发展的内驱力。

（三）从学生发展看

学生的班级生活枯燥，校园生活无趣，学校开展主题系列活动少，学生参与面窄。

1　此文是2016年4月光明小学参加华东师范大学"新基础教育"研究中期评估的自评报告，收录时有删改。

二、破冰之举——扎实研究，形成新常态

针对以上三大领域存在的问题，我们提出了推进"新基础教育"试验研究的总体思路，即理念引领、整体策划、骨干先行、常态研究、综合融通。

（一）激活管理机制

我们通过制订发展规划、凝练办学理念、激活运行机制等举措，引领教师主动投入到"新基础教育"的试验研究中。

1. 制订发展规划。我校制订了"新基础教育"试验研究三年发展规划。经专家两次指导，我们组织各部门反复讨论、商议，从理论认识到具体实践都达成了共识。这是规划制订给我们带来的价值所在。

2. 凝练办学理念。我们结合光明新区建设"幸福校园"的工作思路和"新基础教育"理念，于本学期组织全校教师重新在梳理、反思、选择中提炼学校办学理念、办学目标及"三风一训"。

3. 激活运行机制。学校合理地优化了行政岗位，行政管理系统从原来的德育处、少先队、教学处、科研室、办公室、安全办、后勤部门七部门调整为课程教学部、学生发展部、后勤服务部、信息中心"三部一中心"。学校管理重心下移到年级组和教研组层面，中层干部直接参与到年级组、教研组决策和策划活动中。年级组有了自主策划的权力，教研组有了常态教研的主动权。同时，我们修改、增加了一些制度，以制度建设激发教师的教育实践智慧，促进学校可持续发展。

（二）日常研究催生教师动力

自加入"新基础教育"试验研究以来，我们在高频次、常态化的研究中催生教师自觉发展的动力，做到学习培训日常化、教学研究日常化、梯队建设日常化。

1. 学习培训日常化。学校开展"新基础教育"试验研究后，先后听取华东师范大学等专家专题报告 12 场，共计参训 800 多人次，分别派出 5 批 60 多人次到常州市局前街小学、常州市第二实验小学等校跟岗学习。教师们真切地意识到自己的差距，认为需要通过学习和培训来更新观念、转变教育教学行为。因此，

我们积极营造人人学习"新基础教育"理论的氛围，不断丰富学习形式，使学习风气日渐浓厚。

2. 教学研究日常化。我们将"新基础教育"试验研究内化于日常教学中。在学校每周两次四节固定的"新基础教育"学习研究时间里，有主题讨论、经验交流，也有体会分享、观点碰撞。

教研及评课文化有所改变。教师从开始只说好话到就事论事，再到能以开放的心态说真话，以开放的心态接受同伴提出的意见和建议。

教研活动有了课型意识。语文科组在李政涛老师的指导下，重点开展中高年段"单元结构化整体教学"和低年段"识字教学"的课型研究。数学科组在吴亚萍老师"捉虫式"评课方式的引领下，对"数运算"和"数概念"有了进一步的认识，开始具备整体的眼光，能更深入地解读教材、处理教材。英语科组除了低年段的"词句教学"课型研究外，开始在中年段尝试"语篇教学"及单元整体教学课型研究。各学科组都找到了研究的抓手，初步形成了有层次、有结构的研究突破口。

3. 梯队建设日常化。我们采取"领导垂范，骨干先行，三级联动，团队研讨"的策略，促进梯队教师成长。

第一，领导垂范，骨干先行。学校领导和中层干部合力，使教研组长、骨干教师做好"新基础教育"试验研究。每一学科都由副校长、中层干部担任项目责任人。周烨、董波、林水等中层干部带头上专家现场指导的研究课。第一梯队骨干教师（付娟、应睿、甘玉兰、庄锦君、李素宁、林小燕、丁文燕、姚雅妮）纷纷登上前台，把优质课的教学形态呈现出来，带动第二、三梯队的教师快速成长。

第二，三级联动，团队研讨。研究进入第三学期的时候，我们根据点面结合、分步推进的思路，把骨干教师分布到各个年级段，带动年级教研组开展"同上研究课"的研讨活动；通过年级、校级、区级的三级联动研究让更多教师试水，慢慢滚动，最终让"新基础教育"试验研究扎根日常。

（三）自主参与还给学生活力

1. 让学生成为班级生活的主人。我们把小岗位建设、班级文化建设、学生评价机制还给学生，让学生成为班级生活的主人。

第一，建设小岗位，将班级的管理权、参与权还给学生。试验之初第一学期，我们在试验班尝试班级设岗；第二学期，开始尝试小岗位轮换制；第三学期，在各年级普及小岗位建设工作，为更多学生提供岗位锻炼的机会。

第二，建立多元评价机制，把评价权还给学生。学校依据《学生综合素质评价手册》《光小之星评选方案》，在上学期末，通过自主评价、生生评价、师生评价评选出模范之星、学习之星、管理之星、体艺之星、礼仪之星等，为学生提供展现自信的舞台。

第三，建设班级文化，把班级还给学生。学校先把班级布置的权利还给学生，如装饰文化墙，然后让试验班的学生开始尝试设计班级标志、班级印章、班歌等，为学生自主创造提供了很好的阵地。

第四，开展社团活动，把选择权还给学生。学校开设了30多个学校社团，让学生根据自己的兴趣爱好自由选择社团项目，全体参与到学校社团活动中，让他们享受成长的快乐和幸福。

2. 让学生成为主题活动的主人。我们让学生自己设计班队活动，整体策划年级活动，综合融通学校活动。

第一，自己设计班队活动。班队骨干教师林小燕，共上了7次专家指导的研讨课，在指导班级学生自己设计班队活动中也获得了成长体验。在每一轮班队研讨活动中，试验研究团队都有不一样的思考，华东师范大学李家成教授也都给予了具体指导和良好评价。

第二，整体策划年级活动。我们让骨干团队研究的主题班队活动方案在同年级"滚雪球"式地推广，在策划活动时逐步形成成事成人的意识，有了长程策划、系列策划的眼光。

第三，综合融通学校活动。学校结合节日和特色项目，综合融通学校活动。我们开始尝试综合融通开展"跳绳节"活动。体育教研组组织跳绳比赛；数学教研组利用数学课教会学生测试绳长与身高的比例，帮助学生选好绳子；美术教研组教学生画七彩绳，利用废旧绳子做手工作品；信息教师组织学生设计星级跳绳队员标志；语文教研组指导学生写活动体验心得。学生在一个个主题活动里感受不同的体验，收获不同的成长。

三、融冰之变——融入日常，看到新变化

我们虽然在一年半的试验研究中历经艰辛与迷茫，但是收获了师生日常状态的一些改变。

（一）管理呈现自主感

领导团队逐渐进入自主策划的工作状态，激活了责任意识，提升了学习研究与策划推进的能力。

1. 切实改变价值取向。 在"新基础教育"理论学习和实践研究中，我更能静下心来读书，更能沉下心来办学了。同时，我改变了办学观，明确了办学价值取向，即以"教师专业发展"为根本，促进学校的整体发展。领导团队有了行动上的真实改变，在做事的同时更加关注"人"的发展，使各项工作聚焦于成事成人目标。

2. 形成自主发展机制。 按照重心下移和常态教研的思路，年级长再也不是传声筒，仅仅落实上传下达的工作，而是成了年级责任人。教研组不再简单执行教研任务，开始主动地开展丰富的教研活动。例如 2015 年 12 月底的"新基础教育"专家指导研讨活动和 2016 年 1 月初的"新基础教育"总结会。虽然适逢校长、副校长外出培训，但是研讨过程和会议组织井然有序，可见学校改革逐步进入日常化和自觉化状态了。

3. 校园面貌展露新颜。 每一位学校领导及中层干部都深入各学科领域，开展研究和指导，提高了领导团队的研究、引领、策划、组织能力。他们负责的各项工作都取得了突出的成绩，学校办学实力明显提升。

（二）教师有了成长感

研究路上，我们累并快乐着、收获着、成长着。学校教师、教研、课堂都发生了可喜的变化。

1. 教师转变思维方式。 随着研究的深入，教师不断开放研究心态，明显改变了工作思维方式，逐步形成了"在学习中研究，在研究中工作"的氛围。

2. 教研氛围悄然变化。 教研活动重心下移，备课组活动人人参与，开展研

讨活动形式多样。我们的研讨从"关注一堂课"向"聚焦一个问题"转变，使研讨更有针对性。例如语文科组举办的以"开放"为专题的教研论坛。各年级教研组围绕"开放"的话题，以实际教学案例为切入点，深入探讨"有效开放、交互反馈、集聚生成"等，并邀请其他学科教研组观摩。

3. 课堂更加有效开放。在课堂上，教师更加注重重心下移、有效开放，可见学校改革逐步进入日常化和自觉化状态。正如卜玉华教授所说："在现在的课堂上，孩子们很专注地在思考中学习，也涌现了一些年轻而聪慧的老师。"

4. 教师走在成长路上。自开展"新基础教育"研究以来，教师不断开放研究心态，使专业素养获得了较大的提升。

（三）学生展现生命感

这一年半以来，光明小学的学生增强了自我意识，开始依恋班级了。

1. 学生增强自我意识。通过策划活动，学生变得敢于表达自己的想法；通过参与活动，学生体会到了自我成长的快乐。例如，二（6）班的刘雍就说："我在活动中找到了坚强的自己。开展活动时，我有一种幸福的感觉。活动很好玩。"

2. 学生开始依恋自己的班级。班级活动、班级小岗位、班级文化设计等由学生参与策划和实施。学生乐于投入班级建设，开始依恋自己的班级。四（5）班林子昕家长说："现在每天回家后，他都滔滔不绝地向我说一些班级里的事情，整个人自信了很多，也会表达自己的想法了。"

四、激流之望——创造师生在校新生活

在学校"新基础教育"的后续研究中，我们会持续研究推进学校发展，力争初步实现成事成人的目标。学校主要做以下几点工作：（1）做好、做实日常化研究，让"新基础教育"的思想、研究、做法等融入老师和学生的新生活里；（2）学校要继续大力推动培养名师和骨干力量；（3）在日常化的学生工作教育实践中挖掘具有光明本土特色的育人价值。

第二节 学校建设

实践一 光明小学"智慧校园"建设[1]

为了提升学校教育现代化水平，我们将"智慧校园"项目纳入学校的发展规划，形成工作制度，建立专门的保障机制，围绕一个目标、五项措施、六大愿景，分阶段、有重点地整体推进。

一、一个目标

一个目标就是"建设智慧校园，办有内涵品质的现代化新型学校"。

二、五项措施

措施一：建设智慧校园基础设施。学校已建成高速校园网络，实现无线网络全覆盖；建立了专业信息技术实验室、校园数字广播、电视台、安保、录播、直播、远程互动、共享数据中心平台、统一身份认证等系统，以及相关数字化应用平台，如办公自动化系统、一卡通系统、学生信息管理系统等。

措施二：建设共享的数字教育资源库。我们的教学资源库已覆盖各年级、各学科，包括班班通、光明小学智乐园等基础资源，名师课堂、教师专业发展等个性化资源，还有校本课程资源，如"书法""学习规范""弟子规"等校本课程。

措施三：开发创新应用服务。学校开发了"光小智慧校园""直播光小""家

1　此文是本人于2015年12月光明小学申报深圳市"智慧校园"示范学校创建考评时的发言，收录时有删改。

校宝"等手机 App，为管理效能的提升、课堂教学的提效、活动课程的融通带来了极大的便利。第一，提升管理效能。通过"移动智慧校园"手机 App，学校领导无论在办公室还是在外地，都可以了解学校的动态，对学校事务进行实时处理，审批教师用车、物资申领、设施设备维修、教师请假等。学生不仅可以查询个人信息、个人课表、考勤记录、学期评语、学习成绩等，还可以实现网上选课、网上评教和调查投票。教师能随时随地查阅通知公告、个人课表、工资发放、学生评教结果等，利用移动办公技术达到高效管理的目的。第二，提高课堂教学效率。我们的智慧课堂几乎覆盖所有学科，如语文的在线阅读、数学的翻转课堂、英语的在线外教、音乐的互动桌教学、美术的电子绘画等，既拓展了课外学习内容，又提高了学生的学习效率。第三，融通活动课程。学校利用云技术扩大多部门、多学科的策划空间，实现学生主题性活动的多方联动、整体融通。以"七彩跳绳节"活动为例，体育科组提出策划方案，体育课堂组织学习跳绳技能，数学课堂测算跳绳长度与身高的最佳比例，信息课堂设计跳绳 LOGO，语文课堂组织学生撰写学习跳绳体会，等等。各科同期联动开展与"跳绳"有关的系列活动，实现最佳的学习效果。

措施四：提升师生信息素养。学校以虚拟化平台为载体，通过技术培训、网络应用和全员参与网络互动，全校师生在使用各应用平台学习的过程中不断提高信息素养。

措施五：建立三个保障机制。学校领导重视保障工作，成立了校长担任组长的"智慧校园"建设领导小组。学校有专业的信息技术服务与推广团队的组织保障，有"智慧校园"建设的工作激励机制保障，有政府部门下拨的专项经费保障。

三、六大愿景

愿景一：移动校园。学校通过移动门户把学校的新闻动态、教学成果第一时间传递出去，依托无线网络扩展传统校园的空间，实现无时间、地点限制的便捷的智能管理。

愿景二：平安校园。学校建设集自动识别、访客登记、电子门禁、学生到离校平安签到、校车安全监控和危险区域管理等技术于一体的智能化信息安全管理系统。

愿景三：低碳校园。学校引入物联网技术，在节能控制、无纸化办公、后勤服务等方面做到智能化节能管理。

愿景四：感知校园。学校采用物联网与传感技术、计算机网络技术和云计算技术，构建了"掌上的校园"，进一步实现教学质量的精细化管理。这也是我校未来"智慧校园"的发展方向。

愿景五：文化校园。学校利用校园网络实现多网融合、多屏融合的信息发布效果，面向校内实现影、音、图、文等多种资源的实时推送、多屏显示播放，展示学校形象与文化特色。

愿景六：特色校园。学校借助信息技术，开发了远程互动课程、互动桌等，进一步彰显光明小学的特色教育优势。首先是远程互动课程。我们通过"互联网＋"的方式，积极开发远程互动课程，更好地拓宽学习资源、提升专业培训效率。远程互动课程包括：（1）英语外教口语在线课程。课程采用网络外教在线互动模式，以口语交流为主，所有学生可以随时在线学习，实现外教资源的应用最大化。（2）国际理解课程。通过网络平台，利用外教带来的国际思维和教学模式，在潜移默化中实现对学生公民素质的培养。（3）教师专业培训课程。应用远程技术，放大教师专业化培训资源。我校参加了华东师范大学叶澜教授主持的"新基础教育"研究，通过远程培训互动系统，让全体教师在学校里聆听叶澜、李政涛、卜玉华、吴亚萍、李家成、徐冬青等新基础教育专家团队及全国数学特级教师吴正宪的专题报告。还有音乐互动桌教学。我校利用互动桌特点，将其运用到音乐教学中，把一台互动桌设置为四种不同乐器，使大家一起合作演奏一首乐曲，让学生享受寓教于乐的学习乐趣。

在一个目标引领和五项措施的合力推进下，"智慧校园"建设的六大愿景正逐步实现。

四、"三个创建"工作

展望未来，我校将一如既往地优先推进"智慧校园"建设工作，将着眼于以下"三个创建"工作：

一是创建面向未来的智慧空间。我们将结合创客空间的理念，对功能室、课室、办公室进行优化改造，配备智能设备，将其打造成学生可以自由发挥的"智慧空间"。

二是创建辐射区域的责任学校。我们将积极辐射"智慧校园"建设的做法和经验，以点带面，资源共享，彰显教育的社会责任感。

三是创建全面智能的管理体系。我们将在师生评价、成长档案、电子书包、绩效管理、学业检测等方面全方位实施软件管理整合，建成一个全方位覆盖学校管理的智能管理体系。

五、工作成效

我校近三年来获得国家、省、市、区举办的信息技术比赛荣誉 28 次，在国家、省、市、区级杂志上发表论文 42 篇，有学校新闻报道 15 篇，举办信息技术研讨会 9 次。

实践二　打造学校信息化高地　推动教育高质量发展[1]

一、学校简介

光明小学是一所公办全日制小学。学校占地 35 704 平方米，建有校舍 22 816 平方米、运动场地 21 000 平方米。现有教学班 48 个、学生 2465 人、在岗教职员工 167 人、专任教师 158 人。现有信息技术教师 6 人（研究生学历 2 人）、深圳市教育信息化专家培养对象 1 名、光明区小学信息技术学科名师 1 名、骨干教师 1 名、教坛新秀 1 名。2015 年 12 月，被评为深圳市"智慧校园"示范学校；

1　此文是本人于2021年9月在深圳市信息化能力提升工程2.0交流会上的发言，收录时有删改。

2017 年 12 月，被评为全国校园影视教育研究实验学校；2018 年 1 月，被评为广东省信息化中心学校；2019 年，被评为深圳市中小学人工智能实验学校；2021 年 5 月，被评为粤港澳大湾区创新科学教育基地学校；2021 年 5 月，被评为光明区少年科学院分院。

二、学校信息化发展规划

（一）信息化环境建设

我校是深圳市"智慧校园"示范学校。学校建设"智慧校园"平台，营造了完善的信息化教学环境，为学校信息化教学保驾护航。首先，高速、稳定的网络环境是学校开展信息化教学的基础。目前，学校已经建立了高速校园网络，实现了无线网络全覆盖。网络防火墙、网络负载均衡、上网行为管理、无线控制器、堡垒机等均已上线，为学校管理的信息化和网络环境下开展教学活动提供了保障。其次，学校目前拥有 48 个教学班，每班均配有一套完善的信息化教学系统，包括一台 86 寸教学一体机、教学助手授课软件、教师网络备课系统、移动云办公系统等。此外，为了方便教师开展移动教学，学校给每位教师配备了一台平板电脑，从而保证教师信息化教学的顺利进行。

（二）拟打造的特色项目

我校信息化提升工程的特色项目是用大数据助力教师"智慧教研"项目。2021 年 7 月 24 日，中共中央办公厅、国务院办公厅印发了《关于进一步减轻义务教育阶段学生作业负担和校外培训负担的意见》。为确保课堂教学减量不减质，我校尝试通过信息技术促进教师教研、教学方式的变革，借助大数据技术对课堂教学进行精准反馈和评价，提高课堂教学质量。为此，从 2021 年 9 月开始，学校将大数据助力教师"智慧教研"项目作为我校未来三年信息化教育教学的特色项目。

三、校本研修方案

光明小学建设信息化能力提升工程，重点落实到信息技术与学科融合的校本研修活动上。我校的研修特色是举办理论与实操相结合的应用型培训，开展课堂教学改革与智慧教研相结合的实战型研修。

（一）主要目标

学校基于实际情况，开展 G5(基于智能反馈的学情分析)、B5(基于数据的个别化指导)、G7(智慧教育背景下教研活动组织) 三个能力点的校本研修实践活动；通过培训，构建以校为本、基于课堂、应用驱动、注重创新、精准测评的教师信息素养发展新机制，开展全校教师信息技术应用能力全员培训，基本实现"显著提升校长信息化领导力、教师信息化教学能力、培训团队信息化指导能力，全面促进信息技术与教育教学融合创新发展"的总体发展目标。

（二）研修主题

一是根据教学的实际需求，学校开展信息技术技能校本培训，通过问卷调查了解教师的信息需求，通过制订教师分层次培训计划，有针对性地邀请信息技术专家来校对教师进行集中培训，帮助教师提升自身信息技术应用能力。

二是学校以信息技术教师为主要力量，在电脑室对全体教师进行校本培训，举办一期信息技术培训班，要求培训通过以实践为主、以理论为辅的形式开展；通过问卷调查收集教师在教学过程中遇到的技术使用难点和对信息技术的需求，以我校信息技术教师为主要力量，针对教师的应用难点、痛点和需求，通过线下"统一管理—集中培训—分层考核"的方式，对学校教师进行信息技术能力提升培训（内容主要包括 Word、Excel 基本应用，PPT 制作，微课制作），帮助教师提升自身信息技术应用能力。

三是学校引进校外名师团队资源，搭建支持教师教研一体化的教研平台，实现对教师教研全过程数据的采集和分析，帮助教师直观了解自己在教研活动中的参与情况和个人发展情况，从而进行学情诊断、数据分析、智慧评价等。

（三）各学科信息化教学模式和能力点

我校通过各学科信息化应用校本研修活动，丰富教师信息技术应用教研理念，提升教师信息化协同教研能力，促进教师开展课堂教学改革，汇聚智慧教研成果，生成信息化特色教学品牌。（见表 11）

表 11　各学科信息化教学模式和能力点

学科	应用模式	所属维度	能力点
必修	智慧教育	融合创新	G5 基于智能反馈的学情分析
			B5 基于数据的个别化指导
			G7 智慧教育背景下教研活动组织
语文 数学 英语	智慧教育	学情分析	G5 基于智能反馈的学情分析
		教学设计	B2 创造真实学习情境
		学法指导	B2 创造真实学习情境
		学业评价	B6 应用或创建数据分析模型
		融合创新	G6 智慧教学的方法与环境
科学 音乐 美术 体育 信息技术	智慧教育	学情分析	G4 基于数据分析的学情诊断
		教学设计	B3 创新解决问题的方法
		学法指导	B5 基于数据的个别化指导
		学业评价	B6 应用或创建数据分析模型
		融合创新	G6 智慧教学的方法与环境

四、校本研修考核方案

（一）考核方式

对这次"信息技术 2.0 能力点"校本研修，我校将通过骨干先行、梯队发展、全员卷入、螺旋提升的推进策略，采用项目考评制和学科过关制，对教师研修情况进行考核，实现参训教师 100% 达标、20% 优秀。

这次校本研修以学科教研组为单位，要求每个科组选 30% 的教师为第一梯队教师，选 50% 的教师为第二梯队教师，选 20% 的教师为第三梯队教师；让第一梯队教师先行探索，带领引导科组内第二、三梯队教师全员卷入、螺旋提升，最终达到各项目 100% 考核合格、全学科 100% 考核合格。

（二）考核标准

学校考核小组按照"任务考核 + 实践测评"的方式对每一科组的信息化教育教学校本研究进行综合考核，具体标准如下。（见表 12）

表 12　考核标准

项目	评价维度	评价指标	分值
任务考核	课程学习	继续教育选修信息技术能力提升课程	25 分
	校本研修	参加学校组织的校本研修线上或线下活动	10 分
	提交方案和测评报告	提交校本研修方案、评测报告、分析、论文	15 分
实践测评	提交成果	提交有质量的校本研究成果（不限于论文、课例、视频等）	10 分
	参赛获奖	研修成果获得区级以上奖励（信息技术类，如微课比赛、课件比赛等）	30 分
	校本实践	学校管理员结合教师校本研修情况，对教师的出勤率、活跃率、参与度打分	10 分

（三）推进时间安排

对我校信息化校本研修的考核工作，学校计划于 2021 年落实"整校推进"，要求至少 70% 教师考核达标；2022 年落实"整校推进"，100% 教师考核达标，20% 以上的教师考核优秀；2022 年 7 月，迎接"区能力提升工程 2.0"工作绩效考核。

实践三　以校园文化建设为抓手
促进学校办学内涵的提升[1]

我经常在学校大会小会说这样一句话：老师要有老师的样子，学生要有学生的样子，学校要有学校的样子。学校的样子是什么？我认为：人们走进学校，能看得见校园环境优美、校园干净整洁，发现校园文化氛围浓厚；不时听得到课堂上琅琅的读书声、优美的歌唱声、孩子们窃窃私语的交流声；能看得到课间孩子们活泼可爱地在校园里文明、有序地玩游戏，听到他们的欢声笑语；能感受得到整个校园充满朝气蓬勃、积极向上的气息。这就是学校，这也是我一直追求打造的学校。这几年，我们围绕"学校要有学校的样子"做了不少工作，取得了一些成效。所以，不少专家、领导、兄弟学校同行一进到爱华小学，就觉得这里就是真正的学校，是适合学生读书的地方。

一、我们是怎样打造学校校园文化的

（一）认识到校园文化建设的重要性

我们认识到：校园文化建设既可以美化校园，又可以激励师生积极进取；既是学校办学理念和综合办学水平的重要体现，也是学校个性魅力与办学特色的体现。学校文化可以育人，可以兴校，可以增强团队的凝聚力、丰富学校办学内涵。因此，这几年，我校在光明新区公共事业局、光明办事处教育主管领导的支持与指导下，一直重视学校校园文化建设。2005 年，我们一点一滴地构思、规划校园文化，扎扎实实地打造学校文化，努力使爱华小学走"文化立校、特色强校"的办学之路。

1　此文是本人于2012年3月在光明新区校长来爱华小学参观校园文化建设工作时的发言，收录时有删改。

（二）制订、分步实施校园文化建设规划

2004 年，学校只有两栋旧教学楼；2005 年，学校新建了 A 栋教学楼。当时，学校校园文化建设可以说是空白的，而我自己对校园文化建设的想法又有很多，比如拟建设长廊文化、班级文化、功能室文化、校园地面文化、厕所文化、运动场文化，等等。但是校园文化建设经费非常有限，怎么办？我首先列出要建设的校园文化清单，做好学校校园文化建设规划，按先后缓急顺序排序，对教育主管部门下拨的有限经费精打细算，逐步完善学校的文化建设项目。为了使校园文化建设取得最佳效果、不浪费资金，对于每一处校园文化建设，我们从构思到设计出图纸、申报审批、施工，都要经历比较长的时间。比如：师生饭堂文化从构思到设计花了一个学期时间，我们精选内容，反复修改图纸。饭堂前的励志园、行健园、校史室建设经历了近两年的时间才完成。校园文化中的每一处景、每一句话都注重细节，体现人文关怀与育人思想。

（三）确立校园文化建设主题，营造浓厚文化氛围

校园文化怎么建设，才不花哨、有价值、有内涵？校园文化建设主题很重要。我们学校的校园文化建设主题是围绕学校的办学理念"让孩子从这里得到发展，让教师从这里走向成功"来确立的。校园里四处可见办学理念、文明礼仪、励志、书香、体艺、环境、安全、班级文化等主题文化，而这也展示了我校落实素质教育、践行办学理念、实现办学目标的想法、做法和要求。

（四）构建校园文化建设思路，培植爱华精神

前面我讲了很多我校在环境文化建设上的一些做法，而校园环境文化包含更多的是景观文化，而学校精神文化建设才是校园文化建设的核心，它能激励人们为实现学校的办学目标而努力。我经常在思考：为什么有些学校经历了 50 年，甚至 100 年后，还能成为一所好学校、一所具有持久竞争力的名校？我想，保障学校具有永久先进性和发展优势的关键因素就是学校精神文化。因此，多年来，我校更重视学校精神文化建设，确立了"文化立校、特色强校"的办学思路，具

体打造理念文化、制度文化、环境文化、研修文化、课程文化、课堂文化、活动文化、书香文化、品牌文化，加强学校精神文化建设，实现"以文化立校，办特色学校"的目标。

1. 理念文化。2005 年，我们结合学校实际、师生发展实际，提出了"让孩子从这里得到发展，让教师从这里走向成功"的办学理念和"夯实小学基础，创办优质学校"的办学目标，设计了"校徽"。当时，为了让广大师生、家长明确学校办学目标、办学理念、"三风一训"、校徽内涵，我们把这些内容在"爱华园"校报上出版，在全校师生中大力开展诵读、解读校园文化内涵的比赛活动，强化他们对学校校园文化的认识，从而得到他们的认同，让全校师生和家长都明白学校办学理念、办学目标并不只是一句口号而已。几年来，我们围绕这一办学目标、办学理念，落实素质教育，让学校进入快速发展轨道。经历六年的办学历程，学校办学水平上了一个台阶。2010 年，我们又修改了学校办学目标，提出要办"优质性、示范性"现代化的学校。办学目标要求提高了，更能激励全校师生努力进取。"我们的教室没有讲台"，在 2005 年，我们就大胆拆掉讲台，这也是学校先进办学思想的体现。教室无讲台，师生之间就没有了距离，有利于构建师生平等关系。

2. 制度文化。我校制定的制度不是很多，关键是制定的制度要有用和有效。

教师方面，有考勤制度、教师绩效考核制度、教师月考核制度、教研制度、校本研修制度、安全管理制度等。学校的每一项制度都结合教师的实际去制定，所以大家能不折不扣地落实。爱华小学这样比较偏远、工作条件比较艰苦的学校，靠什么调动教师工作积极性？靠什么让教师愿意留在爱华，为爱华发展出力、做贡献？我们主要靠的是学校办学理念、办学目标和教师个人专业成长的激励办法，它们能够帮助教师增强凝聚力，激发工作上进心，克服职业倦怠思想。学校实行"制度＋人文"管理，各部门管理者处事公平、公开、合理，班子团队团结、合作、进取。总之，爱华团队人心齐、上进心强、有活力、有激情，为加快爱华小学的发展尽心尽职、无怨无悔。

学生管理方面，学校开展周行为模范班、乐学班评比，制定班级月考核制度，调动了班主任班级管理的积极性。学校于 2005 年提出"让每个孩子都捧奖回家"的理念，以"多一把尺子评价班级，就多一个优秀班级；多一把尺子评价学生，就多一位成功的学生"这一思想，尽量挖掘学生身上更多的闪光点，让学生获得自信，享受上学的快乐。因此，每学期期末，在班级奖励方面，学校设有先进班、学习优胜班、安全示范班、书香班、书法班、花卉培植优胜班等评比；学生方面，设有星级学生评比，每学期期末有 70% 以上的学生可以登上"捧奖回家"的领奖台。学校就是用这种文化激励师生进取，促进学校良好校风、教风、学风形成。

3. 环境文化。让校园每一面墙都会"说话"，体现人文精神；让富有诗意的校园处处引人入胜，"弹奏"着校园文化润物细无声的清音。这正是我们建设环境文化的宗旨。

4. 研修文化。学校构建研修文化，促进教师专业发展。学校有校本研修规划、制度、措施，为教师专业发展提供许多帮助。学校在 2009 年被评为"广东省中小学校本研修示范学校""《师资建设》教师发展学校"；2011 年，被评为"广东省优秀校本培训示范学校""广东省中小学校长培训实践基地"。

5. 课程文化。在开足、开齐国家规定的课程之外，我校还坚持开设"礼仪""书法""心理教育""安全教育课程"和社团活动课程，将国家课程与学校校本课程相结合。

6. 课堂文化。加强课堂文化建设的研究，是我校教学工作重点研究的课题。我校曾多年开展"有效课堂"研究，本学期结合光明新区教科研中心的要求，开展"生态课堂"研究。研究思路为："生态课堂"概念界定（教师个人自学，科组讨论交流，汇集意见，学校展示）—教学处组织讨论，界定"生态课堂"概念，制定"生态课堂"教学模式—教师教学实践—课例展示—成果总结。

7. 活动文化。我校少先队活动丰富多彩。学校按每月一主题，结合重大节日，开展德育活动、社团活动等，为学生积极搭建成长平台，培养学生特长，构建孩子成长的乐园。

8. 书香文化。学校坚持中华传统文化教育，开展诵读经典比赛活动，建立班级图书角，营造浓厚的读书氛围，每学期开展书香班级及读书之星的评比。

9. 品牌文化。学校坚持体育特色文化建设，营造体育文化氛围，制订体育特色创建方案、体育课程落实计划、体育特长考级制度，开展体育课题研究，打造体育特色文化。

二、办学成绩

我校以师生发展为主题，以建设优良的校风、教风、学风为核心，以优化校园文化为重点，以丰富多彩、积极向上的校园文化活动为载体，以培植爱华精神文化为目的，推动形成浓厚的校园文化氛围，促进学校快速发展。近三年，学校在各级政府的大力支持、教育主管部门的直接领导与爱华师生的共同努力下，取得了辉煌的办学成绩。

（一）省级集体荣誉

2009 年 2 月，获评广东省中小学校本研修示范学校、《师资建设》教师发展学校。

2009 年 6 月，获评广东省德育课题实验学校。

2009 年 10 月，获评广东省少先队红旗大队。

2010 年 1 月，获评广东省体育特色学校。

2011 年 6 月，获评广东省绿色学校。

2011 年 9 月，获评广东省中小学校长培训实践基地、广东省中小学校本研修示范学校。

（二）市级集体荣誉

2009 年 1 月，获评深圳市第五届童话节故事大赛集体一等奖。

2009 年 10 月，获评深圳市书香校园。

2009 年 12 月，获评深圳市广播操标兵学校、深圳市体彩杯少年儿童体育锦标赛男子团体第一名、深圳市体彩杯少年儿童体育锦标赛女子团体第三名、深圳市体育与健康示范教研组、深圳市体育特色学校。

2010 年 12 月，获评深圳市巾帼文明示范岗、深圳市广播体操标兵学校、2009 年深圳市办学效益奖。

2011 年 11 月，获评深圳市体育传统项目学校。

2011 年 12 月，获评深圳市德育示范学校、深圳市阳光体育活动先进学校、深圳市广播体操标兵学校。

（三）区级集体荣誉

2009年，获评光明新区广播体操优秀学校、光明新区"巾帼文明岗"示范单位、光明新区第二届中小学运动会乙组团体总分第一名。

2010年，获评光明新区教育系统先进单位。

2011年，获评光明新区第四届中小学运动会团体总分第二名、光明新区阳光体育活动先进学校。

实践四　坚持党建引领　促进学校高质量发展[1]

根据工作安排，光明小学校长和党总支书记不是一肩挑。在校长负责制下，校长如何支持书记发挥党建工作的效用？下面我从"两点认识"和"三个支持"方面谈谈我的体会。

一、两点认识

（一）对党建工作重要性的认识

加强学校党建工作，坚持党建引领学校发展，有利于提高教师队伍的思想政治修养，有利于促进学校教育教学质量的提高，有利于推动学校建设风清气正、健康向上的校园文化，有利于办有品位、有内涵、高质量的学校。

1　此文是本人于2020年6月在光明区教育局组织的校长、书记交流会上的发言，收录时有删改。

（二）对校长、书记角色定位的认识

书记和校长分别是学校党政一把手。校长是领导核心，负责行政工作；书记是政治核心，负责党建工作。校长、书记对本校的教育教学质量和办学品质有着共同的责任。校长、书记要了解自己的工作职责，明确各自的角色定位。校长要做好校长的事，书记要做好书记的分内工作，相互尊重、相互支持、相互配合，实现到位不越位。

二、三个支持

基于以上两点认识，在学校的实际工作中，我积极支持书记发挥党建工作职能，做到"三个支持"。

（一）支持书记发挥党支部监督职能，形成民主议事氛围

校长和书记都要致力于在学校党政班子成员之间形成"重大问题集体讨论，一般问题及时通气，具体问题各自处理，思想问题及时交流"的和谐共事氛围。

在校长负责制的管理体制下，校长依法治校，实行民主管理。在学校重大决策上，比如制定学校制度、工程项目建设、政府采购、评优评先、职称评聘、绩效考核等，不是校长个人说了算，而是以党支部为政治核心，尊重书记的想法和意见，参与决策的人员人人发表意见，自觉接受党支部的监督，以保证学校各项工作决策能够得到有效落实。书记也应维护和支持校长行使职权，主动给校长出主意、想办法、当后盾。当校长外出或不在学校时，书记能从学校大局出发，主动挑起全面管理学校的责任，共同营造团结和谐的校园环境，形成民主决策的议事氛围。

（二）支持书记抓好师德师风建设，打造优质教师队伍

校长应大力支持书记抓好师德师风建设，落实《光明区进一步加强教师队伍

管理 提升师德师风水平实施方案》提出的师德师风建设党组织书记负责制。校长在教师队伍建设中，应支持书记开展师德考核、评选师德标兵、树立师德典型等一系列活动，通过党建带动教师作风转变，打造一支师德高尚、业务精湛的优质教师队伍。

（三）支持书记加强党建阵地建设，发挥党员先锋带头作用

校长应支持书记加强党建阵地建设，做好党员教师和全体教职员工的思想政治工作；积极参加党支部组织的思想政治学习，落实"三会一课"管理制度和主题党日活动，主动与书记一起策划、开展"党员争先创优"和"党员志愿者"活动，充分发挥党员教师的先锋带头作用。

深圳"双区驱动"和光明世界一流科学城建设，给我们光明教育人提出了新的挑战。我作为校长更应该支持书记将党建工作融入学校工作的方方面面，以党建引领学校高质量发展，不负光明群众对教育的期待和重托。

实践五　培育生命自觉　创建幸福学校[1]

我们认为，学校文化是学校发展的魂魄和原动力。我们要在变革与发展中不断积淀、创造新型的学校文化，以文化引领学校有内涵、高质量地发展。学校领导班子在深入调研和广泛征求教师意见的基础上，凝练出"培育生命自觉，养育幸福人生"的办学理念，提出了办"校园美、特色精、质量高"的幸福学校的办学目标。为了践行办学理念、实现办学目标，我们将"六个目标引领、六大思路建构、六大措施推进"概括为"三个六"的办学实施体系，作为我校实现文化立校的抓手和学校内涵式发展的源泉。

1　此文是2016年10月光明小学申报深圳市办学水平评估自评自诊报告，收录时有删改。

一、办学理念体系

我校的办学理念是"培育生命自觉，养育幸福人生"。

育人目标：做自觉创生的幸福教师，育主动发展的幸福少年。

校训：人人拥有自主生长的力量。

校风：让学校成为充满幸福阳光的家园。

教风：让课堂成为激发生命自觉的学园。

学风：让学习成为生命成长的内在需求。

二、六个目标引领

我们提出的"六个目标"指的是一个总目标、五个分目标。

我校的办学总目标是办"校园美、特色精、质量高"的幸福学校。"校园美"就是要实现校园精美雅致、充满和谐、充满活力；"特色精"指的是学校特色项目软式棒垒球、定向运动、版画、水墨画、舞蹈成为品牌，推动体艺特色学校的创建；"质量高"就是要做到教育教学质量、学生整体综合素质、名师数量等居于全市同类学校的前列，办学效益得到社会认可。

五个分目标具体是：（1）让课堂充满生命活力；（2）让班级充满成长气息；（3）让学生主动健康发展；（4）让教师拥有生命自觉；（5）让校园充满幸福阳光。

三、六大思路建构

我们提出的六大思路建构包括管理体制、教学工作、班级建设、学生发展、教师发展、学校文化等六个方面。

（一）管理体制——建构"四大机制"

学校优化管理体制，为师生发展营造"生命自觉"的空间，着力建构"四大机制"，即：（1）校长负责与民主参与的治校机制；（2）分工负责与协作推进的实施机制；（3）评价反馈与激励完善的发展机制；（4）常规保证与研究创新的动力机制。

（二）教学工作——实现"四个转化"

在"让课堂成为激发生命自觉的学园"的教学理念指导下，学校教学工作实现"四个转化"，即：（1）从传递知识与技能转化为提升学生综合素养；（2）从传授书本知识转化为开发学科育人价值；（3）从单纯研究学科内容转化为既研究学科内容，更研究学生；（4）从讲授式教学转化为开放高效的互动生成式教学。

（三）班级建设——围绕"四大活动"

学校要培养具有"生命自觉"和团队精神的班集体，把班级还给学生，让班级充满生命成长的气息。班级建设围绕"四大活动"，即：（1）班级小岗位建设；（2）班级主题性活动；（3）班级文化建设；（4）班主任队伍建设。

（四）学生发展——紧扣"四个抓手"

学校确定了"育主动发展的幸福少年"的育人目标，就是要培养学生主动发展、健康成长的意识和行为品质。学生工作紧扣"四个抓手"，即：（1）实施学生综合素养提升计划；（2）提升学生工作的育人价值；（3）综合融通主题教育活动；（4）落实"八好"课程目标，即在课程实施中培养学生的"好品格、好习惯、好体魄、好心态、好思维、好创意、好文章、好才艺"，促使学生主动发展，展现学生阳光、自信、健康的形象。

（五）教师发展——强化"四条路径"

学校培养教师做"自觉创生"的幸福教师，使其在成功体验中拥有较高的职业幸福指数。教师发展强化"四条路径"，即：（1）引领教师重建专业发展规划；（2）锤炼教师的"新基本功"；（3）扎根日常教研，开展专题研究；（4）培养"三好三会"教师，即教师应具有"好师德、好体魄、好才艺"，应做到"会学习、会研究、会创造"。学校要引领教师通过自主自觉的学习和研究来丰富、完善自我，彰显自觉、大气、智慧的形象。

（六）学校文化——呈现"四个特色"

学校文化聚焦"生命自觉"，强调师生的自主生长，呈现出"四个特色"，即：（1）管理文化。重心下移，自主发展。（2）教师文化。在学习中研究，在研究中工作。（3）学生面貌。蓬勃向上，阳光自信。（4）社区文化。家校联动，合作共生。学校发展为"校园美、特色精、质量高"的品牌学校。

四、六大措施推进

我们提出的六大思路建构，具体落实到六大措施推进。

（一）建构以"自主生长"为标志的管理体系

学校围绕"生命自觉"的办学理念，强化领导团队建设，优化管理，提高效能，激发了教师教书育人的积极性。

1. 领导团队建设。学校合理优化行政岗位，将行政管理系统由原来的七个部门整合为"四部一中心"，推行"赢在中层"策略，培养各层级责任人，形成自主发展机制。2016 年 5 月 30 日，学校承办了"新基础教育"全国共生体学校班队工作现场研讨会，何维泉副校长在研讨会中做了《班主任专业成长培养路径的实践研究》的专题报告，受到与会专家和同行的一致好评。

2. 年级教研组建设。学校管理重心下移到年级组和教研组层面。中层干部直接参与到年级组、教研组决策和策划活动中。年级组有自主策划的权利，教研组有常态教研的主动权。两年来，"新基础教育"专家来校调研和校本研修等研讨活动都由学科第一责任人去组织，也逐步培养了教师参与学习研究的自觉性。

3. 制度机制建设。 学校系统梳理、完善制度体系，优化评价机制，比如：2015 年 1 月，学校通过教职工代表大会民主决策，修订了绩效分配方案、考勤制度等。学校工作运作有章可循、有法可依，各项工作井然有序。

4. 智慧校园建设。 2015 年 12 月，学校荣获深圳市"智慧校园"示范学校的荣誉称号。在"互联网 +"的时代背景下，学校作为深圳市"智慧校园"示范学校，充分运用信息化技术资源，从高效管理、资源整合、信息共享、教师减负、学生创新、家校沟通等方面多管齐下，开创"互联网 + 教育"新模式，进而变革校务管理、教务应用、德育管理以及社会服务等方面的方式方法，助力学校长远发展。

（二）建构以"激发自觉"为标志的教学体系

学校在"让课堂成为激发生命自觉的学园"的教学理念指导下，立足课型研究，扎实推进日常教研，使课堂教学更关注学生立场、更加开放，规范学生的学习习惯，不断提升课堂教学效率。

1. 提高教育教学质量。 学校认真落实《光明小学学生课堂学习规范》和《光明小学提升学生综合素养方案》，做好常态管理，落实新区常规管理制度要求。学校建立教学质量"科任教师—年级教研组—课程教学部"三级监控系统，实行"三检查"（课堂、作业、备课）、"四课型"（随堂课、亮相课、研究课、风采课）制度。精细化的常规教学管理促进了教学质量的稳步提升。

2. 开发学科育人价值。 学校积极构建平等、开放、互动、交往、对话式的课堂，帮助学生开启自觉之门，让学习成为生命成长的内在需求。各学科教研组开展符合我校学生成长需求的课型研究，比如语文"单元类结构整体教学""归类识字教学"、英语"语篇教学"、数学"数运算"等。随着各学科新课型的不断开发，学生的课堂生活也焕然一新。

3. 激发课堂生命自觉。 好课堂能够激发生命自觉。因此，学校在课程设置上，开设多元课程，提供丰富的学习资源，为培养学生生命自觉提供广阔的发展空间；在课堂关系上，构建平等、和谐、合作、互动的课堂关系；在课堂评价上，以肯定、激励、赏识、多元为主；在教学内容上，为学生提供更多的能够与生活世界沟通的内容，激发学生的学习兴趣，培养学生良好的学习习惯；在教学方法上，运用开放、平等、互动、交往、对话式的教育教学方法；在课堂实施上，以"学生立场"落实课堂教学的"三实"（扎实、充实、真实）要求；在课堂目标上，力争做到有序、有趣、有长。学校从以上七个方面，让课堂成为激发学生生命自觉的学园。

4. 积极落实校本课程规划。校本课程强化特色发展和普及提高。学校将"书法""葫芦丝""游泳""英语外教国际理解课程"等9门课程作为学生的必修课；将足球、篮球、田径、柔道、网球、管乐、合唱、舞蹈、校园电视台、象棋等43个学校社团和11个年级社团，纳入学生选修课，全体学生参与到学校社团活动中。只要学生有发展需求，学校就会想方设法搭建平台，促进学生主动健康发展。

（三）建构以"生命成长"为标志的班级建设体系

学校围绕"自己的事情自己做，自己的班级自己管，自己的活动自己搞，自己的阵地自己建"的"四自"要求，引导学生开展形式多样的班级活动。

1. 班级小岗位建设。学校引导学生以小主人的姿态参与班级管理，让学生自主申报岗位责任人，自主设计岗位职责，确立合理的岗位目标，不断在岗位建设中得到锻炼。

2. 班级活动建设。学校让学生成为班级活动的主人，要求师生共同策划班级主题活动，如"我型我秀""微笑之星"等丰富的活动，给学生的班级生活搭建了多彩的舞台。

3. 班级文化建设。我们还把布置班级的权利还给学生，让学生成为班级生活的主人。学生开始尝试设计班级标志、班级印章、班歌等。班级文化建设为学生的自主创造提供了很好的阵地。

4. 班主任队伍建设。为了保障学生生命成长的教育实践活动，我校重点通过"建立培养机制、策划主题活动、名师跟进指导"等措施，打造了一支善于研究学生、研究实践、研究自我的班主任队伍。

（四）建构以"主动发展"为标志的学生发展体系

学校以养成教育为基础，以提升学生综合素养为抓手，以"八好学生"为具体培养目标，促进学生主动健康发展。

1. 重抓学生综合素质的提升。学校在丰富的课程实施基础上，通过系列主题活动提升学生的综合素养。比如：开学典礼，三月份的爱心教育月活动，年级、班级主题活动，新生入队仪式，毕业季……这些活动既丰富了学生的校园生活，又体现了活动育人的价值，逐渐使光明小学的孩子们形成阳光、自信、健康的特质。学校高度重视少先队组织的阵地建设，充分挖掘少先队活动的育人价值。在少先队工作方面，学校着力打造"三个一"工程，即：创立一项有学校特色的少先队工作机制，谱写一曲充满爱心教育的新篇章，开展一系列提升育人价值的少先队主题活动。2015年12月，学校又高标准地通过了"广东省红领巾示范校复评"，省评委组在总结会上评价光明小学在少先队工作上取得了突出成绩，主要表现在"四个突出"，即：（1）示范作用突出，新老辅导员传帮带有成效；（2）研究创新突出，爱心教育特色等取得丰硕成果；（3）常规到位突出，学校做到了良好保障；（4）少先队队员成长突出，学校为队员们搭建了良好的成长舞台。2016年9月9日，学校鼓号队参加深圳市教育系统表彰大会的节目表演，展示了鹏城少年开拓创新、蓬勃向上的风采，得到了大会组织方、与会领导、老师们的高度赞扬。

2. 抓好学生的行为习惯养成教育。学校建立值日行政人员、值日教师、非教学时段管理员和值日学生四层管理机制，从行为规范教育培养学生良好的习惯，从而全面提高学生的素质；通过开展行为模范班和学风优秀班周评，开设"礼仪教育"课程，期末开展"先进班""优秀中队""特色中队"等评比活动，促进良好班风、学风、校风的形成。

3. 尝试学科联动开展活动。学校结合节日和特色项目，综合融通学校主题活动。我们开始尝试综合融通开展"跳绳节"活动。体育教研组组织跳绳比赛；数学教研组利用数学课教会学生测试绳长与身高的比例，帮助学生选好绳子；美术教研组教学生画七彩绳，利用废旧绳子做手工作品；信息教师组织学生设计星级跳绳队员标志；语文教研组指导学生写活动体验心得。学生在丰富的主题活动中经历不同的体验，收获不同的成长。

4. 校本课程实现"八好"目标。学校提出了"好品格、好习惯、好体魄、好心态、好思维、好创意、好文章、好才艺"的"八好"课程目标。为此，学校开发了丰富的校本课程，比如：学校在全校普及书法课程，在二、三、四年级普及版画课程，在五、六年级普及水墨画课程，在三、四年级普及葫芦丝课程，为培养学生兴趣特长、陶冶学生情操提供了很好的舞台。

5. 让每个孩子都捧奖回家。 学校提出"让每个孩子都捧奖回家"的激励理念，逐步完善学生评价机制，激励学生身心健康发展；通过制定《学生综合评价手册》《光小之星评选方案》，每学期通过自评、生生评价、师生评价，评选出模范之星、艺术之星等 11 类在学习、礼仪、体育、艺术等方面表现突出的学生。获表彰的学生占全校学生总数的 70% 以上。学校通过评选引导学生积极向上，激发不同层次、不同类型学生的积极性，让学生享受到成长的喜悦和成功的自信，促进和激励学生身心健康发展。

（五）建构以"自觉创生"为标志的教师发展体系

学校在培育"自觉创生"的幸福教师的理念指引下，积极开展聚焦课堂的常态研究，在高频次、常态化的研究中催生教师自觉发展的动力，做到学习培训日常化、教学研究日常化、梯队建设日常化，实现骨干教师的梯队发展。

1. 学习培训日常化。 两年来，我们先后聆听过华东师范大学 6 位专家（叶澜、李政涛、吴亚萍、卜玉华、李家成、徐冬青）共计 13 轮到校指导，邀请了 2 位常州市的特级教师、退休名校长（邵兰芳、王冬娟）到我校指导，邀请全国著名数学特级教师"吴正宪工作室"专家团队开展为期一年的对新教师的培训。到目前为止，教师听取专题报告 12 场，共计 800 多人次；学校分别派出 5 批 60 多人次到常州市局前街小学、常州市第二实验小学等跟岗学习。

2. 教学研究日常化。 学校每月分别组织开展一次学科教研组长、备课组长、试验教师等校本培训，规定每周固定 3 节课的各教研组教研时间。我们努力尝试将"新基础教育"的基本理念、策略和方法渗透到日常教学中，在教研活动中促使老师去理解、去实践。经过两年的坚持，学校通过大教研与小教研相结合的教研模式，开展年级、校级、区级的三级联动研究，立足课型，使各学科逐渐找到了研究的抓手，初步形成了有层次、有结构的学科研究的突破口。

3. 梯队建设日常化。 我们采取"领导垂范，骨干先行，三级联动，团队研讨"的策略，精心挑选学科第一责任人和第一梯队的试验教师。领导垂范，骨干先行。周烨、董波、林水等领导都亲自上研究课，起到了很好的表率作用。我们注重发挥骨干教师的引领作用，付娟、甘玉兰、庄锦君、李素宁、林小燕等骨干教师能将真正优质的教学形态呈现出来，带动新教师快速成长，比如语文科组的朱颖蓉老师，数学科组的谭惠君、谢泽暖老师，英语科组的李子秋、那梦歌老师等。学校骨干教师现已形成梯队发展的良好态势，第一梯队骨干教师 11 人，第二、三梯队骨干教师培养对象分别有 12、15 人。例如：新区数学骨干教师甘玉兰的中期评估研究课得到了吴亚萍教授的高度评价，取得了五所共生体学校中期评估研究课最优的成绩。新区班队学科带头人林小燕老师两年来连续上专家视导的研究课 11 节。2016 年 5 月，在光明小学承办的全国共生体班队研讨会上，林小燕老师执教的"邀你一起过'六一'"，得到与会专家和同行的高度评价。2016 年暑假，林小燕老师还应邀到上海市骨干班主任培训班和第五届广东省中小学班主任工作论坛上做专题发言。

教师专业发展实现"三好三会"目标。学校通过组织校本研修和自主自觉的学习研究，丰富、完善教师的自我发展，培养"好师德、好体魄、好才艺、会学习、会研究、会创造"的教师队伍。从"近三年教师获奖统计表"中，我们可以看到教师的专业素养逐步提升。（见表 13）

表 13　近三年教师获奖统计表

项目	国家级			省级			市级			区级		
	一	二	三	一	二	三	一	二	三	一	二	三
论文获奖		3	2		3	8				5	8	10
论文发表		22			18			27			42	
教师教学技能比赛	8					2	3	4	1	19	22	21
教师指导学生获奖	17	2	7	6	9	18	104	120	220	74	90	100

（六）建构以"生命自觉"为标志的学校文化体系

学校以"生命自觉"为魂魄的文化建设，体现了以学生发展为中心，将办学理念转化为师生的共同追求，将"生命自觉"融入师生在校新生活，使校园处处呈现出生命成长的气息。

1. 校园环境文化浓郁。学校使显性文化植入"生命自觉"理念，加以整合制作文化标识，如三风一训、校徽、校歌、宣传标语等，使"生命自觉"形象化、符号化。在校园环境建设上，学校以 20 年的"爱心榕"蓬勃生长为轴心，完善校园环境和绿化建设，以师生自主策划为基础，完善班级文化墙建设，形成班级特色文化；完善学校书香校园硬件建设，建设了 1 所师生图书馆和 2 个开放式书吧、班级图书角，让校园处处呈现书香气息。

2. 制度文化激励向上。学校体现以人为本精神，创设了凝心聚力、积极向上的制度文化。2015 年 1 月，学校成功召开新一届教职工代表大会，通过教职工代表大会民主决策，修订《绩效分配方案》《考勤制度》，增加《奖教奖学方案》《教职工慰问办法》等。学校每学期评选星级学生和星级教师，以制度建设激发教师的内驱力，促进学校可持续发展。

3. 特色文化初创品牌。学校特色项目的开展做到了普及与提高相结合、课程落实与社团训练相结合，突出了四个抓手，即：（1）思想上导向。学校明确了以优势特色项目带动特色学校建设，实现特色兴校的发展思路。（2）资源上优先。学校配足配强综合学科（体育、美术、音乐、科学、信息技术等）的专任教师，不断开发特色项目。（3）制度上保证。学校做到专课专用，保证阳光体育、学校专业队训练和社团活动的时间。（4）特色项目上落实。软式棒垒球、定向越野、跳绳、版画等特色项目初具品牌。比如：学校棒垒球队于 2014 年、2015 年两次参加全国比赛获得亚军，在市级比赛连续三年获冠军，于 2016 年 8 月参加全国软式棒垒球锦标赛，以八战八连胜的成绩荣获冠军。学校定向运动队于 2016 年 9 月参加广东省定向运动联赛，取得了团体总分第一名的成绩，于 2016 年 5 月参加深圳市中小学生定向越野比赛，取得团体总分第一名的成绩。跳绳项目获全国跳绳比赛前 5 名的有 6 人。2015 年，在鹏城中小学校园春节文艺晚会表演中荣获金奖和最佳组织奖。学校的经典舞蹈节目《童年是首快乐的歌》在中央电视台少儿频道播出。

4. 培育生命自觉的精神文化。学校将精神文化聚焦于"生命自觉"，强调师生的自主生长。"人人拥有生命自觉，个个体验幸福人生"成为学校精神文化建设的内在元素，同时也构成学校的文化使命。我校凝练的"培育生命自觉，养育幸福人生"办学理念，以及办学目标和"三风一训"，得到全体师生一致认同。学校逐步积淀精神文化内涵，努力创办"校园美、特色精、质量高"的幸福学校。

五、学校办学成绩

这几年，学校教育教学也取得了丰硕的成果。

（一）集体荣誉

2014 年，被授予"全国软式棒垒球实验学校""光明新区体育特色项目学校"荣誉称号。

2015 年 4 月，获评 2014 年度深圳市学校健康教育与促进工作先进单位。

2015 年 5 月，被评为 2014—2015 年度广东省五星红旗团支部。

2015 年 6 月，获评深圳市体育传统项目学校（游泳）。

2015 年 12 月，获评深圳市"智慧校园"示范学校。

2015 年 12 月，被评为深圳市"校园安全管理"标准化达标学校。

2015 年 12 月，通过广东省红领巾示范校复评，得到专家们"四个示范与引领"的高度评价。

2016 年 3 月，被评为深圳市"教师队伍建设年"工作先进单位。

2016 年 9 月，被评为深圳市教育工作先进单位。

（二）集体成绩

2014 年 7 月，参加国家体育总局组织的 2014 年全国软式棒垒球锦标赛，荣获实验基地小学 B 组第一名。

2015 年，参加深圳市儿童少年软式棒垒球锦标赛，获冠军。

2015 年，在鹏城中小学校园春节文艺晚会表演中荣获金奖和最佳组织奖，学校的经典舞蹈节目《童年是首快乐的歌》在中央电视台少儿频道播出。

2016 年 5 月，参加全国青少年棒球联赛，荣获冠军。

2016 年 8 月，参加全国软式棒垒球锦标赛，以八战八连胜的成绩荣获冠军。

2016 年 9 月，参加广东省定向运动联赛，取得了团体总分第一名的好成绩。

2016 年，参加深圳市中小学生定向越野比赛，取得团体总分第一名的好成绩。

2016 年，参加广东省象棋联赛，取得了团体"五年级组第一名、三年级组第二名、四年级组第三名"的好成绩。

（三）办学业绩

光明小学在光明新区生态教育理念的指导下，积极开展幸福学校建设，全面实施素质教育，努力提高教育质量。经过历任校长和全体师生的共同努力，学校教育教学取得了一定的成绩，受到社会各界的认可。学校先后被评为"广东省一级学校"、深圳市"义务教育规范化学校"、"广东省红领巾示范学校"，两次荣获深圳市办学效益奖。2015 年 12 月，学校通过广东省红领巾示范校复评，得到省评估组"四个突出"的高度评价，评估组负责人在总结会上说："一所学校办学质量的好坏，看孩子的脸就知道。我很喜欢这所学校！"2015 年 12 月，学校荣获深圳市"智慧校园"示范学校荣誉称号。

第三节　教育改革

实践一　爱华小学的课改探索 [1]

新课程改革如春风细雨般滋润校园，给学校教育教学改革带来新机遇、新活力、新挑战。面对课程改革，我校教师倾注全力，在思索中实践，在实践中前行。在课改阳光的沐浴下，教师着实地品尝到了课改带来的甜头，学校也提升了办学内涵，开始了跨越式发展。

在短短的四年间，在各级领导的重视支持下，爱华小学全体师生在课改的路上向前奔跑，使一所普通村办小学迅速发展成为一所充满活力、特色鲜明、具有一定影响力的学校。

近三年间，学校获得广东省中小学校本研修示范学校、广东省体育特色学校、深圳市绿色学校、深圳市广播体操标兵学校、深圳市安全文明小区标兵单位、深圳市基层党建先进单位、光明新区先进学校等荣誉称号。师生参加各类竞赛获集体奖 56 项，师生个人获国家级 332 人次、省级奖项 30 人次、市级奖项 164 人次、区级奖项 118 人次、街道级奖项 748 人次，合计 1392 人次。

通过课程改革，爱华小学走出了一条独特的成功之路。

一、让每个孩子都捧奖回家——确立新办学目标，全面进行改革

新课改关注学生的全面发展，以教师发展促进学生发展。2004 年 9 月，我在接任爱华小学校长第三天，在全体教职工大会上宣布了爱华小学的办学思路——夯实基础、不断创新、追求卓越。随后，学校又确定了"让孩子从这里得

1　此文是本人于2009年9月在光明新区教育主管部门召开课程改革交流会上的发言，收录时有删改。

到发展,让教师从这里走向成功"的"双主体"成功教育办学理念。这一办学理念充分体现了新课程"以人为本"的精神。这一办学思想在爱华小学各项工作中都得到充分贯彻。我提出的"全面发展、突出特长、道德高尚"的学校培养目标是别具特色的。我认为,对学生的培养,不单是对智育的培养,更重要的是要让学生尽最大可能全面发展、充分发展,并在全面发展的基础上突出特长培养。培养道德高尚的人是学校教育的前提。学校提出"让每个孩子都捧奖回家"的理念,鼓励学生全面发展、特色发展,使每个学生在不同程度上都获得进步。先进的办学思想为爱华小学的发展指明了方向。

我以《关于爱华小学面向 21 世纪教育改革与发展的初步设想》为题做了主题报告,提出学校办学目标——夯实基础,创办优质学校。学校全面实施素质教育工程,并具体落实七项子工程,即:学校发展规划工程、校园环境建设工程、教师队伍培养工程、优良校风打造工程、教学质量提升工程、多元化教育评价工程、全面全员育人工程。学校建立了各项管理制度,开始了全方位的学校管理工作的改革,包括教研制度改革、奖励制度改革、质量监控制度改革等。这些改革为爱华小学的腾飞奠定了基础。

二、走在课改的前列,做出大胆创举——拆掉讲台

现在人们走进爱华小学的教室,就会发现这里的教室没有讲台,而这正是爱华小学的一个创新。

学校要求教师从转变自己的角色做起,从"师道尊严"的讲台上走下来,走到学生中,蹲下身子,做善于倾听、乐于沟通、敢于互动的"学生的学习伙伴"。我经过反复思考,广泛征求教师意见,大胆地尝试拆掉教室的讲台。这一举动经《宝安日报》报道后引起强烈的社会反响。教室里没有了讲台,深受全校师生欢迎。教师觉得教室里没有讲台,就没有了师生之间的距离,能够感受到师生间的平等关系。学生觉得教室里没有讲台后老师显得更亲切、更温柔,觉得老师就像我们的好伙伴。正如一位姓骆的同学所说:"教师一站上讲台,就会给学生一种独霸讲台的感觉。这无疑对学生的自主学习形成影响。拆掉讲台后,师生同在一方空间,同处于一个平面,课堂成了学生成长的大舞台。真好!"

兄弟学校的领导、老师凡是来我校观摩指导，都会对没有讲台的教室由衷地赞誉。2007年10月，广东省佛山市南海区桂城街道80多名教师前来学校参观学习，一位教师见到我校没有讲台的教室，连声说："好！好！这使学生的上课活动空间扩大了，教师也更能贴近学生。这是一种先进的办学思想。"

三、让教师成长起来，培养名师——以教师专业发展为前提

学校的发展就是教师和学生的发展，而只有教师的发展，才能促进学生的发展。为让教师走上成长快车道，我校采用五种培养方式，即：（1）引"学"法。鼓励教师自学成才。（2）请"入"法。外请专家（全国著名特级教师黄爱华、孙建锋以及市、区教研员到学校做专题讲座、与教师面对面交流，现场解剖教学中的问题。（3）走"出"法。实行"三个一"作业制度，即教师外出学习回来后做一场报告、写一篇体会、上一节汇报课。近年来，学校分别派出100多人次到全国各地参加教学观摩活动。（4）融"训"法。实施"校外校本融合一体培训"，把学校当成教师继续教育、专业发展的阵地，努力打造优秀教师队伍。（5）促"赛"法。把"六优竞赛"（指优秀教学设计或教案、优质课、优秀论文、优秀课件、优秀教育案例、优秀教学后记）制度化，通过竞赛促进教师成长。

学校树立"科研兴校"的思想，通过课题带动校本研修，提高教师的课题研究能力，促进教师专业发展。我们抓住课题研究的核心，创建"求实、求活、求效"校本研修操作模式，把课题实验与校本研修融为一体。语文科组结合新课程标准，开展了"小学开放习作教学研究""师生互动式作文评改教学研究""行走日记作文教学模式探究"，数学科组开展了"关注学困生学习研究"，英语科组开展了"如何培养学生预习英语习惯"的研究，班主任开展了"成功教育个案研究"。学校创建一种将"教学与课题"融为一体的捆绑式研修活动，使教师真正成为教学的主人、学习的主人、研究的主人。

四、落实课程改革的主战场——以课堂改革为重点，提高课堂效率

课堂教学改革是落实新课程理念、进行素质教育的主渠道，是学校教育中激发学生的学习兴趣、培养学生的学习能力的最重要途径。因此，课堂教学改革成了爱华小学改革的重点。

我们通过深入课堂听课诊断，发现课堂教学存在几个问题，即：（1）课堂教学活动形式化——内容简单；（2）课堂教学活动随意化——不求质量；（3）课堂教学方法陈旧——缺乏创新教学意识与手段。为此，学校提出"打造活力、有效课堂，提高教学质量"的口号。首先，确定了打造活力、有效课堂的"六字"思路，即"备实、教活、朴实"。具体操作如下：（1）抓"备实"——过好备课关；（2）抓"教活"——过好课堂关；（3）抓"朴实"——过好去繁关。"朴实"课堂不搞花架子，不搞形式主义。其次，学校制定教学常规管理制度、课堂教学评价制度。再次，开展了以课例为载体的"开放课堂，相约课堂，有效课堂"系列研究活动，立足课堂，开展集体备课、研课、说课、上课、观看、评课、反思，采用"平行班教师同上一课书"和"同一教师一课两备两反思"的连环跟进方式，着力打造活力有效课堂。最后，我们进行了新课堂理念下课堂教学流程探索，将课堂教学分三阶段——课前自主学习、课堂自主探究、课后总结反思，使学生的头脑不再是装满知识的容器，而是被点燃的火把，时时焕发出智慧的火焰。一位家长来信说："现在小孩自主学习能力越来越强，小孩更聪明了，这就是课程改革带来的好处。"

五、强化课程改革重点，以课程改革为核心——开设选修课、拓展课

课程在学校教育中居于核心地位，课程改革是教育教学改革的前提、核心。没有课程改革，教育改革将成为空谈。

爱华小学课程改革的指导思想是：全面推进素质教育，为学生全面发展、特长培养创造条件。我们不折不扣地实施基础教育课程，增设校本拓展课程，活用

学科教材。

近三年，爱华小学一直坚持开展新课程理念下的课程改革，素质教育取得了丰硕成果。2007年，在深圳市第七届运动会上，我校田径、举重项目获得七金、七银、一铜及举重项目团体总分第一名的好成绩。在光明新区首届中小学运动会上，我校田径项目又获得了五金、二银、一铜的好成绩。2007年9月26日，《深圳教育报》在第二版以《"行走日记"让学生不再厌烦写作文》为题对我校《生活作文——行走日记》做了介绍。2007年5月23日，《深圳青少年报》专版报道我校"我假期，作业我做主"的做法。近两年，学生在市级以上报刊发表文章达43篇，获奖数达150多人次；2006年，我校学生参加全国第六届小学生放胆作文比赛，有5人获奖，其中一等奖1人、二等奖4人；参加第九届"语文报杯"全国小学生作文比赛，有4人获奖，其中一等奖1人，二等奖3人；参加深圳市第三届童话节"童话故事"创作大赛，获四金、五银、七铜；参加"创作画"比赛，获六金、四银、二铜。2005年，我校王贵升同学获得宝安区现场作文大赛一等奖，参加深圳市现场作文大赛获二等奖。

一番红艳三春得，几多丰收汗水浇。爱华小学在课改激情高扬中继续探索前行。我校教师将进一步沉下心来教书，潜下心来育人，把学生培养成全面发展的合格人才。

实践二　怎样开展课堂教学改革
——以光明小学语文"1+N+1"
读写一体化教学研究为例 [1]

当前我国基础教育要全面落实习近平总书记的重要讲话精神，坚持以立德树人为根本任务，培养中国特色社会主义的合格建设者和可靠接班人。全面提升学生综合素养，是新时代深化教育改革的主要任务，而这项任务就落实在各学科教学的育人价值上。因此，深入推进课堂教学改革、挖掘学科教学的育人价值、全

1　此文是本人于2019年11月在广东省韶关市同行来光明小学观摩学习的发言，收录时有删改。

面提升学生的学科素养，成为落实基础教育根本任务的关键所在。

那么，如何深入开展各学科的课堂教学改革研究呢？

下面，我以光明小学语文"1+N+1"读写一体化的教学研究为例，向大家介绍我们是怎样开展课堂教学改革研究的。

一、课堂教学研究要有"融通"与"聚焦"

光明小学语文教研组经过几年的研究实践，一直以提高学生的语文学科素养为核心任务，狠抓新常规建设，通过立足于日常教学的集体备课、上研究课、评课研讨、反思重建、撰写文章等"五位一体"教研，扎实开展课型研究。"归类识字""古诗文教学""单元整体教学""群文阅读""课外阅读指导课"等专题研究，都是围绕怎样提高课堂教学质量与学生的语文学科素养而展开的。但我们遇到的困惑是：研究还是缺少一个"融通"与"聚焦"的抓手。为此，我们聚焦读写，指向语文学科素养，提出了语文"1+N+1"读写一体化的教学研究，并以此为抓手，开展新课型研究，并促进课堂教学改革的创新与创生。

抓好阅读和写作，是提高学生语文学科素养的关键所在。读写一体化可以增量提质，有效提高学生的阅读速度和阅读理解力，发展学生的语言表达能力和思维能力。"1+N+1"读写一体化教学研究的育人价值就在于立足于日常教学实践，全面提高阅读教学和写作教学的质量，提升学生的语文学科素养。

二、什么是"1+N+1"读写一体化

语文"1+N+1"读写一体化教学研究，旨在研究"1+N+1"教学结构，推动阅读和写作一体化教学，提高阅读和写作教学质量。简言之，就是在课堂教学中，以1篇精读课文教学，带N篇类课文阅读或综合性学习实践，拓展1篇习作教学。

具体指的是：精读课文是"1+2"，即教1篇精读课文，带2篇课外阅读文本；略读课文是"1+N"，即教1篇（或多篇）略读课文，带多篇课外阅读文本；阅读教学是"1+N"，即拓展 N 个阅读或综合性学习，再"+1"，指加上写作教学。

三、探索"1+N+1"读写一体化的新课型

学校语文学科教研组立足日常教学实践和校本研修的教研活动，开展了一系列阅读教学与写作教学相结合的课堂教学研究，使阅读教学指向表达与写法、习作教学基于阅读展开，围绕"1+N+1"读写一体化教学研究，立足系统化研究，体现层次性，增强关联性，开发新课型。

2018 年，经过多年的研究与实践，语文"1+N+1"读写一体化的新课型基本创建成型。从下面几个课例中，我们可以看出"1+N+1"新课型的教学结构。

（一）课例一

三年级教研组的两位老师分别执教"《太阳》群文阅读课"和"说明性文章写作指导课"。这两节课组成一个相对完整的"1+N+1"读写一体化课型，采用"教结构，用结构"的长程两段式设计。第一节课"教结构"，帮助学生巩固总分句群知识；第二节课"用结构"，提高学生的写作能力。

这两节课都体现了融通。做加法容易，但融通是最难的。这两节课有创新有创生，特别是后面这个"1"。"1+N"这个混搭不新鲜，但加上了后面的"1"后，课型就有意思了，非常具有创生价值。在"1+N+1"的结构中，前面的"1"是以阅读课本的文章为突破口，是一个抓手，也是一个载体；中间的"N"是拓展迁移其他阅读文章；后面的"1"是综合提升，将上一节课阅读教学习得的写作方法应用于习作教学中。将从前面的"1"和"N"中习得的收获最终运用到后面的一个"1"里面，层层推进，结构清晰。

（二）课例二

四年级教研组的两位老师执教两节"《爬山虎的脚》'1+N+1'读写一体化课型"。第一节课引导学生阅读《爬山虎的脚》《牵牛花》《种一片太阳花》等文本，

感悟作者的观察方法；第二节课则带着学生观察与写作，使学生将所学的观察方法和表达方法应用到习作中。

这两节课以观察为抓手，以单元为载体，使教学中的观察与写作一体化、文本与生活一体化、方法与要求一体化等。这些一体化有抓手，有载体，研究更深入，呈现了课型研究上的新进展。

（三）课例三

五年级教研组的两位老师上"'1+N+1'读写一体化课型研讨课"。第一节课与学生一起品析《慈母情深》《爸爸的花儿落了》《秋天的怀念》三篇文章，总结人物描写的方法；第二节课另辟蹊径，带着学生观看公益短片《努力一点点》，引导学生描写短片中母亲的"细微之处"，表达对母亲的爱。

（四）课例四

六年级教研组的两位老师也上"'1+N+1'读写一体化课型研讨课"。第一节课阅读教学《跑进家来的松鼠》，拓展《我与小鹦鹉》《冬蝈蝈》两篇文章，重在提高学生的阅读能力；第二节课则引入电影《忠犬八公的故事》，引导学生描写电影片段中小八对主人的忠诚。

备课组教师通过立足日常，在课堂教学中开展"1+N+1"读写一体化的课型研究。新课型更显结构感，更有推进感。教学目标整合了语文教学的内容与形式，将阅读和习作放在"1+N+1"读写一体化这一课型语境下，体现了教结构和用结构、教方法和用方法，教出了新的思路和新的收获。

（五）课例五

光明小学语文团队将部编版教材与"1+N+1"读写一体化课型融通，深入打造特色品牌。2019年9月19日的专家视导课分别由四年级教研组的陈颖祺老师和罗炳尧老师执教。陈颖祺老师执教"《蝴蝶的家》阅读课"，聚焦阅读策略，生成意识、结构意识明显；罗炳尧老师执教《小小"动物园"》作文课，关联"提问"策略，引导学生在习作中利用"提问"进行写作。两节课充分实现了阅读与写作结构关联的教学，提高了学生的阅读和写作能力，得到与会专家、兄弟学校教师的一致赞赏。

四、如何深入开展"1+N+1"读写一体化研究

在"1+N+1"读写一体化新课型逐渐成熟的基础上，语文教研组进一步思考如何在日常教学中深入开展"1+N+1"读写一体化教学研究，不断挖掘新教材的育人价值，提升学生的语文学科素养。

（一）研究新教材，整体架构"1+N+1"读写一体化课型

各年级备课组细致地梳理课型的育人价值、教学目标、教学过程的展开逻辑、教学方法、典型案例课例以及评价标准，对新教材按照不同文体、不同主题、不同方法、不同价值观进行分类，形成序列化的构建，从而实施重组教材的教学改革。（见表14）

表14 语文教研组梳理教材分析表

序号	文体分类	课文内容	课时	教学目标重难点	教学内容	教学方法建议	教学实施过程	学科活动设计	育人价值

（二）拓宽研究领域，挖掘学科教学的育人价值

语文教研组结合新教材及学生发展实际，从九个方面拓宽研究领域，依据具体教学内容，研究相对应的内容、方法、手段等。各年级备课组在立足于日常的教研实践中不断开发、充实、丰富语文"1+N+1"读写一体化的教学内涵和育人价值。（见表15）

表 15　挖掘学科教学的育人价值具体安排

序号	研究领域	研究内容与方法手段
1	年级学生特征分析	为"1+N+1"课堂教学分年段作要求
2	学生知识与能力发展水平	为"1+N+1"课堂教学分年段作要求
3	课标要求	包括课标要点、学生特点、教材重点
4	课程目标	包括倾听交流、识字写字、理解感悟、积累运用、拓展阅读、写作实践
5	课本内教学内容（"1+N+1"中的"1"）	对单元进行整体设计，以文体为主，结合主题与作者，进行分类重组。以一个单元为例，从备课至上课应包含如下内容：单元目标、教学篇目内容、教学目标、重难点、教学方法与教学建议、"1+N+1"课堂教学基本流程、育人价值
6	课外拓展教学内容（"1+N+1"中的"N+1"）	根据不同年段，选择拓展阅读及写作内容；根据文章体裁（写人、记事、写景、状物、抒情、说理文等），选择拓展阅读及写作内容；根据主题和作者，选择拓展阅读和写作材料，比如学习写景的课文，拓展阅读有关秋天的文章，写赞美秋天的习作
7	学科实践活动	常规积累、海量阅读、主题活动
8	课堂教学评价	专题评价，如书写、讲故事、朗读等能力测试，口语交际水平测试；专项检测，如拼音过关检测，生字词、成语、阅读专项检测；综合评价，如期末检测
9	典型案例、课例	专家指导研究课例、专家评课纪要、名师教研案例等

（三）年级备课组领衔教研，形成"1+N+1"研究新范式

为了全面推进"1+N+1"读写一体化教学研究，让每一位老师都参与，让每一个语文课堂都扎扎实实地开展"1+N+1"读写教学，提高课堂教学实效，我们在各年级备课组实施了领衔教研制度。

以四年级备课组为例，2019 年 9 月，四年级备课组首轮领衔教研，老师们团结协作，认真学习研究，克服了从三年级刚升入四年级的学生重新分班和将人教版老教材转变为部编版新教材等双重困难，按照"集体备课—教师上课—评课交流—反思重建—撰写文章"的光明小学"五位一体"校本研修范式层层推进，有创新，有实效。（见表 16）

表16　四年级各科组领衔科研安排

时间线		节点事
第一周	周一上午	备课组召开集体备课教材分析会议,整理第二单元"提问"的阅读策略教学的教材解读
	周二下午第一节	董波主任在四（2）班上单元导读研讨课,各班按教研备课进度推进第二单元上课进度
	周五上午	备课组讨论初建教学设计
第二周	周一	备课组第二次讨论初建教学设计
	周二上午第一二节	陈颖祺、罗炳尧老师试上磨课,邵兰芳校长指导,备课组整理评课纪要、讨论修改教案
	周三	陈颖祺、罗炳尧老师试上磨课,备课组开展小教研活动,修改教案、课件
	周四下午	陈颖祺、罗炳尧老师上视导课,开展"新基础教育"专家视导评课研讨活动
第三周	周二上午第一节	欧恋佳老师上重建研讨课
	本周	撰写教学实录、教学反思,整理专家评课纪要,重建教学设计,上交研究资料
第四周	周一上午第二节	王鑫老师上重建研讨课
	周一下午第一节	领衔教研活动小结,资料存档

　　四年级备课组的老师们在领衔教研过程中打磨的两节课,在"新基础教育"专家视导研讨活动中深受好评。(见表17)

表17　老师评价表

老师	评价
张琛四（1）	在此次"新基础教育"研讨课中,我领略到了颖祺和炳尧两位老师充分体现育人价值的精彩教学,看到了我们四年级组在董波主任带领下展现出的探索精神以及团队精神,得到了相互学习的机会。李重博士在评课时提出的如何处理从读到写的转化问题、习作的提升点和困难点的问题,都值得我们在后续的重建上思考改进。形成开放、融入生活的语文课是李重博士的期待,也是我将来努力的目标

老师	评价
詹春燕 四（2）	受过去陈旧的教学观念和模式的影响，来光明小学这半年时间里，我并没有积极主动去了解和学习"新基础教育"。在这一次的教研中，董主任帮我们详细解读单元主题目标，并亲自上了单元导读课，为我们指明了方向。一轮"新基础教育"研讨课下来，我们有专家引领，有同伴互助，辛苦与幸福同行。身处其中，我也更清晰地看到了自己的不足。接下来，我要多向许静老师学习经验，向年轻教师学习新的理念
欧恋佳 四（3）	我在第一次接触部编版新教材时很不适应，但好在有团队密切合作、集体备课。董主任从单元整体视角出发，为我们进行了顶层规划；颖祺和炳尧勇挑重担，实践尝试新教法，反复修改教学设计。"提问"的阅读策略和习作策略对于学生而言是有难度的。邵兰芳校长的到来更让我们意识到把握学情的重要性。接下来，我们还将继续在抓常规的路上多尝试、勤反思，努力提升教学水平
罗炳尧 四（4）	文本解读、教学环节的设计、课堂上学生有可能出现的问题、课后练习的巩固是常规课通常会涉及的内容。作为一个年轻老师，我对以上环节未必能够全面考虑，但师资配备完善的四年级语文备课组有效地帮助我把一节课、一个单元的课备好。许静、詹春燕、永利等老师在教学的具体做法上给了我们很多启发。颖祺对本单元的语文要素达成有比较深刻的思考；恋佳对教学过程的推进有很多点子值得我学习；王鑫、张琛能够充分预设学生有可能存在的问题，供大家讨论，并制定相应的措施加以解决。今后，我们将针对本年级学生语文学习的问题，深入剖析，掌握规律，研究具体的解决措施，形成一定的经验，为下一阶段的教学铺好路子
陈颖祺 四（5）	我首次担任年级备课组长，领衔教研。在这一过程中，我体会最深的是向伙伴们请教与学习。在董主任的引导下，年级第二单元集体备课比较有整体性和计划性。一个人的力量总是稍显薄弱，一群人若能集思广益、各显齐长，将事半功倍。静姐、詹老师对学情的有效分析，恋佳、炳尧、琛琛、永利在教学推进过程中的反思建议，还有鑫鑫课后、会后、教研后的文字信息整理，都是本次教研活动不可或缺的力量
许静 四（6）	活到老学到老。感谢颖祺、炳尧两位年轻老师给我们分享对新教材的解读。青年教师既年轻又有活力，对新事物接受吸收得快，特别是新课程改革更给了他们用武之地。作为老教师，我虽有经验，但对新事物的接受吸收不如青年教师快。我明白需知己之不足，知人之所长，互相学习，

老师	评价
	青年教师的活跃思想与老教师的丰富经验融为一体，生成更多的理论经验，使自己进一步提高教学技能，实现共同进步
孙永利 四（7）	本次教研使我感受到团队的力量。由于个人原因，我未能全程参与前期的磨课阶段，有点遗憾，好在后期积极参与，填补了这一遗憾。颖祺、炳尧两位老师对新教材的解读和把控能力给予我很多教学启示。团队成员在董主任的带领下，从教学设计到板书设计，不放过每一个细节。这种团队精神令人感动。本次教研使我更加深切地感受到以后需要学习的地方还有很多。在接下来的日子里，我定会跟着团队成员积极学习，努力提升教学质量，抓好课堂常规，上好每一节课
王鑫 四（8）	我初来光明小学，第一次感受到"新基础教育"的魅力，感受到我们四年级备课组的团结。这打破了以往我对教研的印象。我从两位授课老师身上学习到教方法用方法、单元整体教学以及巧妙的临场应变。经过整个教研流程，我认为新基础教育不仅注重学生发展，对老师的要求也更高。换句话说，这是一个锻炼老师的平台。三人行，必有我师焉。往后的日子，承各位老师指导，我一定跟各位老师学习，不断提升自我，努力带好班、上好课

（四）依托专家视导课研讨活动，积淀"1+N+1"读写一体化研究成果

语文教研组以"新基础教育"专家视导为节点，实行年级备课组领衔教研制度，大胆尝试单元重组教学，深入推动"1+N+1"读写一体化研究，"1+N+1"读写一体化的新课型研究成效突出。华东师范大学李政涛教授在每一次的视导评课中都给予充分肯定。（见表18）他说，光明小学"1+N+1"读写一体化教学研究的课型越来越成熟，不断突破，不断提升。

表18 语文"1+N+1"读写一体化研究 专家评价汇总表

序号	时间	上课老师	课程	李政涛教授评价
1	2018年5月9日	陈英如	《太阳》	这两节课都展现了融通,非常具有创生价值。前面的"1"是一个突破口,中间的"N"是拓展迁移,后面的"1"是综合提升。从"1"和"N"习得的收获最终运用到后面的"1"里面,层层推进,结构清晰
2		朱颖蓉	《学写说明文》作文指导课	
3	2018年9月20日	徐绮婷	《爬山虎的脚》	光明小学的"1+N+1"这一个有创意的课型,以单元为载体,体现教学一体化,有抓手,有载体。我们看到了光明小学在这一个课型研究上的新进展
4		董波	《观察与写作》作文指导课	
5	2018年11月8日	付娟	《慈母情深》	这两节展现光小特色的课整合了语文教学的内容与形式,将阅读和习作放在"1+N+1"读写一体化的课型语境下,教出了新的思路和新的收获。我对光明小学的"1+N+1"读写一体化教学研究充满信心和期待
6		欧恋佳	《人物描写》作文指导课	
7	2018年12月7日	何红梅	《跑进家来的松鼠》	今天的教学用"1+N+1"读写一体化的方式来教略读课文,体现了教结构和用结构、教方法和用方法
8		张丽秀	《忠犬八公的故事》描写动物的情感作文指导课	
9	2019年3月14日	陈颖祺	《蝙蝠和雷达》	光明小学的"1+N+1"读写一体化课型越来越聚焦,越来越清晰,越来越成熟。两节课充分实现了结构关联的教学,整体衔接、推进,并做到了学生的读写一体化,提高了学生的阅读和写作能力
10		徐绮婷	《学写科普文》作文评讲课	
11	2019年5月14日	黄蕾	《花钟》	这两节课结构关联,都关注语言文字,聚焦表达方式,很有"语文味"。光明小学的"1+N+1"读写一体化课型不断提升,不断突破
12		林小燕	《花开了》作文指导课	

序号	时间	上课老师	课程	李政涛教授评价
13	2019年6月6日	付娟	小嘎子与胖墩儿比赛摔跤	这两节课关联性强，主要体现为：教学目标更聚焦，主线更清晰，教学有了长程设计，教学过程简洁，教学越来越开放
14		欧恋佳	《动作描写》作文指导课	
15	2019年9月19日	陈颖祺	《蝴蝶的家》阅读策略教学	光明小学的"1+N+1"读写一体化课型实现了与部编版新教材的融通，做出了新的探索。两位老师的教学设计与课堂教学体现了单元整体教学意识。研究团队教师深入思考如何将阅读课的教学目标转化成写作课的目标，实现了阅读策略教学与写作策略教学的转化
16		罗炳尧	《小小的"动物园"》作文指导课	
17	2019年11月13日	黄蕾	雾在哪里	两位上课老师能够关联"新基础教育"理念、新教材及学情分析，并深入挖掘课文的育人价值。这两节课关注语言形式，注重表达，教学结构清晰，难点对接，方法具体，写作教学的目标更聚焦，对学生的写与评有清晰的要求
18		陈英如	《段式结构》作文指导课	

总的来说，语文"1+N+1"读写一体化教学研究契合当前语文教学的新常态，实现了课内与课外的融通、单篇阅读与多篇串读的融通以及读与写的融通。这样的教学改革有助于提高学生的阅读能力和写作能力，整体提升学生的语文学科素养。语文科组研究团队骨干教师在专家的指导下，不断开发"1+N+1"读写一体化的新课型，逐步形成光小的"1+N+1"研究特色，取得了丰硕的研究成果，使语文课堂教学研究有抓手、有聚焦，更好地调动了学生的学习积极性，提高课堂学习效率，体现学科育人价值。

2019年3月，《深圳特区报》《南方教育时报》等媒体发表专版文章，报道光明小学开展的"1+N+1"特色研究。《小学语文"1+N+1"读写一体化的教学研究》被立项为光明区2018年重点课题。

实践三　基于生命自觉成长理念的"开放课堂"探索 [1]

光明小学创办于 1958 年，至今有 64 年的办学历史，积淀了丰厚的文化底蕴。学校全面实施素质教育，积极推动课堂教学改革。全体师生践行"生命自觉成长"的办学理念，在执着的探索中构建了具有光明小学鲜明个性特色的"开放课堂"教学改革实施体系。

一、"生命自觉成长"理念的产生背景和内涵

2014 年 9 月，我担任光明小学校长。那时，我想得更多的是在传承与发展相结合的基础上规划学校的发展路径，将光明小学的发展再一次推上新的高度。同时我还想：要办好光明小学，首要的是变人、变文化，要让学校师生在民主、和谐、平安、幸福的环境中有作为、有生长，让整个学校充满阳光向上、具有生命自觉成长的蓬勃气息，人人都拥有享受教育生活的幸福感受。

我带领学校领导班子经过深入调研，在反复征求意见的基础上形成了"生命自觉成长"的办学理念，将"做自觉创生的幸福教师""育主动发展的幸福少年"作为全校师生的发展目标。

光明小学提出的"生命自觉成长"办学理念，就是要培养师生"生命自觉"的内生力量，让全校师生呈现出更加主动、开放、阳光、健康的心理状态，因而变得更加乐观、更具韧性、更有创造力。从长远看，这些特质会促进人的成功与发展，让人更加健康、有活力，拥有更美好的未来，为幸福人生奠定良好基础。育主动发展的幸福少年，做自觉创生的幸福教师，让每个生命个体都能通过学校的教育生活绽放光彩，是我们光小人的美好愿景。

为了使"生命自觉成长"的办学理念落地，我们整体设计学校发展路径。2015 年，学校实施了"三个六"办学体系；2019 年，学校实施了"生命自觉成长"的育人文化研究，全面推动学校管理、教育教学、特色建设、后勤服务等整体变

1　此文是本人于2022年6月在深派教育高质量发展展示交流活动上的发言，收录时有删改。

革发展，使得学校提出的"生命自觉成长"办学理念更好地落地，实现办"校园美、特色精、质量高"的幸福学校的总目标，推动学校高质量发展。

课堂教学是提高学生基本素质的关键，是实施素质教育的主要途径，也是落实学校办学理念的重要抓手。今天，我重点向大家汇报学校在课堂教学改革方面的探索成果。

二、基于"生命自觉成长"理念的"开放课堂"

我们要开展课堂教学的改革探索，首先要找准课堂教学的问题在哪里。我们组织各教研组教师展开讨论。通过讨论，大家一致认为"自主、合作、探究"的课堂学习方式还未得到很好的体现，学生在课堂中的学习方式流于形式，缺少真正的自主学习、自主探究。究其原因，就是我们的课堂始终没有从根本上改变教师一言堂、课堂不开放的传统教学模式。因此，我们探索了基于"生命自觉成长"理论的"开放课堂"。

接着，我们组织各教研组开展"开放课堂"的专题研究，弄清楚什么样的课堂是开放课堂，让教师对"开放课堂"教学思想有较充分的认识和理解。

（一）"开放课堂"的内涵是什么

我们理解的课堂教学"开放"是：以学生为中心，面向全体学生开放课堂学习的时间、资源、学习方式、学习评价等，让学生在多元互动、深层探究、动态生成的课堂学习中提高发现问题、探究问题、解决问题的能力，提高学生的学科素养。我们认为"开放课堂"应该具备的基本特征是：教学目标从关注知识转变为关注学科素养，教学方式从关注老师的教转变为关注师生动态生成，教学资源从关注书本转变为关注学生的生活体验，教学评价从关注成绩转变为关注学生全面的发展。我们确定的"开放课堂"教学改革目标是"让课堂充满生命成长的气息"。

（二）如何让"开放课堂"成为教师的自觉实践

为了让"开放课堂"教学观念得到教师的认可，并使其自觉落实到课堂教学工作中，我们采取两个做法。

1. 制定了"开放课堂"的"三有""三实"要求。

（1）"备课"做到"三有"——有序、有趣、有长。有序：应明确课堂教学目标、内容及学生潜在的学习困难或障碍，设计递进的教学内容或学习任务。有趣：力争使课堂学习情境创设、教学手段的选用等能激发学生的学习兴趣。有长：教学过程的设计应促进学生的知识与能力和学科素养有不同层次的提升。

（2）"上课"做到"三实"——扎实、充实、真实。"扎实"是指有效率的课堂。课堂教学中每一个环节都扎实呈现，学生通过本节课的学习有所收获。"充实"是指有意义的课堂。教师的教和学生的学的内容递进式呈现，师生间有真实情感、智慧交流。"真实"是指扎根常态课堂。课堂不追求表面的热闹，不完全是预设的课堂。师生有真实、自然的交流，课堂呈现教与学的真实状态。

2. 建立了"开放课堂"的备课评价和上课评价标准。

我们把"开放课堂"的"三有""三实"要求和教学评价整合在一起，全面推进落实"开放课堂"教学改革，建立了备课和上课评价标准。

（1）备课评价怎么评？"备课评价"用于教师个人及各备课组集体备课评价。备课评价内容包含如下几点：教学目标包括目标任务、学情分析、教材分析。教学内容体现整体结构、育人价值。教学过程要有五段式设计，包括课前活动的预习质疑、开放导入的内容方式、核心问题的教法学法和过程预设、课堂总结与拓展延伸和分层设计个性化实践性作业等。学校要对教师个人和集体备课进行全过程评价，引导教师围绕"开放课堂"备课流程来进行备课，使"开放课堂"教学理念顺利落地，达到教学设计"三有"的要求。

（2）上课评价怎么评？"上课评价"用于科任教师自评、备课组教研和教学处常规评价。评价标准与备课评价一致，但是上课评价增加了教学反思评价。教学反思内容重点聚焦教学目标，反思课堂教学是否使学生的基本知识和基本素养达到要求、教学重点与难点是否有所突破、学科素养是否有效提升。

这两个评价，基于学科素养和"教学设计、教学评价一致性"理念开发，链接各学科教师的备课、上课、反思、评价和教研活动，全面落实开放课堂的教学改革。

（三）怎样让"开放课堂"成为教学常态

为了让"开放课堂"成为各学科教学常态，我们研究制定了"开放课堂五段式"的教学结构，"开放课堂"围绕"开放"主题，形成"预习质疑—开放导入—探究问题—拓展延伸—创新作业"的"课堂五段式"教学结构，使各学科在课前、课中、课后的教学有明确的指引，让每一位老师的每一节课都能达到开放课堂"三实"要求。

1. 预习质疑——生成学习任务。教师在课前了解学生现有学习基础和学习困难点，调整课堂教学内容，生成学习任务。

2. 开放导入——创设问题情境。教师围绕课堂教学目标和预习质疑中生成的学习任务，提出开放式的核心问题，使不同水平的学生都能够进入深层探究的学习情境。

3. 探究问题——动态生成教学。教师在课堂教学中围绕核心问题展开和推进，设置课堂学习单、思维导图、课堂量表等，以小组合作学习方式深入探讨核心问题，组内交流和全班交流相结合，促进师生生成新的认识、见解和创意，实现动态生成教学。

4. 拓展延伸——整合学习资源。各学科都要拓展与本节课教学内容相关的学习内容，整合多种学习资源，并进行类比式、结构式的延伸，丰富课堂学习内容，让学生学得更充分、更有深度。

5. 创新作业——个性化提升。我们的创新作业体现出个性化作业设计的特点，依据学情特点为学生提供最适合的作业形式和内容，创新设计项目式作业。比如：语文教师针对五年级上册《四季之美》，布置探索四季自然现象、了解二十四节气文化、撰写赞美季节的文章、组织四季诗歌鉴赏会等综合性作业。这样的作业极具趣味性，增强了实践性和探究性，进一步巩固了学生课堂学习的基础知识与能力，提升了学生的综合运用能力。

我们把"课堂五段式"教学结构看成整体推进"开放课堂"教学的一个抓手，围绕"让课堂充满生命成长的气息"这个目标，主动探索"开放课堂"，遵循"课堂五段式"教学结构，呈现结构相同的基本教学流程。

（四）如何打造"开放课堂"的学科研究特色

我们所期望的开放课堂是渗透着文化的课堂，是具有良好教学生态的课堂，是充满生命活力、学科育人价值的课堂。

"开放课堂"落实到学科教学后，各学科所选择的"开放课堂"研究专题皆不一样。

1. 语文打造"1+N+1"读写一体化的特色品牌。光明小学打造了小学语文"1+N+1"读写一体化的特色品牌。"1+N+1"读写一体化指的是：1 篇精读课文教学，带 N 篇类课文阅读或综合性学习实践，拓展 1 篇习作教学。该课型的独特创新之处体现在聚焦读写、融通教学、价值提升。

语文科组的老师将多年的理论学习与实践整理成研究成果，撰写教学论文。全国小语界主流杂志《小学语文教学》2021 年第 12 期发表了光明小学 18 位教师的 29 篇文章。小学语文"1+N+1"读写一体化教学研究被立项为广东省 2021 年教育规划课题，该项研究成果于 2021 年被评为深圳市第四届教育教学科研优秀成果奖二等奖。

2. 数学开展单元整体教学研究。数学科组对小学数学单元教学进行整体建构，即：重构单元目标，重组单元内容，重整实施结构，重建核心任务，以一致性的递进目标、一系列的学习内容、一体化的实施结构、一连串的探究活动达成深度学习。

3. 英语中高年段"读写结合"的教学探索。英语科组坚持"以读促写、以写带读"的原则，尝试以话题、活动和实践为中心，促进读写结合教学模式的构建与实施，并以此为契机，推进小学英语教学的创新与发展，提升小学生英语读写的综合能力。

三、整体推进"开放课堂"的实施策略

为了使学校"开放课堂"教学改革真正落实，学校全面推进基于"生命自觉成长"理念的"开放课堂"探索，确保课堂教学改革的效果。我们在重点抓教研的过程中采用了如下实施策略。

（一）转变观念整体推进策略

学校开展"开放课堂"教学的探索，首先解决教师在传统教学中存在的讲述式、填鸭式、题海训练式的教学思想观念问题。通过开展问卷调查、专题研讨分析，我们认为教师的思想问题主要表现在三个方面：一是害怕失败，习惯于传统教学方式，害怕"开放课堂"，担心自己无法驾驭课堂、难以管控学生的课堂纪律。二是担心对"开放课堂"开放的度把握不准，教学效果不好，影响学生的学业成绩。三是有畏难情绪。课堂教学改革需要摒弃过去那一套轻车熟路、得心应手的教学模式。由于"开放课堂"对教师的课堂教学组织调控能力、课堂教学能力等要求更高，因此有的教师就有怕苦怕难思想，甚至有的教师认为自己原有的课堂教学方式和教学效果也不错，没必要改变。

为了解决教师参与"开放课堂"探索的畏难情绪，树立"开放课堂"教学观念，我们采用全校各学科整体推进策略。这有利于营造学校课堂改革的大环境、大氛围，有利于全体教师共同学习、共同研究、共同成长，有利于落实双减政策、提高课堂教学质量。

我们运用整体规划、分步实施的方法，经历了"办学理念提炼—开放课堂探索—明确课堂改革目标—在研究和反思中形成光明小学的'开放课堂'教学特色"的探索过程。

（二）建设学科教研平台策略

学校在各学科原有的大小教研、三级联动教研、三定三有教研、长程两段式教研的基础上，打造了"五位一体"校本研修活动平台，通过扎扎实实抓教研，推进"开放课堂"教学改革。（见表19）

表 19　光明小学学科教研新平台建设一览表

项目	范围	教研活动	内容
教研新平台	学科教研组	大小教研	学科教研组和年级备课组大小教研相结合
		三级联动教研	年级、校级、区级研讨课"三级联动"教研制度
		三定三有教研	教研活动做到定主题、定主讲、定地点，有准备、有记录、有反思
		长程两段式教研	教学研究做到每学期"长程设计"、每单元"整体设计"
		"五位一体"校本研修	校本研修落实"集体备课—教师上课—评课交流—反思重建—撰写文章"

（三）落实教研制度保障策略

为确保"开放课堂"教学改革顺利实施，学校制定了"开放课堂"系列规章制度，形成了光明小学课堂教学的新常规，有力保证了各学科课堂教学改革的有序、有效开展。（见表 20）

表 20　光明小学新常规建设一览表

项目	范围	制度	内容
"学"的新常规	学生	"学习规范"十要求	课前预习、书写姿势、读书姿势、举手发言、认真倾听、小组合作学习、交流互动、质疑问难、记笔记、书写作业
"教"的新常规	教师	"课堂教学"十要求	课堂板书、课堂语言、解读教材、教学设计、组织教学、倾听学生、回应问题、观课诊断、反思重建、多媒体应用

四、"开放课堂"的成效

现在，光明小学各学科课堂教学呈现出"开放课堂"的新样态，课堂教学基于学科素养导向，认真落实大单元整体教学。教师在课堂上更加关注学生，以学习者为中心，开展动态生成式教学。学生在课堂上凸显学习主体地位，主动参与体验、探究学习，大幅提升各学科素养。学校坚持开展"开放课堂"探索，达到了减负提质的目标，全面提高了教育教学质量，得到上级教育主管部门和社会各界的认可，成为学生喜欢、家长认可的家门口的好学校。

光明小学立足课堂教学改革，成就了一大批教师。学校领导、梯队骨干教师发展态势良好，教师队伍呈现出学习研究、自觉创生的工作状态，营造了"团结合作，凝心聚力工作"的干事创业氛围。八年间，光明小学这个"生命自觉成长"的幸福大家庭培养了三名正校长、一名副校长、一名广东省南粤优秀教师、一名深圳市"十佳青年教师"、一名光明区年度教师，以及一大批省、市、区名师。据统计，学校区级以上名师52人，达专任教师总人数的35%。温国刚老师参加青年教师教学技能比赛，荣获广东省一等奖；冯岸涛、黄明俊老师参加小学科学实验教师技能竞赛，荣获广东省一等奖；温国刚、李源发老师在深圳市青年教师教学技能比赛中荣获一等奖。光明小学的孩子们享受到了"育主动发展幸福少年"带来的成长快乐。学生参加各级各类比赛，获国家奖项759人次，获省级奖项274人次，获市级奖项1487人次，获区级奖项2966人次。学校先后获得全国足球特色学校、全国软式棒垒球实验学校、粤港澳大湾区青少年科创教育基地学校、广东省信息化中心学校、广东省文明校园先进学校、广东省优秀传统文化传承项目学校、广东省少先队先进学校、深圳市"智慧校园"示范学校、深圳市馆校结合科技教育基地校、深圳市"基于教学改革、融合信息技术的新型教与学模式"实验校、光明区信息化和学科融合示范基地、光明区学科教研基地等荣誉。学校立项特色项目有国家级4项、省级7项、市级8项、区级8项。学校集体荣誉有国家级5项、省级7项、市级7项、区级6项。学校教育教学质量得到社会各界及家长的高度认可，光明小学已发展成为高质量的品牌学校。

学校扎实开展基于"生命自觉成长"理念的"开放课堂"探索，给师生及学校带来了可喜变化。今后，我们将在新课程、新课标理念的引领下，继续深化课堂教学改革，大力推进素质教育，秉承"让每一位学生主动发展"的教育追求，办"学校美、特色精、质量高"的幸福学校。

实践四　新课程背景下的校本研修 [1]

大家都知道课程改革能否成功、改革目标能否实现，关键在教师。因此，教师应转变教育观念，树立新的学生观、教材观、课堂观、教学活动观和评价观，不断提高专业水平，从而适应课改的要求。唯有如此，教师职业才能成为受人尊重的一种职业。

校本研修是顺利推进课程改革、提高教师专业水平的关键举措，这一点已成共识。全国各地探索出丰富多彩的校本研修活动形式，有很好的发展势头。今天，我就以"新课程背景下的校本研修"为主题，谈谈看法。

一、校本研修的内涵

我用一句话谈谈对"校本研修"这一概念的理解。"校本研修"就是以学校为阵地，以教师为主体，以教育教学中的实际问题为基本问题，融教研、科研、培训和学习于一体的教育实践。

二、如何开展校本研修活动，才能做到"扎实有效"

首先，校长要成为一个真正的学者、一个思想者、在自己的专业领域有建树者。

其次，校长是校本研修的第一责任人，应该承担这样的责任，即：加强对校本研修的领导，把改进教研工作、促进教师专业发展、提高教学质量作为学校的中心工作；整合校内外教研资源，主动加强与校外专家、名师或专业支持机构的联系合作；带头学习，完善研修制度，加强教研组建设与评估，为学校研修活动提供时间、条件保障，为研修文化的营造创造环境和氛围。

1　此文是本人于2007年12月在光明新区教育主管部门组织举办的校长论坛上的发言，收录时有删改。

最后，校长要抓准校本研修的切入口。这个切入口我们可以从三个方面来考虑：（1）学习理论，转变观念。要成为校本研修的先导，引导教师勤奋读书，将现代教育理念和教育教学理论作为校本研修制度建设的基础。（2）以教学问题为出发点，开展问题研究。问题就是课题。（3）聚焦课堂教学，让教师在实践中成长。校本研修的目的就是要促进教师的专业发展，提高教师的新课程实施能力、课堂预设能力、解决课堂生成性问题的能力，因此校本研修必须聚焦课堂。为了使新课程的理念落实在课堂教学中、落实在教师的每一个教学环节中，提高课堂教学效率和质量，聚焦课堂的校本研修还可以从如下四方面来开展：教研活动围绕课堂来展开；突出问题意识，强调课后反思；鼓励教师"激活课堂"，让课堂充满生机和活力；实施研究课制度，围绕课堂开展说课、听课、评课、反思系列活动。我们称以上四方面为提高课堂教学水平的"四部曲"。

三、如何应对教师对校本研修消极、困惑这一问题

学校通过开展校本研修，使教师初步有了教学问题研究意识，提高了教师的专业教研能力及教学效率。但有的教师在参与校本研修活动后说："萝卜烧萝卜还是萝卜。"这个观点反映出当前有些教师对校本研修的困惑。表现为：（1）缺乏研修的积极性和真实动力，没有充足的专业发展进取动力；（2）对教育研究存在畏难情绪；（3）在教师的研修实践活动中，缺乏专业引领资源。

这时，我们校长该干什么？我认为，校长要做到以下几点：（1）有服务意识，要为教师排忧解难；（2）建立校本研修激励机制；（3）完善校本研修评价体制；（4）按教师实际情况，有针对性地提供专业培训或指导，如师徒结对、同伴互助，或定期邀请专家、教研员来校指导；（5）让教师走出校门向专家名师学习；（6）培植本土、本校"土专家"。

最后，我谈谈对校本研修的几点思考：（1）如何激活教师主动参与校本研修的真实动力？（2）如何保障校本研修的时间？（3）如何建立并发挥校本研修评价机制的作用？（4）在规模小、办学经费较紧的情况下，如何保证教师培训经费？这些问题都是值得探讨、有待解决的问题。

如果想要让教师成为教学、研究和进修的真正主人，那么既要有制度的规

约、保障和激励，也需要培植一种新型的研修文化。一所学校的研修文化的形成是一个循序渐进的过程，需要长时间培养。这种文化的核心是使命感、事业心和同情心。如果每个人都能给这种文化带来变化，那么每个人都会在这种文化中提升自我。

第四节　素质教育

实践一　从抓礼仪教育入手　促进学校"三风"建设[1]

一、学校基本情况

爱华小学创建于 1982 年，已有 28 年的办学历史，是一所生源以越南归侨及外来工子弟为主的市级学校。学校占地面积 22 098 平方米，建筑面积 8029 平方米，本学期有 663 名学生、14 个教学班。教学区、功能区、生活区、运动区布局合理，学校功能室等教育教学设施齐全。学校环境优美，校园处处"弹奏"着校园文化润物无声的清音。目前在编教师 37 人中，本科 23 人、大专 12 人、中专 2 人。教师职称方面，学校有中学语文高级教师 1 人、小学高级教师 11 人。学校名师方面，学校有深圳市"十佳青年教师"1 人、深圳市"优秀辅导员"1 人、区级"语文学科带头人"1 人、区级"名班主任"2 人。学校教师队伍是一支年轻教师多、有活力、有潜力、能奉献、勇于进取的教师队伍。

近三年，爱华小学在各级政府的重视、支持与指导下，围绕"夯实小学基础，创办优质学校"的办学目标，使原来办学条件简陋、办学成绩滞后的薄弱学校发展成为一所特色鲜明、办学成绩突出的学校。学校先后被评为广东省中小学校本研修示范学校、广东省体育特色学校、广东省少先队红旗大队、广东省德育课题实验学校、深圳市书香校园、深圳市广播体操标兵学校、深圳市体育与健康示范教研组、深圳市教育系统基层党建先进单位；荣获光明新区体育特色学校、广播体操优秀学校、教育系统先进单位、"巾帼文明岗"示范单位称号。三年间，学校荣获省级荣誉 4 项、市级荣誉 11 项、区级荣誉 10 项。师生个人荣誉、参赛及文章发表获奖达 1155 人次。

1　此文是本人于 2010 年 11 月在光明新区教育主管部门召开的德育工作现场会上的发言，收录时有删改。

二、为什么要重视学生文明礼仪教育

（一）从学校德育工作需要分析

原国家教育委员会副主任柳斌在《柳斌谈素质教育》一书中指出："应试教育"就是单纯地看分数，看重智育，使德育、体育、美育处于薄弱地位，总是频繁地统考统测，搞分数排队，教得呆板，统得太死。素质教育是要求全面发展的。教会学生做人是素质教育的重要任务。素质教育中，以德育人是大根本，因材施教乃总法则。在学校教育，尤其是现代化学校教育中，教师"两耳不闻窗外事，一心只教教案中的书"是不行的。教师既要教书育人，又要以育人为本；必须把育人看作头等重要的事情。学业上的缺陷并不一定会影响一个学生的一生，而道德人格上的缺陷却可能贻害他一辈子。

他还指出：加强德育，要从社会以及教育工作中存在的实际问题出发，加强针对性。中小学加强德育，首先要从文明礼仪做起。文明礼仪不能在新一代人中丢失。一旦丢失了，小而言之，会带来社会秩序的混乱；大而言之，会给国家、民族带来灾难与耻辱。上述论述说明了礼仪教育工作在学校工作中的重要性。为此，我们学校在德育工作中提出"育智先育德，成人重于成才"的育人思路，始终把德育工作放在学校工作首位；从实际出发，对学生中存在的礼仪教育问题有针对性地开展德育工作，从小事抓起，再进一步抓学生的爱国教育、集体主义教育、爱心教育、孝心教育和心理素质教育等。我们认为，抓好了学生礼仪教育，学生在校园的学习生活就能井然有序，就能让学生在和谐、文明、平安的校园里快乐学习、健康成长，为学生将来成为合格公民，成为遵纪守法、有责任感的人奠定思想基础。

（二）从学生成长需要分析

我校 50% 多的学生是越南归侨子弟，近 50% 是外来劳务工子弟。有些学生家庭经济条件较差，居住环境不良；家长文化素质参差不齐，家庭教育观念淡薄；学生文明程度较低，行为习惯不良。"您好""谢谢""对不起""请原谅"这样的礼貌用语，不少学生刚入校时不会很习惯地讲出来，特别是做了对不起别人的事后，很难将"对不起，请原谅"说出口。因此，培养学生文明礼仪习惯在我校显得尤为重要。这些问题都值得我们这些教育工作者深思。我觉得德育工作就要从抓"小"做起，从抓学生礼仪规范做起，从培养学生学会尊重他人做起，使学生明白尊重他人应从尊重父母、尊重师长、友爱同学做起。

三、怎样抓学生的文明礼仪教育

（一）抓队伍建设

对一个企业来说，只有打造团结而自信的团队，才能在残酷激烈的市场竞争中屹立不倒，才能做成大公司。作为学校，我们也充分认识到只有打造一个团结而自信的团队，才能使学校不断壮大起来，并在教育改革浪潮中不落伍。近年来，在打造教师团队方面，我们觉得制定制度、执行制度不如多想办法营造教师积极向上的工作氛围。我经常为教师灌输团队合作、积极向上的意识，转变教师认为工作就是为了养家糊口的观念。教师只有想明白了工作目的，增强了工作责任感，解放了思想，才会理解、支持学校工作，明确自身责任。因此，在团队建设中，我们注重：

1. 思想领先。 要把转变教师的思想观念、提高教师思想素质领先一步进行。为激励教师进取、获得个人成功，我经常对教师说："人生最有意思的事就是工作，要把工作当成人生的乐趣；如果你想生活赐予你什么，那么首先你必须付出。工作固然是为了生计，但是比生计更为可贵的就是在工作中充分挖掘自己的潜能，发挥自己的才干，让自己更体面地生活，成为自强自信的老师。"为鼓励教师始终用最积极的内驱力支配和主宰自己的人生，我还经常说："教师的职业道德水平决定他的工作行为，教师的工作态度决定他的成就。"培养人才就如耕种庄稼，要不惜花费时间和心血，要让教师在这些理念的引导下感受到自身的责任和工作的价值。只要教师解放了思想，想明白了自己的工作目的，那么他们面对工作就会有更大的动力，而积极向上、团结合作的工作氛围自然就形成了。

2. 校长要学会感激。 对教师取得了成绩、学校出色完成了某项重大活动，校长要在教师会或师生会上好好总结，要带着感激的心态总结成绩、表扬教师和学生，让教师和学生知道他们取得的成绩、所做的工作校长是看得到并且记在心里的。教师和学生每受到一次表扬与肯定，就会更加努力做好学校下一次布置的工作。就这样，团结合作、积极向上的团队自然而然就打造成功了。

3. 学校对教师的评价要公平、公正、合理。 教师在工作时充满压力，需要学校对他们给予公平、公正、合理的评价。他们认为学校对他们的评价合理、公正、公平了，哪怕工作再辛苦，也会毫无怨言。如果管理者在工作中拉帮结派，对教师评价不公，那么学校就很难形成团结、合作、进取的局面，更不用谈取得成绩了。

（二）抓文化建设

1. 抓校园文化建设。 "让墙壁说话，让花草含情，让课室生辉"，努力使校园每一个角落都有温情，都有浓厚的育人氛围是我们校园文化建设的宗旨。爱华校园的每一处景色、每一幅浮雕图都隐含着学校的办学理念和人文精神。行健园、励志园、心语园、英语小讲堂、饭堂饮食等校园文化润物无声、潜移默化地影响着师生，对形成良好的校风、教风、学风、班风，规范学生言行起到积极的促进作用。让校园充满诗情画意，充满人文关怀，多彩校园，快乐课间，这正是爱华校园的魅力所在。

2. 抓课程文化建设。 校长做的第一件事就是要丰富学校课程，树立大课程观念，不要局限于国家规定的课程。学校的主题活动、校园文化、校本课程、拓展课程、社会实践等属于大课程，这些课程的开设能从全面发展学生的素质出发，为学生发展个性特长、培养良好的习惯服务，使学生在丰富多彩的课程文化中发展能力，培养情感、态度、价值观。（我们学校开设的课程见图4）

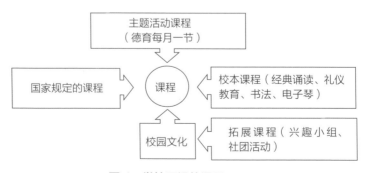

图4　学校开设的课程

从 2007 年起，我校就开设了礼仪教育校本课程，从"校园礼仪、家庭礼仪、社会礼仪、个人礼仪、特殊礼仪"五方面培养学生。学校从学生坐、立、行的姿势，穿戴得体等小事抓起，倡导穿有样、坐有相、行有规、言有范，使学生逐步养成良好习惯。让礼仪的阳光播撒学生的心灵，让各种文明礼仪的种子在学生的心灵深处生根发芽，并伴随着他们健康地成长，是我们实施礼仪教育的共同心愿。学校要求学生每天花 15 分钟诵读《弟子规》等经典诗文，接受传统文化的熏陶，使学生成为有道德情操、精神人格、人文素养的人。将《弟子规》诵读与学校德育工作结合起来，对推动学校德育工作起到了积极的作用。

3. 抓校园书香文化建设。 原国家教育委员会副主任柳斌曾说：一个不重视阅读的学生是没有发展的学生，一个不重视阅读的民族是没有希望的民族。一个人的人文素养优劣、综合素质高低、个人能力大小，在很大程度上在于其是否受到书籍的陶冶和读书的多寡。为此，我校充分认识到创建书香校园的重要性，提出"让读书成为一种生活习惯，让读书成为一种生命需求""读经典书，做文化人"的倡议，营造书香氛围，规定每学期开展"书香班""读书之星"评比系列活动。"书香班"评比是根据班级到学生图书室借阅数量、学生在开放图书角阅读量、学生个人在图书室借阅数量和学生期末阅读考级成绩来确定的。"读书之星"凭个人借阅数量、读书笔记撰写情况、期末阅读考级成绩决定。这样评选出来的"书香班""读书之星"能避免出现评比走过场、流于形式的现象，真正使爱读书的学生成为"读书之星"，使爱读书的班级成为"书香班"。我们还建议家长为小孩买书、参与读书，引领教师读书，取得了一定的成效。我们发现爱读书的孩子文明有礼、成绩优良。

（三）用制度规范

天真、活泼、好动是学生的天性。他们每天虽没有犯大错，但不断犯小错，如果学校不对此进行教育，那么小错就可能酿成大错甚至大祸。我们认识到了这一点，所以在规范学生言行举止、抓学生文明礼仪建设方面，通过制定礼仪规则去引导、规范学生，约束学生的行为。比如：学校出台了《爱华一日常规要求》《德育常规要求》《学生养成教育训练内容》等文件，还有学生能朗朗上口诵读的《爱华礼仪三字经》，等等。《爱华礼仪三字经》既包含学校礼仪，又包含家庭礼仪、社会礼仪。我们把这些礼仪规则落实在课堂中，让学生诵读、理解并对照规范内容反思自己行为。上述规范要求就像一面镜子，时时要学生照一照，检点自己行为中的不足、语言中的不文明，逐步纠正不良的行为和语言。学校在每学期期末进行"先进班""礼仪之星"评比，开学第一周被定为文明礼仪教育周，每年11月份被定为文明礼仪教育月。学校让学生在礼仪教育活动中强化规范内容，查找不足、矫正品行，使学生增强文明礼仪意识，不断规范言行举止。

校长在学生养成教育中要做到"三到"，即眼到、心到、口到。眼到是指要有一双慧眼，要善于捕捉学生身上存在的亮点与不足。心到是指要有一颗慧心，要能想到调动各种资源解决问题的办法。口到是指要敢于直言，要对发现的题敢说、直说、敢抓。德育部门要做到"二到"：一是领悟到。要领悟校长说的意识，领悟到问题背后产生的原因，并能想出解决的办法。二是执行到。对校长的想法、学校制定的各项德育管理制度措施，德育部门要执行到位。德育部门执行的速度、与虚实都会影响德育效果。学校一般现在都不缺各类管理制度，往往缺少的是对规章制度不折不扣执行的力度。班主任、科任老师要做到"一理解、二配合、三落实"，即：一是理解学校管理层的想法、做法。二是配合，要配合做好最基层、最琐碎的工作。比如，对学生上下楼梯要靠右走的要求，德育部门要通过师生值日检查落实，班主任要加大宣传、齐抓共管。三要落实学校制定的各项制度。对学校布置的各项工作，不讲价钱、不马虎完成。只有这样实干，有责任感的团队才能在生源不太好、规模不大的学校做出成绩。

（四）用机制激励

1. 用评比激励。激励机制在德育工作中起到重要作用，它能调动团队成员工作的积极性。学校在每周进行一次"行为模范班""乐学班"评比，学期末进行"先进班""学习优胜班""书香班""书法班""环保班"评比（每项评比都有具体评价标准）；班主任每月接受考核，学校按考核成绩发放班主任津贴；等等。这些措施对培养班级团队精神、激发集体荣誉感都起到了较好的作用。

2. 用荣誉激励。为了让更多学生在学校学习能感受到快乐，能在小学学习生活中获得自信、拥有成功，我们从2005年就开始提出并实施"让每个孩子都捧奖回家"的计划，并把这一做法一直坚持到现在。每学期期中、期末，全校有

400多名学生能登上领奖台，获得学校的奖励。奖品主要是奖状和学习用具、书籍。虽然奖品不多，但获奖面大、表彰颁奖的场面隆重热烈。学校不仅以分数激励学生，而且想办法找出学生身上更多的闪光点。"读书之星""学习之星""管理之星""小书法家""小画家"等评比的目的就是鼓励学生全面发展、特色发展，使学生在不同方面获得进步。

3. 用细节管理。芸芸众生中能做大事的实在太少，多数人在多数情况下只能做一些具体、琐碎、单调的事。这些事也许过于平淡，也许鸡毛蒜皮，但这就是生活，是成大事不可缺少的基础。我记得海尔集团总裁张瑞敏在《细节决定成败》一书中说："把每一件简单的事做好就是不简单，把每一件平凡的事做好就是不平凡。"细节在学校管理中意义重大。因此，我校在德育管理中十分注重细节管理，尽量做到管理中无漏洞、无失误。当学生在校有不良行为时，学校就给家长发放学生在校行为通知书，及时告知家长小孩在校的表现，并要求家长配合学校开展教育工作，要求学生写违纪反思书，让他在反思中认识不足、吸取教训。当学生在学校严重违纪时，班主任、当事人要记录事件经过及评价，但在记录事件时应充分给予学生话语权、申诉权。这既培养了学生的诚实品质，又为学生创造改正错误的机会，使其把改正错误当作一次学习的机会。学校定期给家长发放家校联系报告书，告知家长小孩近段时间在校的表现情况。班主任如要求家长到校，则须填写接见家长记录表交保安室，家长签字确认方可进入校园。如果学生在体育课或校园意外受伤或身体不适，那么任课教师或班主任须及时填写意外受伤或身体不适记录，并按学校要求的程序处理，即：一是打电话告知家长，二是告知校医以及学校分管领导，三是送医院。学生要想请假的话，必须家长亲自向班主任请假。学校健全学生管理制度，做到精细化管理，在做小事、做平凡事中体现出它的育人价值，体现它的管理效益。在学校管理中，我们力争做到：学校管理无闲人，人人都育人；学校无小事，事事都育人。

（五）用活动推进

在丰富的德育活动中，学校始终以落实学生全面发展、提高学生素质为宗旨，不断丰富德育内涵，以学生为主体，提高学生思想素质，培养学生文明礼仪。

1. 学生是活动的主人。我们以"让学生自己管理自己的队伍，自己组织自己的活动"为宗旨，培养学生的工作责任感、主人翁精神。"升国旗"仪式由学生主持，升旗班由每周行为模范班评比中最高分获得班级来担任。童心电视台每天中午花 15 分钟播放节目，以班为单位，实行包干制，节目内容丰富，要求参与主持演讲的学生必须占班级人数 1/3 至 2/3，力争做到每天的登台演讲人都是新手，真正落实全员全面育人的思想。学生午餐、午休、课间纪律由学生自己管理。英语社团成员、爱华礼仪形象大使、小主持人等以招募方式从学生中选拔。学生自愿报名，对入选者学校各部门组织考核，据考核成绩录用学生。在学生参与招募活动后，学校对入选者加大宣传力度，使学生更加珍惜来之不易的荣誉，在各项活动中积极参与。

2. 学生是节日的主人。德育工作千条万绪，如何把大德育工作落实到学校的具体德育工作中呢？我们确定每月开展一次德育主题活动，要求将活动主要安排在每周国旗下讲话及班会课、礼仪课中，保证学生的上课时间。学校教育教学工作围绕当月德育主题活动安排工作来进行，这样安排可以让主题活动开展得更有序、有效，也不会产生因学科间安排活动多而造成的时间冲突。学校除了落实自己制定的主题月活动之外，还要配合完成上级部门组织的各项活动，因此在时间上做合理分配是非常关键的。我们一向坚持学校德育活动与教学活动工作两手抓。学校安排的教学活动需要教师在学科课堂或午间、早读课落实，且不能影响课堂教学。在学校广播操训练上，学校主要严肃、严格抓好每天的出操、做操、退场环节，赛前利用体育课强化训练，每学期举行班级广播体操比赛，要求体育教师坚持勤抓勤练、班主任密切配合。对学校的各项活动，我们既要发声音，还要留脚印。发声音指在活动前做好宣传发动工作，留脚印指在活动后做好活动方案、过程、结果的资料收集整理工作。

四、文明礼仪教育取得的成效

学校开展文明礼仪教育后，取得了很好的成效，包括：（1）校风、学风、班风好，校园发生安全事故、学生吵架打架现象少，学生和睦相处、团结友爱，唱响了和谐校园的乐章；（2）全校学生在校午休，校园可以静悄悄；（3）360 多名学生乘车，能够做到上车有序不拥挤；（4）学生文明礼貌，精神面貌人人夸；（5）

孩子进步，家长高兴，家长夸。

五、存在问题及努力方向

（一）存在问题

家长的文化素质决定了家庭的教育质量。爱华小学的学生家长比较支持学校及教师工作，但由于学校是一所以越南归侨子女和外来劳务工子女为主要生源的学校，家长学历普遍偏低，在教育引导小孩及辅导孩子学习方面还存在较大困难。

不少学生居住在边远地区，无法乘校车上学。这些学生的上下学交通安全问题还是令人担忧。

虽然学校德育工作取得了一定成效，但是对学生的安全问题，学校及教师还是承受了较大压力。

（二）努力方向

学校过去取得的成绩并不是办学终点，而是成功的开始。今后，我们要在《国家中长期教育改革和发展规划纲要（2010—2020年）》的指引下，认真贯彻落实国家教育工作及省、市、区教育工作会议精神，继续以"文化立校、科研兴校、管理强校、多维育人"的办学思路落实素质教育。学校各项工作都以学生为本，以教师为本，以家长为本，力争办出学校特色，办好人民满意的教育。

实践二　立德育才　和谐发展 [1]

几年来，爱华小学始终坚持"育人为本、德育为先"的德育理念，真抓实干德育工作，取得了累累硕果。2009 年，学校被评为"广东省德育课题实验学校""广东省少先队红旗大队""广东省绿色学校""深圳市书香校园""深圳市体育与健康示范教研组""深圳市特色中队"。学校礼仪教育成绩突出。2010 年 10 月，光明新区中小学德育主任及少先队总辅导员来校观摩"礼仪教育"课和校园德育文化建设，听取学校校长做"礼仪教育"经验成果汇报。学校班主任工作成绩显著，培养了区名班主任 2 名。其中，朱晓玲老师于 2009 年、2010 年连续两年参加区班主任综合素质大赛，获第一名；2010 年，参加深圳市班主任综合素质大赛，获小学组一等奖，并被评为深圳市"十佳青年教师"。2011 年 9 月，光明新区中小学主管德育副校长、德育主任及部分班主任来我校观摩爱华班主任综合素质大赛场景。教师情景答辩、无领导论坛等得到来宾高度评价。2011 年 5 月，学校参加深圳市教育系统法治宣传月活动，获网上法律知识竞赛最佳组织奖；2010 年 9 月，参加"寻访美丽深圳，共叙春天的故事"纪念深圳经济特区成立三十周年青少年主题教育活动征文作品评比，获优秀组织奖。

一、坚持道德教育，打好做人根基

2004 年，中共中央、国务院颁布的《中共中央 国务院关于进一步加强和改进未成年人思想道德建设的若干意见》对实施青少年思想道德建设做了明确规定，并成为全民族的广泛共识。这引起我校对德育工作的更深层次的思考，我们认识到德育工作的重要性和必要性。我们坚持道德教育，坚持贴近学生、贴近生活、贴近社会的原则，坚持把德育工作贯穿于教育教学的各个环节、渗透到学校各项社会实践活动中，建立起纵向衔接、横向沟通的学生思想教育创新体系。我校坚持德育工作既要有高目标，更要有可操作性的具体要求，从大处着眼，从小

1　此文是2011年12月爱华小学申报"深圳市德育示范学校"评估的自评报告，收录时有删改。

处着手，使德育工作落到实处。我们坚持教育学生懂得做人的基本准则，帮助学生打好做人的根基，为学生的可持续发展奠定基础。

二、构建"大德育"文化，培养学生良好的思想品德

学校德育并不仅是解决一个"知"的问题，而且要解决一个"行"的问题，实现"知行合一"。德育课程并不是单一地上好思想品德课的问题，而是要从学生的行为思想入手，确定德育课程的内容与方法，增强德育的针对性和有效性。因此，我校树立"大德育"思想，将德育工作贯穿于学校工作的方方面面。

（一）实施德育理念领先工程

学校的办学理念决定学校的办学方向与办学行为，决定了培养人的目标。我校结合"立足教师、立足学生"的发展思想，提出"让孩子从这里得到发展，让教师从这里走向成功"的办学理念。其中，"让孩子从这里得到发展"就是指学校要培养德智体美劳全面发展的学生。2007年学校制订的"和谐发展，内涵提升"爱华小学三年发展规划就明确了"思想品德高尚、良好习惯养成、兴趣特长培养"的育人目标，构建了"立德育人、和谐发展"的德育工作思路。学校在办学目标与办学理念的指导下，确立了"育人为本、德育为先"的德育理念，倡导"育智先育德"的主张，要求全体教师在教书育人的岗位上应先育人后教书，在育人中教书，使教师明白育人是学校教育思想的核心。为了营造良好的校风、班风、学风，培养文明有礼、积极健康向上的少年，爱华小学连续七年实施了"让每个孩子都捧奖回家"的策略。在期中、期末总结表彰大会上，70%以上的学生都可以登上领奖台，捧奖回家。学校以"多一把尺子评价学生，就多一位成功的学生"的思想激励孩子们获得成功的快乐、拥有自信。

（二）实施德育人才队伍建设工程

爱华小学立足于"育人为本、德育为先"的教育高视点，确立了"以人为

本"的德育观。面对"学校偏、起点低"的校情，学校有针对性地实施"德育人才队伍建设工程"，采取有效措施抓好德育队伍的建设，开展班主任综合素质大赛，以及先进班、先进班主任、先进中队评选，通过班级月考核、教师师德考核、绩效月考核等方式调动教师的工作积极性。学校抓好了四支队伍的建设。四支队伍是指主管学校德育工作的行政领导队伍、班主任队伍、少先队辅导员及队干部队伍、教职工队伍。前三支队伍是学校德育工作的骨干队伍，学校着重培养。多年来，学校通过强化德育管理加大德育培训和德育评价，注重奖励激励，培养了一支富有活力、开拓进取、务真求实、团队合作、乐于奉献的德育人才队伍，为学校有效开展德育工作奠定了基础。

（三）实施德育管理创新工程

爱华小学落实德育为首的工作，首先做到了建立健全学校德育管理机制，成立了以校长为组长、分管副校长为副组长的德育工作领导小组，及由学校、社区、家长组成的三结合德育工作委员会，定期制定学校德育目标和措施。其次，构建了"学校领导小组—少先队大队部—少先队中队辅导员—少先队员、学校德育领导小组—学校德育处—值日行政—值日师生、学校德育领导小组—德育处—年级组—班主任"的三线四层级德育工作管理网络，使学校德育管理工作落到实处。再次，构建了"三四"德育管理模式（"三"，即"三文"目标——文明有礼的语言、文雅大方的行为举止、文化素质的现代公民；"四"，即"四化"手段——活动化、人文化、课程化、社会化），提高了德育的针对性和实效性。最后，制定了一系列管理制度，如德育常规管理制度，班级管理十五条规定，星级学生评选制度，行为模范班、乐学班周评制度，《爱华礼仪三字经》《爱华一日德育常规》落实制度，"学生品德行为"综合评价制度。这些管理制度规范了学校德育工作管理，形成了德育工作合力，促进了良好的班风、学风、校风的形成。

（四）实施德育文化建设工程

校园是育人的场所。校园环境须做到整洁、美观，以起到熏陶、激励师生高尚道德情操的潜移默化的作用。多年来，学校花大力气对校园进行绿化美化。学校通过悬挂名家名言、小学生守则、《爱华礼仪三字经》、"文明礼仪"、"环境教学"、"安全教育"及学校"三风一训"等内容,陶冶学生情操。小礼堂的"德智体美劳"及"琴棋书画舞"浮雕图,学校南面的"学会生存、学会做事、学会学习、学会合作、学会关心、学会做人""六学会"文化长廊、校园心语园、励志园等处处体现催人奋进的教育氛围,充分彰显学校全员育人、全面育人的办学思想。

学校在加强环境建设的同时更注重校园精神文化建设。学校"三风"建设以及和谐人际关系及师生奋发向上的精神面貌的构建等体现了爱华校园精神文化,发扬了"奉献进取、开拓创新、追求卓越"的爱华精神。爱华小学校园文化是最能展示学校德育特色与魅力、最能凝聚师生士气的文化。

（五）实施德育课程工程

德育课程是实施德育的主要渠道。我校德育课程包含显性课程和隐性课程。显性德育课程主要通过学科教学来完成。除了上好思想品德课,五年来,学校坚持开设了自编的"礼仪教育"课程,坚持将德育渗透于各学科的教学内容和教学过程中。结合校名中"爱我中华"的含义,学校注重中华民族传统教育,制订了"中华民族传统教育"规划,开展经典文化诵读活动,要求学生坚持每天诵读经典,把诵读经典与德育工作结合起来,开展名人中队系列活动,等等。德育隐性课程主要通过学校校园文化建设来完成,学校校园文化、校史馆充分发挥了陶冶教育功能和隐性影响的作用。

（六）实施校本德育工程

1."自主的德育"育人。学校以少先队为阵地,围绕"自己的事情自己做、自己的班级自己管、自己的活动自己搞、自己的阵地自己建"的"四自"做法,组织学生开展形式多样的少先队活动,使他们在活动中受到锻炼、得到提高。"一日值日管理干部"为学生提供了参与管理、施展才华的机会。"一周童心电视台"采用班级承包制、班级学生轮换制,让班级自编自选节目内容,自主申报播放时间,充分体现学生自主管理、全员全面参与。少先队大队部每周开展童心电视台评比活动,调动了师生参与的积极性。每周一的升国旗仪式由上周行为模范班评选得分最高的中队来负责,旗手及升旗主持人由该中队各方面表现最好的学生来担任,整个升旗仪式主持及国旗下讲话均由学生承担。"红领巾花卉培植"活动为学生创设社会劳动实践基地。从播种、施肥、浇水到花卉开花结果,全由学生自主管理,学生在花卉培植活动中养成了热爱劳动的习惯,培养了责任心和爱护花草树木的品质。少先队还建立了自己的活动阵地,培养了一批责任心强的值日管理干部和彬彬有礼的礼仪迎宾队。各中队还办起了红领巾图书角。特别是从 2006 年开始开展了"名人中队"活动,各中队以学生心目中最崇拜的"名人"命名。在学校隆重举行授牌仪式后,各中队开展讲名人、学名人、颂名人、写名人等系列班级文化建设活动,以名人的英雄事迹和成功案例激励每个学生,使名人效应在学生中得以充分体现,营造出积极向上的班级文化。少先队大队部开展"自主"的德育活动,培养学生的自主管理、自我约束、自我进取、自主成长精神,对学校德育工作取得成效起到了极大的促进作用。

2. 在德育主题月活动中育人。 为了丰富德育工作内涵、创新德育工作方式、拓宽德育途径,爱华小学在扎实落实德育常规工作的同时利用各种节日及重大历史事件纪念日,开展思想道德主题宣传教育活动,做到德育工作月月有主题、月月有亮点。学校将德育主题与每周一的升国旗及班队会结合起来,做到时间有保证、内容丰富、活动落实。我校开展的三月感恩节、四月环保教育节、六月艺术节、九月尊师节、十月读书节、十一月科技节、十二月体育节等主题德育活动,让学生在丰富多彩的活动中展示自我、锻炼自我,使学生自身的潜在创造力得到充分发挥,让学生良好的品行在活动中潜移默化地形成。

3. 在养成习惯教育中育人。 爱华小学的生源主要以越南归侨子女及外来劳务工子女为主。培养学生良好的道德行为习惯是我校德育工作中最重要的工作。因此,我们首先从落实"礼仪课堂文化建设"入手,从学生坐、立、行的姿势以及穿戴得体等小事抓起,倡导"穿有样、坐有相、行有规、言有范",利用礼仪教育课训练学生坐、立、行的姿势。学校制定的《班级管理十五条规定》《学生一日常规要求》《学生德育常规要求》《爱华礼仪三字经》,以及每周行为模范班、乐学班、先进班、书香班、环保班等评选,规范了学生行为,培养了学生良好的文明礼仪习惯。经过多年的养成教育,爱华学生的文明礼仪表现得到 2011 年 11 月份前来爱华挂职学习的江苏省的小学校长的称赞,那位校长说:"爱华学生个个像绅士淑女般彬彬有礼、温文尔雅、不急不躁。我还是第一次看到爱华这样的餐厅管理，这种管理绝对是最好、最到位的。学生在餐厅用餐，不需要教师管理，都是由学生自己管理。从门口整队入厅、排队打饭到坐下用餐，再到倒掉残渣、有序离开，一系列程序非常规范。"

4. 在爱心教育中育人。教师用爱心育人，用无私奉献精神关爱每一个学生，学生用爱心去关心、帮助同学，这正是爱华小学爱心教育的成功所在。我校于2005年开展了"阳光助学献爱心"活动。这项活动至今已走过了六年的光辉历程，得到全校师生的支持、家长的一致好评，在社会上引起了强烈反响。学生在"阳光助学献爱心"活动中有了同情心，关心他人，乐于助人。他们不仅献上了一份爱心，更促进了人格的自我升华。

5. 在心理教育活动中育人。健全的人必须有健全的心理。爱华小学重视培养学生良好的心理素质，在2008年就建立了心理咨询室，成立了心理咨询小组，并多次聘请经验丰富的心理专家蒋平等老师来校做心理健康报告。2009年，光明义工团专门在爱华小学开展为期两个月的心理教育系列活动。学校班主任全员参加了心理咨询C证培训。学校规定三至六年级每周开设一节心理健康课程，由具有国家心理咨询执业资质的教师授课。2011年11月，光明新区首次心理咨询公开课在我校举办，我校心理咨询教师高水平的授课得到听课人员的高度评价。

6. "家庭、学校、社会"三结合育人。学校努力构建"家庭、学校、社会"三结合的办学模式，做到以下几点，即：（1）举办家长学校，聘请专家为学生家长做专题讲座；（2）请家长进校园，参加家长会及深入课堂听课；（3）成立家长委员会，让家长参与管理；（4）评选优秀家长；（5）深入学生家长中听取家长意见；（6）深入社区居委会，听取社会意见；（7）请辖区居委会主任及法治副校长来校指导工作。学校努力做到"学校、家庭、社区"三结合，形成教育合力，提升育人效果。

7. 在发展学生特长中育人。在育人观上，我校要求学生全面发展，努力创造条件，着力于智力开发、特长发挥，努力培养合格的学生。我校注重面向全体学生与因材施教相结合，发展学生特长，全面贯彻党的教育方针、全面提高教育质量、办出学校特色，使学生全面发展、学有专长。学校实施"让每个孩子都捧奖回家"的做法，为深圳市体校及体工队输送了11名特长生。"田径""举重""足球""跳绳""美术""书法""礼仪""舞蹈"等课程的开设有力地说明了爱华小学注重培养学生的特长。

三、2008 年至 2011 年取得的办学成绩

由于学校一直重视德育工作，坚持"育人为本、德育为先"的德育理念，打造了优良的教师和学生团队，促进了学校快速发展。因此，这两年学校在各级领导的重视支持下，先后获得了"广东省中小学校本研修示范学校""《师资建设》教师发展学校""广东省德育课题实验学校""广东省少先队红旗大队""广东省体育特色学校""广东省绿色学校""广东省中小学校长培训实践基地""广东省优秀校本培训示范学校""深圳市书香校园""深圳市体育特色学校""深圳市巾帼文明示范岗""深圳市体育传统项目学校""深圳市广播体操标兵学校"等43 项区级以上集体荣誉。师生参加国家、省、市、区级各项比赛，成绩显著。

四、存在问题与努力方向

学校年轻教师多，他们学历高、有活力、有上进心。如何加强青年教师队伍的建设，提高他们的思想道德水平和德育工作能力，是摆在我们面前的主要任务。

学生的思想道德建设、良好习惯的养成并非一朝一夕就能完成，需持之以恒地进行；德育工作也需常抓不懈。我们将以创建"深圳市德育示范学校"为契机，继续做好学校德育工作，努力构建和谐、平安、文明的阳光校园。

实践三　以创建体育特色学校为契机
提升学校办学实力[1]

一、指导思想

《国家中长期教育改革和发展规划纲要（2010—2020 年）》明确指出：素质教育就是要面向全体，全面加强和改进德育、智育、体育、美育；要牢固树立健康第一的思想，切实保证体育课和体育锻炼时间，促进学生身心健康、体魄强健、意志坚强。

二、办学条件

（一）基本情况

爱华小学创办于 1982 年，已有 28 年的办学历史。我们从 2005 年开始，一直在体育工作上做积极探索和实践，取得了突出的成绩。

（二）领导重视

市、区、办事处教育主管领导对我校体育工作高度重视，对我们取得的成绩多次充分肯定，尤其在体育特色建设经费上给予大力支持，近三年总计投入 45 万元（用于购置体育器材和特色建设经费），保证了创建经费的落实。

1　此文是本人于2010年11月在爱华小学申报深圳市中小学素质教育特色学校创建资格考评时的发言，收录时有删改。

（三）学校办学方向明确

我们力争以体育特色创建为突破口，培养学生良好的运动习惯，增强学生的身体素质，让有体育特长的学生个性张扬，让学校实现"特色立校、特色兴校"的目标。

（四）师资队伍力量雄厚

我们学校只有14个教学班600多名学生，但配备了4名本科学历的专业体育教师。他们专业基础扎实，充满朝气，有拼搏进取精神。

（五）爱华师生特别能吃苦耐劳

爱华小学学生主要是越南归侨和外来劳务工子女，他们的家庭并不富裕，居住环境也比较差。在这样的家庭环境中长大的孩子不仅不娇气，从小就形成了吃苦耐劳的精神，而且对体育运动特别喜爱，为体育专业队提供了生源保障。2008年前，学校只有破烂不堪的煤渣跑道；2009年，借村小改造机遇，学校建设了塑胶跑道的运动场。连续四年，体育教师克服没有运动场的困难，不管严寒酷暑，坚持不懈地抓专业队训练，使学生在省、市、区运动会上摘金夺银。

（六）运动场地一流，设施设备一流

爱华小学在光明新区各级政府的重视支持下，几年间共投入460多万元用于运动场围墙、塑胶跑道、足球场、灯光篮球场等硬件建设。现在一流的运动场设备设施为创建体育特色学校打下了坚实的物质基础。

（七）学校体育成绩突出

这几年，我校体育教师克服学校规模小、专业队苗子选材空间小、学生居住点分散、训练接送不方便等困难，在工作中付出超常的努力和奉献，交出了不平凡的成绩。

集体获奖荣誉：2006 年，获宝安区"广播体操标兵学校"；在宝安区田径运动会上，获"精神风貌奖"；2007 年，获深圳市"广播体操标兵学校"；2009 年，获"广东省体育特色学校""深圳市广播体操标兵学校""深圳市体育与健康示范教研组""光明新区体育特色学校""光明新区广播体操优秀学校"等荣誉称号。

团体参赛获奖情况如表 21 所示。

表 21　团体参赛获奖

年度	田径队	举重队
2007 年		获市第七届运动会团体总分第一名
2008 年	参加光明新区首届运动会甲组总分获第三名	
2009 年	参加光明新区第二届运动会乙组总分获第一名	参加市"体彩杯"举重锦标赛团体男子获第一名，女子获第三名

田径、举重个人参赛获奖情况如表 22 所示。

表 22　田径、举重个人参赛获奖

获奖等级 ＼ 项目	田径		举重			总计
	市级	区级	省级	市级	区级	
金牌	4	32		20		56
银牌	4	14	1	21		40
铜牌	2	17		12		31
总计	10	63	1	53		127

输送特长生情况如表 23 所示。

表 23　输送特长生

项目	年度	姓名	输送单位
田径队	2008 年	叶志斌	深圳市体工队
	2009 年	林国祥	
举重队	2008 年	程忠燕、姜燕、邱方玉、彭嘉星、许德龙、陈伟龙 6 名同学	深圳市体育学校

　　其中，姜燕、程忠燕代表深圳市参加广东省第十三届运动会举重项目比赛，姜燕获丙组第二名，程忠燕获丙组第八名。突出的体育成绩为创建深圳市特色学校奠定了扎实的基础。

三、体育特色学校创建思路

（一）指导思想

　　我们要在现代教育理论及体育界专家的指导下，积极传承和探索体育文化，深入落实素质教育，把形成鲜明的体育办学特色作为学校发展新的契机。

（二）创建目标

　　总体目标：以田径、举重、"二操一舞"（广播操、武术操、校园舞）特色项目为突破口，促进我校体育运动的普及与提高，让学生人人都运动起来、人人都有强健体魄，让校园充满活力。为此，我们打算分三个阶段来推进，努力实现体育特色的跨越式发展。

（三）创建步骤

　　第一阶段：特色学校创建准备阶段（2010 年 10 月至 2010 年 12 月）。我们主要做了三项工作。

1. 加强领导，成立特色创建领导小组，明确责任，分工具体。

2. 宣传发动，初步形成创建体育特色学校的氛围，全校师生达成共识。

3. 拟订切实可行的体育特色学校创建目标与思路。

第二阶段：特色学校创建实施阶段（2011 年 1 月至 2012 年 12 月）。这一阶段是整个创建活动的关键阶段，是重点体现创建过程与成果的阶段。为此，我们重点做了如下五项工作。

1. 以活动为载体，促进学校特色发展。成立多个体育活动兴趣小组，贯彻阳光体育运动精神，举办校运会，抓好"二操一舞"训练，鼓励学生优先发展特长与爱好。

2. 着力打造特色项目，丰富特色教育内涵。我们将着力打造田径、举重、"二操一舞"（广播操、武术操、校园舞）特色项目，充分有效地整合学校与市体校、市体工队及家长等各种教育资源，开展能够满足学生成长发展需求的形式多样的体育活动，体现特色项目整体育人、特长育人的功能。"二操一舞"要能充分体现愉悦审美功能，进一步培养学生的体艺情操，陶冶学生的审美情趣。

3. 以课程、科研为指引，唱响特色教育主旋律。成立体育特色课题研究小组，开展体育特色专题研究，开足体育课程，上好特色校本课程，让特色教育渗透于课堂之中。

4. 强化队伍训练，建立激励机制。学校体育专业队严格按照各项目训练规律和青少年身体生长发育规律科学训练。

5. 建立激励评价机制，做到才能常态展示评价与参赛评价激励相结合。

第三阶段：特色学校创建总结推广阶段（2013 年 1 月至 2013 年 6 月）。这一阶段，我们主要做以下几项工作。

1. 通过"创特"活动增强学生的终身运动意识,形成鲜明办学特色。

2. 形成一整套特色创建宝贵经验,起到推广、借鉴作用。

3. 迎接特色学校创建工作专项检查。

(四)创建措施

学校坚持做到"三突出",即突出提升特色创建内涵,突出注重创建过程方法,突出实现群体参与创建;做到"三个严抓",即抓师资建设,抓特色活动,抓校本课程落实;做到"三个途径",即宣传到位,落实经费,评价激励。如此,学校才能构建完整的特色学校建设过程体系,确保特色学校创建有成效。

(五)对特色创建的未来展望

今后,我们将在坚持正确办学方向、规范办学行为、全面推进素质教育的基础上,不辱使命,不负众望,打造体育特色品牌,提升学校办学实力。

实践四　炼我强壮体魄　赢我成功人生[1]

"办人民满意的教育"一直是我们爱华小学全体教师的共同追求。三年来,爱华小学以"创建深圳市素质教育特色学校"为契机,使"炼我强壮体魄,赢我成功人生"成为每个学生的成长宣言,促进了学生的全面发展。

作为"广东省中小学校长培训实践基地",这三年,我校迎来了省内外不少校长前来跟岗学习。他们对我校特色办学给予了极大的肯定。2011年,江苏省校长赠给我校"理念领先、特色办学"牌匾;2012年,广东省内校长给我校赠

1　此文是本人于2013年9月在爱华小学参加深圳市素质教育特色学校三年创建后验收考评时的发言,收录时有删改。

送"特色彰显、出类拔萃"牌匾。

在我校特色学校创建过程中，我觉得有四大亮点值得向大家汇报。亮点一，措施得力。这体现在：（1）参与面广。全校师生及社区都参与到创建活动中来。（2）普及性强。学校大力培育、发展田径、举重、校园舞、篮球、足球、花样跳绳六个特色项目,编辑出版了4本体育校本教材,并扎实地落实到课堂教学中。我们做到"两个确保"，即：确保课堂上每一个学生有一个球、一根绳，而且人人会打球，人人会踢球，人人会跳绳；确保每一个学生在小学毕业时都掌握两至三项运动技能。（3）在硬件上投入足，在软件上注重体育特色内涵的建设。亮点二，学生身体素质全面提高。我校学生参加体能测试优秀率达30.2%，合格率达95.6%。亮点三，成绩突出。三年来，体育学科获得市、区级集体荣誉20项；体育特长生参加比赛，国家级获奖8人，省级获奖2人，市级获七金、八铜、三银；为市体校、体工队输送了13名特长生；教师获国际级裁判员、国家级高级教练称号1人。亮点四，示范、辐射性强。

下面，我从三个方面汇报体育特色学校创建工作的情况。

一、制度健全，管理精细

我校制订了体育特色学校创建实施方案，成立了以校长为组长的创建工作小组，提出了创建工作16字方针，即层级管理、职责明确、人人参与、求真务实。学校做到每学年都有创建工作计划、总结，有表彰激励，70%以上的学生都能捧奖回家。

二、措施得力，经验值得借鉴

我校提出"炼我强健体魄，赢我成功人生"的体育特色教育理念，以"全员普及，强身健体"为创建宗旨，以优势特色项目带动特色学校建设、实现特色兴校为创建思路。学校着重做了三项工作：

（一）大力培育体育特色项目

2010 年，学校培育、发展的田径、举重、校园舞三个特色项目取得良好成效；2011 年，学校又培育、充实了篮球、足球、花样跳绳等特色项目。

（二）全力推进四个"结合"

1. 与课堂教学相结合；2. 与大课间阳光体育活动相结合；3. 与全体教职工参与相结合；4. 与社区参与相结合。

（三）狠抓落实稳发展

1. 扎实实施"553"工程。我们以"五操"（广播操、武术操、大自然快乐操、绳操、爱眼操）为契机，以"五队"（跳绳队、足球队、篮球队、软式垒球队、田径队）为基础，以"三节"（跳绳节、体育节、亲子趣味运动节）为支撑，扩大学校体育工作影响力，促进提高学生身体素质。

2. 重点打造跳绳特色项目。我校请跳绳专家胡平生老师做指导，要求全校师生都会跳绳。学校实施跳绳考级评星的激励机制，颁发考级奖章。我们打造了三支队伍——绳操表演队、花样跳绳表演队、跳绳竞技队。我校跳绳项目起步晚，但发展快、潜力足、前景好，起到辐射、示范、引领的作用。学校成功举办了"顺德东风—罗湖水田—光明爱华"三校跳绳交流活动，引领了光明新区跳绳项目的开展，尤其是指导了光明新区实验学校、下村小学两所公办学校，以及诚铭学校和中英文书院两所民办小学创建了区级跳绳特色项目。2011 年，学校跳绳队为360 多位侨胞展示花样跳绳，多次为省内外学校领导、老师表演，还参加社区达人秀比赛，获得高度评价。

3. 我校重视将特色发展和科研相结合。学校开展了《跳绳运动对提高学生综合素质的探究》课题研究，致力于体育课程实施的改革与实践，创新安排体育授课计划，即按体育教师的专业特长安排每个班级展示的篮球、足球、跳绳、田径等授课任务。这样的授课安排有利于发挥教师的专业特长，有利于学生掌握运动技能，有利于提高体育课堂教学质量。

4. 我校还重视总结创建工作经验。2012 年，我撰写的文章《让每一个学生健康发展》获深圳市素质教育特色学校经验总结评选二等奖。

我校体育设施设备完善，体育器材充足，体育文化氛围浓厚。

三、成绩显著，影响深远

体育特色学校创建工作推动我校走上内涵式发展的体育特色兴校之路，体育精神已成为学校文化支撑。三年来，我校体育特色教育硕果累累。在 2013 年省举重锦标赛 53 公斤级比赛中，我校举重队队员程忠燕获冠军，姜燕获亚军；举重队在市级比赛中获七金、八银、三铜。在光明新区第四届中小学田径运动会上，田径队获团体总分第二名，跳绳队在开幕式上做唯一表演。在光明新区第五届中小学田径运动会上，200 名师生参加的大自然快乐操表演获优秀表演奖，方阵队绳操表演获"十佳精神风貌奖"。跳绳队参加全国跳绳精英赛，获第三、四、五、六名；参加深圳市百校千名中小学生跳绳赛，获两个单项冠军、团体总分第四名。跳绳社团获光明新区"优秀红领巾社团"称号。学校连续六年被评为"深圳市阳光体育活动先进学校""深圳市广播体操标兵学校""深圳市举重及广播体操传统项目学校"。

学校为体育教师提供了快速成长的平台。温淞胜老师成为国际级跳绳裁判员、全国跳绳高级教练，获深圳市优秀共青团标兵等称号；许卓文老师获深圳市体育录像课二等奖、区说课比赛特等奖。国家高水平后备人才基地授予我校"业训先进人才摇篮"称号。我校是嘉应学院体育学院学生的实习基地，也是广东省中小学校长培训实践基地。学校连续四年迎来广东、江苏、北京等地 60 多名校长来校跟岗学习，他们一致认为爱华小学的体育特色已成为学校的品牌。

《南方论刊》《广东教育》《深圳特区报》等多家媒体报道了我校体育特色创建工作的经验与成效，社会各界对此也给予了高度评价。

"炼我强壮体魄，赢我成功人生。"我们坚定信念，明确目标，上下一心，让爱华小学体育特色学校创建工作一路欢歌一路果。

附　录

京苏粤校长跟岗学习反馈

反馈一　精神·理念·文化[1]

2011 年 11 月 21 日，我们常州校长一行四人来到了广东第二师范学院。第一天在学校进行跟岗影子培训的指导和团建培训活动，下午举行了开班典礼。22 日至 25 日，我们在深圳光明新区的爱华小学度过了愉快的四天学习生活。为期五天的学习之旅让我感受到了深圳的速度，深圳人的敢干、会干、能干、创业、创新、创造的精神，同时也让我深深感受到改革开放以来深圳教育的快速发展、现代化的教育理念和教学设施。

11 月 21 日，我们集中到广东第二师范学院，聆听了学院邓华雁处长的报告，了解跟岗学习重在体验学校文化，随后开展了团建培训。下午举行了开班典礼，江苏教育学院柏杨教授与广东第二师范学院院长等领导做了讲话。

11 月 22 日，我们来到离广州大约 200 公里的爱华小学。这是深圳最边远的一所农场小学，很偏僻，是为当地归国越南侨胞建设的一所小学。在爱华小学的三天时间内，我们跟随校长全程参与学校管理。我们在 22 日参观了学校的校园文化，聆听了校长介绍学校发展历程、办学思路、发展规划、深圳三十年来的教育发展变迁；参加了学校的教师例会、退休教师欢送会。我们在 23 日听取了 2 节校本教研课，并参与深圳市教研员的点评；听教师介绍学校发展，观察学生的

1　原文标题为《江苏省骨干校长影子培训学院研修日志——江苏省常州市校长来校跟岗的总结发言》，作者是常州市新北区春江中心小学校长徐燕娟。

课间活动、食堂用餐。我们在 24 日参观了光明新区的田寮小学，参加了光明新区运动会；下午，总结学校办学经验及学习心得。可以这样说，经过一周的学习，我们收获颇丰，有很多感动、启迪与思考。尤其感动的是：邓校长的敬业精神、敢于超越的精神，教师的敬业爱岗，学生的自信大方、活泼开朗、收放自如，精致的校园，等等。更令人叹为观止的是学生表演的花样跳绳。下面谈自己的三点感受和体会。

一、一种精神——深圳精神

要办好一所学校，校长首先要有自己个性化的办学思想，它是办学的灵魂。校长的办学思想决定了学校的办学方向与办学行动，或者说决定了学校是要落实应试教育还是素质教育，决定了是否能体现"以人为本"的全员育人、全面育人思想。

在爱华小学，我深切体会到了深圳人的一种敢于超越、追求卓越的精神，尤其是在逆境中永不言败的精神。2004 年 7 月，邓华香校长带着党和人民的重托、领导的信任、同行的支持，来到爱华小学担任校长兼党支部书记。2005 年，邓校长提出"夯实小学基础，创办优质学校"的办学总目标。我们认为这个目标比较切合学生发展及落实素质教育的实际。它强调抓小学基础。这里讲的"基础"不单是知识文化基础，而且包含良好的思想道德基础、身体素质基础以及行为习惯基础等。迄今只有七年多的时间，在这几年里，她带领着爱华小学全体教职工，克服了当时办学条件艰苦等重重困难，走过了一条开拓进取、追求卓越的艰辛曲折的办学之路，创造了一个又一个辉煌的成绩，使学校从一所薄弱学校发展成在区、市、省，乃至全国有影响力的现代化学校。

七年来，学校先后获得"广东省中小学校本研修示范学校""《师资建设》教师发展学校""广东省体育特色学校""广东省中小学校长培训实践基地""广东省德育课题实验学校""广东省少先队红旗大队""深圳市办学效益奖""深圳市体育特色学校"等省市级集体荣誉 25 项、区级集体荣誉 17 项。这些不平凡的成绩离不开邓华香校长先进办学思想的引领，扎实的工作作风，科学精细的管理，卓有成效的工作方式，以及开拓进取、爱岗奉献的精神。

从交流中，我们深切感受到邓华香校长是一位勤奋、爱学习、务实、有责任心、能干而又不爱张扬的好校长。她办学校没有提出空洞、响亮的口号，但能脚踏实地地不断探索和落实她提出的"让孩子从这里得到发展，让教师从这里走向成功"的"双主体"成功教育办学理念，实现"夯实小学基础，创办优质学校"的办学目标。

她以出色的办学成绩得到了上级领导的关心和大力支持，使办学条件简陋的爱华小学建设成为今天校园环境优美、教育教学设施先进的现代化学校；她以个人的人格魅力得到了广大教职工和广大家长的拥护和爱戴；她以崇高的教师职业道德得到学生的无限崇敬。她不追求虚名，从不因为学校获得多种殊荣而格外包装自己；她喜欢"本色"做人，踏实做事。她带领爱华小学全体师生，创造了学校的品牌，彰显了学校的特色。

二、一种理念——以人为本

邓华香校长来到爱华小学后，确立了"双主体"成功教育理念，把教师的发展放在第一位。她首先改善了教师的食堂、宿舍，解决了师生的用餐、住宿问题；其次，关注了人的发展，邀请专家进课堂，参与教师的校本培训，给予教师主动成长的发展平台；最后，把学生发展放在第一位，给予孩子成长的平台，时时处处让孩子参与学校的活动，注重学生的养成教育、礼仪教育。此外，她策划开展了学校的校园文化建设，一切以学生为本，做到寓活动、娱乐、育人于一体；开发多元校本课程，打造学校特色，让每个孩子拥有一技之长。同时，她还积极挖掘家长资源。

邓华香校长依法治校、行为示范，智慧管理、积极创造爱华小学精神家园。她以自己先进的办学理念引领师生发展、学校发展。她主张教师在教书育人的岗位上应先"育人"后"教书"，在"育人"中教书。"育人"是她教育思想的核心。她常说："教师的人格是一种无穷的榜样力量，教师的爱心是这种力量的原动力。教育最核心、最本质的问题就是人的培养。"因此，"教好每一个学生"要成为教师神圣的使命。她常说："教师是培养学生的能手，是推动学校发展的主力军。"对教师进行培养，让教师成功而体面地工作、生活，是她做校长的职责。

学校在"让孩子从这里得到发展,让教师从这里走向成功"的"双主体"成功教育办学理念指引下,有了许多新的教育理念或新的想法、做法。2005年10月,新教学楼落成。为了让教师放下师道尊严、高高在上的架子,使课堂方便教师走近学生,学校大胆地做出决策——拆掉讲台。拆掉了讲台,扩大了空间,方便了教师组织课堂活动。学校于2007年就编排了校园舞,不久后,教育部才在全国中小学推广校园集体舞。2010年,教育部在全国中小学推广武术健身操,而爱华小学的体育教师早在2009年就自编了一套武术操,供全校师生学习。当教育部提出要重视书法、礼仪教育时,爱华小学早在2006年就开设了礼仪、书法课程。而这一切都是邓校长基于学生发展需求,捕捉基础教育新动向,结合学校实际提出的新目标和新措施。

三、一种文化——"家"的文化

邓华香校长很有思想,制订了"打造学校文化特色"三年发展规划,实施"文化兴校"战略,明确了学校办学总目标(创办"优质性、示范性"现代化学校)、打造"三特工程"(特色学校、特优教师、特长学生),确立"文化兴校、特色强校"的办学思路。学校在几年时间内营造了一个如春的花园、快乐的学园、孩子的乐园。

学校为了达成发展目标,采取打造"八种文化"、狠抓"两个中心"、重建"一个评价体系"的办学策略,提升学校办学品质。爱华小学于2005年搬迁教学楼,于2007年着手村小改造项目规划,于2009年完成村小改造项目工作。学校逐年完善校园环境建设工作,即:一是学校环境文化建设有内涵、有品位。在校园环境建设中,大到教学楼各室布局,小到标语口号、标识牌都具有浓厚的文化内蕴,都蕴涵着学校"让孩子从这里得到发展,让教师从这里走向成功"的办学思想。比如:学校长廊就是一个开放的舞台,学生可以在此自由展示自我;在学校的心语园、种植园中,每一个孩子都能在这里找到自我。二是学校课程文化注重多元。学校在按国家课程计划开足开齐课程外,还开设了"书法""礼仪""经典诵读""电子琴"等校本课程以及"田径""举重""跳绳""合唱""舞蹈""书法""美术""花卉培植""童心电视台"等拓展兴趣课程,使学生在丰富的课程学习中提升素质、发挥特长。可以这样说，在爱华读书的孩子是幸福的，他们可学的课程多，可参加的兴趣社团多，学校活动多，展示才能的机会多。三是学校制度文化严谨科学。学校制定了德育、教学、安全、后勤等方面的制度规范教师的行为，引导教师自觉遵守学校的各项规章制度。教师方面，学校通过学校目标激励（学校的办学目标激励）、个人成功激励（教师个人制订专业发展规划、星级教师评选）与人文管理方式（工作、生活上对教师的关怀；执行制度时，在特殊情况下做特殊处理）调动教职工积极性。无论在什么时候，学校总会有一种力量调动教职工的聪明才智和工作激情，能让他们保持一种拼搏向上、勇于争先的精神。四是学校形成一种精神文化，让每一位教师都能做到爱事业、爱学校、爱学生，真正体现爱华学校的精神核心——爱。走在校园中，我们能看到老师敬业的身影。许多老师早上7点到校，晚上7点离校，甚至有20多位年轻教师以校为家。老师都在课间和学生一起跳舞，课后和学生一起用餐。退休教师对学校有一种感情，留恋学校，留恋教育生活。

反馈二　十年磨剑　华丽变身[1]

我们吃住都在学校。生活在校园里，我们能看到更多，发现更多，也思考更多。

我们穿过高速公路，进入光明新区，看到到处都在大兴土木。绕过低矮的平房和杂乱的厂区，我们发现一条不怎么宽敞的水泥路可延伸至学校。学校给我们的第一印象就是：这像是一所农村小学，办学条件一般。当时有人笑称我们是来扶贫的。没错，十年前的爱华小学确实很荒凉，没有水泥路，跑道上满是煤渣，教学楼是破旧的。学生只有400多人，老师平均年龄46岁，学校获得的集体荣誉不多。十年后的爱华已经是挂着4块省级、9块市级集体荣誉牌子的学校了。为什么十年间有如此大的变化？因为有了邓华香校长，是她使爱华小学在十年的

1　原文标题为《十年磨剑　华丽变身——广州市荔湾区小学校长、主任来校跟岗总结发言》，作者是广州市荔湾区致爱学校教导主任黄国能。

时间里实现了华丽变身。感受着邓校长自信的笑容、睿智的谈吐，我不禁思考：怎么她的生命如此高质量？我这十年在教学岗位上又奉献了多少？做了多少？我生命的宽度和高度是否也能再拓宽些，再提高些呢？

一、可敬的校长

（一）先进的办学理念

办学理念是一所学校发展的风向标，是办学特色的根本保证。当我看到柱子上镌刻着"让孩子从这里得到发展，让教师从这里走向成功"时，我就感受到爱华小学先进的办学理念是何等地关注孩子和教师的和谐发展。这一办学理念一经确定，校长就对全体教职员工进行多次培训，全面阐述背景、学校发展方向，继而通过背诵办学理念、解读办学理念、校园电视台宣传等形式传递给学生、家长，让全体师生、家长知道校长想干什么，知道学校的办学理念、办学目标、"三风一训"等。

在"双主体"成功教育办学理念引领下，邓校长推行一系列特色教育。体育开展"553"工程，校本课程"花样跳绳"独树一帜，学校也早在2010年就被评为广东省体育特色学校，实现了"炼我强壮体魄，赢我成功人生"的目标。校本研修实施"571"活动，分层培养教师，让每一位教师走向成功、享受成功，学校也早在2009年被评为广东省中小学校本研修示范学校。学校引入书法课程，规定每周一节书法课，要求学生每天下午准时练字。伴着悠扬的乐声，低年级练习硬笔书法，中、高年级练习软笔书法，教室顿时"翰墨飘香"。这让我们每一位参观者都能感受到浓厚的文化气息。如果不是亲眼所见，那么我还不会相信教室里会有一捆捆的学生练字本、一摞摞的学生书法作品。铅笔字、钢笔字、毛笔字，学生写得是那么认真、那么工整，令我们赞不绝口：学生怎么写得这么好啊！我们不禁暗想：看来，我们也得好好修炼一下才行。当我们走进校园，发现走廊两旁都挂着老师、学生的书法作品。无论是从作品的布局章法，还是笔画的形态与笔法，这些作品都表现出老师与学生扎实的基本功和令人震撼的才气。点画之间无不蕴藏着学校的智慧和学生的成长足迹。

经过一周的观察，我们发现邓校长将更多时间和精力放在学校的管理与发展谋划中。虽然爱华小学刚开始底子薄，但是校长并不退缩，而是因地制宜，找准自己的位置，让学校获得发展。他们紧密结合学生的实际情况，并没有一味追求"高大上"。由此看来，一所学校想要获得持续的发展动力，就必须从学校特色构建上找出路。创建了特色项目，成就了这所学校，让它获得了不竭的发展动力。

我为爱华小学的教学质量处于区前列而折服；为邓校长抵受外界的质疑，坚守打造体育特色而折服；为她放学后依然让孩子在操场上自由活动，而不担心学生受伤、出事故而折服。

无论是校本研修还是体育特色，爱华小学都有超前意识。邓校长在 2006 年就开展了学校的校本研修工作。校园舞、武术操在当时还无人问津，但学校已经投入训练。这些都需要学校有大胆创新精神，这也离不开校长的果敢决断、勇敢担当、锐意进取。不管市、区教育主管部门来校开展什么活动，邓校长总能处事不惊、从容应对。这也让我再次确定"一个优秀的校长能带出一所优秀的学校""校长是一所学校的灵魂"这两句话是真理。

（二）闪光的人格魅力

邓校长对中层干部采取尊重、信任的态度，使其发挥所长。她任人唯贤，力促教师成长。学校中层干部都是邓校长一手培养、提拔上来的。她虽然对教师严格要求，但是凡事都带头干，所以在学校很多事情上校长和教师都是平等的。教师和校长一起参加每年的教学节比赛，一起到结对帮扶的学校上送教课。正如邓校长所说："我都带头干了，老师还有理由不去干吗？"我不禁想起：现在很多校长本身就是业务肯干，却因学校琐碎的工作而生疏了本身的教学业务，真有点可惜。

回首当初，邓校长从光明小学奉命来到这所薄弱学校任校长。初来乍到，她首先把教学楼墙面翻新，解决老师的吃饭问题，修整饭堂灶台，解决教师午休宿舍问题，给住校老师添置生活用品，让老师感受到领导的关心与温暖。

为照顾临近退休的老教师，学校给他们 900 元的课时平均工资，当时有教师不理解，邓校长说："谁都有老的一天，为何不能将心比心呢？"老教师信服邓校长，学校也再没发生过老师间闹矛盾、老教师不配合的事情。俗话说，得人心者得天下。邓校长对教师处处给予人文关怀，而教师也都能领会到邓校长的心意，他们以奉献教育来回报领导。如果我们都能多一点人情味，多一点人文关怀，那么大家也都能愉悦地工作。

邓校长的热情坦诚也给我们留下了深刻印象。她对学校的事情如数家珍。难能可贵的是，无论讲到学校发展还是教师队伍建设，她总能把当中遇到的困难、烦恼及最后的解决办法都毫无保留地告诉我们，并没有只报喜不报忧，让我们后辈真实了解到如何解决实际问题。对于跟岗学习的我们来说，结果往往不是我们最想了解的，我们最在乎的反而是过程。这几天，邓校长从每天安排到起居饮食处处关心，还分别召开了学校德育工作、学校办学经验、深圳特区教育概况、校本研修的介绍会，开展了特色教育、中层骨干交流会等汇报，把学校方方面面的工作娓娓道来，其安排之周到、用心让我们感动。爱华小学真不愧是广东省中小学校长培训实践基地。校长的热情坦诚让我们第一天就融入了学校，正像邓校长所说："到了爱华就是爱华的人啦。"一位初识的校长如此热情款待我们，如果每个人都能这样待人，那么这个世界将变得更美好、更简单。当然，邓校长的坦诚相待更显她的大气和魅力。

（三）严谨细致的为人

1. 严谨细致，制度立人。 走进学校，我们看见他们的教学井然有序：办公室里，老师在安静地备课、批改作业；教室里，同学们在认真地听课，时不时传来琅琅的读书声和优美的歌声；操场上，师生在欢快地游戏。学校领导向我们介绍，他们之所以能取得这样的办学成绩，是因为有严谨细致的教学管理制度。他们很重视常规检查、预习检查、课前准备检查、书写姿势检查、作业量检查，等等，各种常规检查表放在主管行政办公室门口的格子柜里，随时抽检。学校实行全面检查，一旦发现问题，就严格要求、坚决整改。

教学启动"571"校本研修工程，教学节、校本研修、德育等评比活动有规章制度、评比细则，清晰明了，各部门按制度办事，评出优秀先进。大至学生留堂记录，小至迟到请假，各项评比均由行政干部、值日教师、队干部层层落实，从而评出每周的乐学班、先进班。

2. 精细文化，事事躬亲。 走进校园，你会发现校园洁净优雅，没有任何纸屑，绿树掩映。浮雕、行健园、励志园、心语园等彰显校园主题文化。大至品牌的打造，小至校园花草的种植，都凝聚着校长的心血，践行着办学理念，真是独具匠心。教室重视文化布置。图书角整齐地摆满了《学生守则》《有趣的故事》《好习惯伴我成长》《学生周末快乐作业》《绳飞舞韵》等校本教材。红花榜、荣誉栏张贴着的奖状见证着学生的进步。教室里唯独不见讲台，后来听邓校长说拆掉讲台也是她的独创，这样能拉近师生距离，扩大课室空间，实现"双主体"成功教育的办学思想。原来一个微小的行动也包含着先进的教学理念，这真是小行动造出大理念。这也是这所学校的独特文化。

二、可亲的老师

校园里的青春气息让我们似乎回到了灿烂的时光，让我们找回了逝去的青春。如今，爱华小学教师平均年龄 32 岁，校园里到处洋溢着青春、朝气，年轻的他们敬业爱岗。适逢教学节，我们听了语文、数学、英语课，课堂上老师生动实在的教学，激趣启智，促进师生和谐，老师们专业、敬业。课后，我们与老师进行了交谈，他们同样热情有礼。好一支高素质的人才队伍！高素质的教师队伍是每所学校发展的前提，也是每位校长所追求的。为此，管教育的领导也好，校长也好，都应把提升教师的专业素养和专业水平作为头等重要的事情来抓。

三、可爱的学生

下课铃声一响，一年级的小朋友首先在空地跳起绳来，他们是自由、活泼的。我们不禁慨叹，有场地多好，他们比城市孩子幸福多了。大课间时，学生在操场上伴随着悠扬的乐声，绳舞飞扬，学校里人人都会跳绳。花样跳绳队为我们做了表演。只见简单的绳子在孩子们手中演绎出别样的精彩，"鱼跃龙门""车轮跳""绳中绳""交互绳"每种花样都令我们大开眼界、惊叹不已。给孩子一个平台，他们就能创造出一片天地。下午第三节是孩子们最快乐的活动时间，有阳光体育活动、大自然快乐操、舞台表演、社团活动等。这些活动天天不同、丰富精彩。孩子们进行纯原生态的逗趣的表演，他们自由地跳、跑、唱，这就是我们要追求的素质教育。

我们本以为体育特色学校里的孩子会很好动，但在课堂上，我们看到孩子坐姿端正、精神抖擞、举止大方。这些孩子虽没有像城市学生那样侃侃而谈，但也没有像乡村孩子那样胆小扭怩，思维紧跟老师，没有一个人游离于课堂之外。课堂上，学生总是热情高涨。他们动如脱兔、静如止水，动静皆宜，证明学校特色教育历经多年已发生了质变。正如分管德育的陈国灵副校长所说："体育不仅能促进学生养成习惯，也激活了学生思维，促进了教学。"

在这五天，我们且行且思且珍惜，最后带着敬畏、感恩的心，离开了爱华小学。爱华，爱我中华；爱华，爱的升华。最后，我们要感谢区领导大力支持校长培训班，感谢教师发展中心一年来无论理论学习还是跟岗安排都做到精心、用心，感谢这五天一路走来，笑声常伴的第五小组所有成员。

反馈三　源于爱华的思绪[1]

2012 年 9 月 23 日至 28 日，我们江苏骨干校长培训班一行 160 人来到美丽的广东跟岗学习培训。广东既是经济强省，也是教育大省。广东的教育伴随广东经济的蓬勃发展步伐而蒸蒸日上。广东教育人的奋进与韧劲、持之以恒、热爱与奉献给我此次广东跟岗培训学习之行留下了深刻而美好的印象。这是一次教育之旅，更是一次友情之旅。广东教育人海纳百川、开放包容的热情与广东的教育共同迸发出炽热的情感，让我发自内心地说一声："此次跟岗学习不虚此行。"

本次跟岗学习按照分组进行，连云港、淮安、泰州等居于苏北、苏中两地的六位校长被安排到中国改革开放的试验田、经济发展实力最超群的深圳，我

1　原文标题为《源于爱华的思绪——江苏省校长来校跟岗的总结发言》，作者是江苏连云港开发区第一小学校长李广新。

们跟岗学习的学校是爱华小学。爱华小学创办于 1982 年，迄今有 30 年的办学历史。据介绍，学校现有 19 个教学班、850 多名学生，45 位在职教师。大多数学生是生活在周边的越南侨民子女。学校坚持德育为首、科研先导、面向全体、因材施教，全面实施素质教育，着力培养德智体美劳全面发展的学生；确立"让孩子从这里得到发展，让教师从这里走向成功"的"双主体"成功教育办学理念；以"文化立校、特色强校"的办学思路，扎实推进学校的文化建设，彰显学校的办学特色。

在爱华小学跟岗学习期间，我先后听取了邓华香校长关于学校工作、深圳教育、学校教育的发展历程以及德育教育和体育特色建设等方面的介绍；参加了学校的行政工作会议、年度星级教师评选表彰暨青年教师培养启动仪式；参观了学校校园文化；观摩了学校大课间活动、香港义工教练的大自然快乐操表演；分享了跟岗学习的各位领导在学校管理、教师专业化培养、学校特色发展、办学业绩等方面所取得的成功经验；与爱华小学的校领导、教师、学生和校工进行交流，了解学校在课程设置、社团建设、队伍打造、绩效考核、教学管理、建章立制等办学深层次方面的问题。虽然时间短暂，但学习内容丰富，学习收获很大，由此也引发我很深的感触。

一、一个"情"字成就了一所学校

从邓校长关于学校发展方面所走过的辛苦历程、经验积累、理念提升、办学路径选择等方面的介绍中，我深深地感受到爱华小学教育人所走过的坚定而充满无限热情的教育之路。爱华小学创办于 1982 年。起初为了让越南归国华侨的子女有学上、上好学而取名爱华，寓意热爱中华、振兴中华。就是这样淳朴的爱国之情，开启了一所学校成长的历史。虽然学校经历了艰辛的办学历程，但在此工作过的一代代爱华人扎根热土、不离不弃的教育情怀滋润了这所学校，成就了这所学校。如今的这所学校，虽然年轻，但办学理念超前、办学理想远大、办学措施扎实、办学业绩显著。爱华小学之所以能坚定地走过来，取得这些优异的办学业绩，是因为爱华小学教育人对教育（特别是对经济特区教育）、对这所学校有浓浓的教育情怀。这是现今很多教育人尚缺但必须有的教育原动力。爱华小学教育人在内心浸润着他们的教育灵魂，促使自己默默无私地奉献着，与这所学校同呼吸、共命运，让这所学校由弱变强，焕发勃勃的办学生机。

二、一个"干"字崛起了一所学校

在爱华小学，感染我的不仅是洋溢在领导、老师、学生脸上的笑容，而且更多的是领导和老师的那种"不用扬鞭自奋蹄"的干劲。当旭日未升时，学校操场上已是热闹非凡：学校跳绳队、足球队、田径队的学生在老师的带领下开始训练。当旭日初升时，教室里已是书声琅琅，每一间教室都攒动着教师的身影。这是一种主动，更是一种自觉。当午休的铃声响起时，学校便很快安静下来，学校的制度力量在这里得到了诠释；当夜幕降临时，有的办公室仍灯火通明，有的学校领导仍在加班忙碌，有的住校老师仍在备课、批改作业。这真正是闲暇但不闲适。回味邓校长关于学校发展朴实而真挚的一些介绍，我由衷地感到爱华小学从领导到教师，对这所学校不仅有准确的定位与思考，更付出了艰辛与努力。"干"是这所学校的又一个主题词。唯有辛勤地耕耘，方有丰硕的收获。爱华小学教育人呈现给我的这些真实的教育背景，才是这所学校日新月异的源泉与奥秘之所在。

三、一个"恒"字打造了一所学校

现今，很多学校办学存在极大的浮躁性，其原因是多方面的，但综合起来主要有两个方面：一是来自上级教育行政部门。烦琐的行政文件、多头的教研活动、纷繁的各类比赛等严重干扰并束缚着学校主体发挥作用。很多学校在这样的教育管理体制下迷失了自身发展方向。二是来自我们办学者不断追风的心态。有的办学者不能沉下心来办教育，复制他人，而不能走自己的路，将学校教育搞得四不像。很多东西只是学校办学的附着物，而不能真正渗透到学校教育深厚的文化内涵之中，只是呈一时形象，结果学校无特色所言、无活力所在。"学校要像一所学校"，这是爱华小学邓华香校长在她的报告中重复次数最多的字眼之一。这指的是：除了办学场所要像一所学校外，还要做到千校千面，做到人无我有、人有我优。八年来，邓华香校长带领她的团队，在这样的办学道路上走出了一条坚定之路。无论各方面检查、评估压力有多大，爱华小学教育人自始至终从未动摇办学的自主性，从未改变持之以恒地追求自身教育理想的决心。正因为这样，爱华小学才走出了以体育教育为龙头的特色办学之路，才打造出这么一支师德高尚、业务精良的教师队伍，才能为每个孩子的健康成长搭建更高的平台，实现了"让每个孩子都捧奖回家"的庄重承诺。孩子的发展、教师的成功在这里得到了真正体现，学校办学的新形象在这里得到了彰显。"你幸福吗？"这是人们对社会的考量。在学校里，当教师站在星级教师表彰的领奖台上，发自内心地说出"我为生活在这所学校而感到幸福"时，那是一种何等的教育情怀。"教师幸福"是一种卓越的教育理想，而我在爱华小学已充分感受到这种理想。这种理想体现在这所学校教师积极主动的工作热情、无私奉献的工作品质，以及春风化雨的工作机制和团结包容的干部队伍上。我坚信，只要有这么一支热爱孩子、热爱教育、执着教育的教师队伍，爱华小学教育的今天会更美好，明天会更灿烂，未来会更辉煌。

反馈四　坚定信念　走向成功[1]

　　京苏粤优秀中青年校长高研班第八小组学员的话说得好：酒香不怕巷子深，只要学校办得好，大家也不在乎它的位置在哪里。2013 年 12 月 15 日下午，我们小组来到位于深圳市光明新区的爱华小学跟岗。说实在的，在深圳经济特区这个改革开放的前沿城市中，爱华小学所处的位置可以说真的很普通。那么，是什么令这所学校如此成功、成名？经过两天的所学所见，我终于找到了答案。

　　在学习过程中，虽然天气较寒冷，但我们充分感受到了在邓华香校长带领下的爱华人的热情，也充分领悟到了学校成功的精髓。这所有着 31 年历史的学校

1　原文标题为《坚定信念　走向成功——京苏粤优秀中青年校长高研班第八小组来校跟岗总结发言》，作者是常州市清凉小学校长刘参。

在邓校长近10年的带领下从薄弱到发展，可以说是实现了飞跃式发展。邓校长这近10年来是怎样磨这把剑的呢？我们感觉她始终坚信她所提的三个信念（即相信边远的爱华小学也能办好，相信每个孩子都有发展的潜能，相信每位教师都有成功的愿望），并在信念的鞭策下做到真、细、实。

一、真情投入教育

10年前，邓校长带着"要把学校办得比以前好"的淳朴愿望来到爱华小学；她不因学校周边环境不佳、办学条件艰苦而感到懈怠，而是通过实际行动把学校办好，把学生教好，从而赢得家长的认可和支持；她把学生从不够文明、胆小培养到现在的自信、才艺双全和文明有礼。从学生的绳操表演和大自然健康操表演及宣传片中，我们能看到学校开展的一系列活动，能充分感受到爱华园已经成为学生学习成长的乐园，学校的办学质量得到了区、市、省的认可。我们的感叹就是：生源不是问题，只要有想法、有行动，学校就可以办好。

二、细节打造真经

小到上下楼梯的小脚印和学校制定的一项项行之有效的规章制度，大到学校整体的校园文化布局；小到老师的一日三餐和每周两次的统一锻炼时间，大到老师的个人成长；还有老师取得成绩表扬的是集体而不是个人，下雨天为我们每个客人准备的雨伞……这些都无处不体现出爱华人的细致。而爱华小学的成功就在于此，因为细节决定成败，厚积才能薄发。

三、实在成就事业

在参加学校行政会时，邓校长说的一句"有价值的事情认真做，没价值的事情简单做"让我们感受到"实在"也是爱华人成就事业的法宝。的确，他们所做的事没有一样是"摆框架"的。为了营造良好的教学教研氛围，学校领导做表率，上公开课、示范课，甚至送课到帮扶学校。学校为了更好地人尽其才，按不同年龄段来推动教师成长；为了使教师感到成功，为教师制定了七项评价激励机制；为了使老师之间更好地互相学习，让一些教学成果丰硕的老师把自己的成果汇编成册；等等。天天练、诵经典、绳飞舞韵、学习花卉培植和电子琴等校本课程让学生的综合素质得到提升。学校开展的"四自"德育活动让学生的自主能力得到提高。爱华人也因做好每一件实在的事，而享受到了如今成功的喜悦。

两天的跟岗时间虽短，但爱华小学值得我们学习的经验有很多，留给我们思考的空间也很大。尽管只有两天时间，但我们离开时还是有点依依不舍。就在我们跟岗时，爱华小学又在深圳领先搞微课了，邓校长领导下的爱华人对教育的执着和追求又在继续了，爱华又迈上一个新的起点了。感恩爱华人，祝愿爱华小学的明天更美好！